MILTON

EDIÇÃO BILÍNGUE

MILTON

William Blake

Tradução, introdução e notas *Manuel Portela*

NOVA ALEXANDRIA

São Paulo – 1ª edição – 2014

Editora Nova Alexandria
Avenida Dom Pedro I, 840
01552-000 São Paulo SP
Fone/fax: (11) 2215-6252
E-mail: novaalexandria@novaalexandria.com.br
Site: www.novaalexandria.com.br

Cotejo e Revisão: *Thiago Lins*
Revisão *Lucas de Sena Lima*
Projeto gráfico da capa e editoração eletrônica: *Viviane Santos*

Dados Internacionais de Catalogação na Publicação (CIP)
Angélica Ilacqua CRB-8/7057

Blake, William , 1757-1827
Milton / William Blake; tradução, introdução e notas Manuel Portela. – São Paulo : Editora Nova Alexandria, 2014.
296 p. : il., color.

Edição bilíngue
ISBN: 978-85-7492-386-4

1. Poesia inglesa 2. Romantismo – Inglês 3. Pré-romantismo - Inglês I. Título II. Portela, Manuel

14-0123 CDD 821

Índices para catálogo sistemático:

1. Poesia inglesa

Em conformidade com o Acordo Ortográfico da Língua Portuguesa.

Introdução

O VÓRTICE VERTIGINOSO DA VISÃO

O Vórtice Vertiginoso da Visão

MANUEL PORTELA

Vinde à minha mão
Pelo vosso brando poder; descei pelos Nervos do meu braço direito
Que saem dos Portais do meu Cérebro

Milton, Gravura 2: 5-7.[1]

Criando forma & beleza em redor das sombrias regiões da mágoa,
Dando ao nada aéreo nome e morada
Deleitosa! Com os limites do Infinito dão ao Indefinido
As mais sagradas formas do Pensamento: (tal é o poder da inspiração)

Milton, Gravura 29: 2-5.

Em *Milton* (c. 1804-1811), William Blake continuou a expandir o universo simbólico e mítico que concebera na década de 1790. Este universo começara a tomar forma nos primeiros livros iluminados – *The Book of Thel* (1789), *The Marriage of Heaven and Hell* (1790) e *Visions of the Daughters of Albion* (1793) –, e também nas duas sequências seguintes, designadas "profecias continentais" – de que fazem parte *America a Prophecy* (1793), *Europe a Prophecy*

1. Isto é, versos 5 a 7. Nas referências a *Milton* nesta edição, o primeiro número indica a gravura e o segundo indica o(s) verso(s).

(1794) e *The Song of Los* (1795) – e "os livros de Urizen" – *The [First] Book of Urizen* (1794), *The Book of Ahania* (1795) e *The Book of Los* (1795).[2] Entre 1795 e 1804, Blake tentou integrar as várias ações, espaços, tempos e personagens da cosmogonia num longo texto (sucessivamente revisto e emendado, mas nunca concluído, composto por cerca de 4400 versos), intitulado inicialmente *Vala* e, posteriormente, *The Four Zoas*.[3] Este manuscrito, atualmente intitulado *Vala, Or The Four Zoas* foi o ponto de partida para os dois poemas épicos de William Blake – *Milton* (c. 1804-1811) e *Jerusalem* (c. 1804-1820).[4] Ambas as obras contêm passos reescritos ou, em alguns casos, transcritos de *Vala, Or The Four Zoas* (c. 1795-1804).

Todavia, o conhecimento da genealogia textual de *Milton* não torna

2. Aqueles nove poemas estão traduzidos em português. "O Livro de Thel", "América: uma Profecia", "Europa: uma Profecia", "A Canção de Los" e "O Livro de Los" surgem em *Sete Livros Iluminados* (Antígona, 2005, Trad. Manuel Portela). "O Casamento do Céu e do Inferno", "Visões das Filhas de Albion", "O [Primeiro] Livro de Urizen" e "O Livro de Ahania" estão incluídos em *Quatro Visões Memoráveis* (Antígona, 2006, Trad. Manuel Portela).

3. Os dois títulos completos são, respectivamente, *Vala Or Death and Judgement of the Ancient Man, a Dream of Nine Nights*, e *The Four Zoas, The Torments of Love & Jealousy in The Death and Judgement of Albion the Ancient Man*. Este manuscrito é composto por setenta folhas de formato grande (41,5 x 32,5 cm) e ainda por um fragmento rasgado e duas pequenas folhas adicionais. Algumas das folhas são provas de gravuras reutilizadas. A maior parte do texto está escrita a tinta de ambos os lados das folhas, com muitos passos a lápis, que representam emendas e acrescentos posteriores. A maioria das folhas contém ainda desenhos decorativos nas margens feitos a lápis e ocasionalmente retocados a aquarela. Este manuscrito encontra-se atualmente no Museu Britânico.

4. Os títulos completos são *Milton a Poem in 2 Books*, e *Jerusalem The Emanation of the Giant Albion*. A gravação original do texto do rosto é *Milton a Poem in 12 Books*, uma alusão aos 12 Livros que constituem a edição final de *Paradise Lost*. Na pintura da página impressa dos exemplares existentes o número 12 da gravação foi transformado em 2, mas o 12 continua legível. Este fato comprova, por um lado, a intenção inicial de escrever uma obra maior, que terá dado origem a *Jerusalem*, iniciada na mesma data; por outro, o fato de William Blake escrever e gravar simultaneamente, isto é, as suas obras não estão concluídas quando começa a gravar, mas vão sendo realizadas na chapa de gravação. A gravação faz parte integral do processo de composição literária e pictórica.

a obra mais fácil de interpretar, uma vez que a cosmogonia de Blake não chega a constituir-se num sistema literalizável, alegorizável ou de oposições e transformações estáveis. A composição funciona por ramificação, desdobramento e proliferação simbólica. E a natureza dialética dos símbolos não se resolve através da superação das oposições num novo equilíbrio dinâmico. Aquilo que se encena é a coexistência de contrários numa tensão e luta permanente. Até mesmo a eternidade parece existir como um estado sobreposto ou desdobrado do mundo da morte. O seu método mitográfico implica não só a reapropriação e reescrita das mitologias religiosas (hebraica, cristã, pagã) e a criação de um conjunto vasto de figuras próprias, mas também a mitificação de acontecimentos históricos e biográficos. A intertextualidade bíblica, do Velho e do Novo Testamento, e a intertextualidade com a obra de John Milton, em particular com *Paraíso Perdido*, funcionam como urdidura ou trama básica sobre a qual são tecidas as transfigurações simbólicas quer de acontecimentos míticos, quer de acontecimentos tópicos.

A topicalidade é visível nos passos de *Milton* que contêm alusões diretas à estadia de Blake em Felpham, entre Setembro de 1800 e o Outono de 1803. A casa de Blake em Felpham é, aliás, objeto de figuração na gravura 39, assinalada pela própria legenda: "Blakes Cottage at Felpham". O jardim desta casa é também o espaço onde se dá o encontro de Blake com Ololon (gravura 39) e com Milton (gravura 40). Blake surge, portanto, na sua própria pessoa em vários passos do poema, não só enquanto poeta que recebe a inspiração dos céus sob a forma do cometa miltônico (gravura 31), mas através de referências biográficas particulares. Um dos fatos representados miticamente na obra é a relação com o seu patrono, William Hayley, que escrevera uma biografia de Milton e preparava nesta data a edição das anotações de William Cowper aos poemas de Milton. Para além das diferenças que os opõem no entendimento da obra de Milton, Blake não encontrou em Hayley o apoio que esperava para os seus projetos artísticos pessoais.

A relação conturbada entre artista e mecenas tem sido vista como estando subjacente ao episódio do poema designado "Canção do Bardo", que descreve a relação entre Rintrah, Palamabron e Satanás (gravuras 2 a 13). Segundo vários intérpretes, Rintrah e Palamabron poderiam representar a decomposição de aspectos contrários da resposta de Blake a Hayley: no primeiro caso irada, no segundo aquiescente.[5] Esta figuração de Hayley-Satanás, que o representa como uma figura semelhante ao Deus-Pai de *Paraíso Perdido* ou ao próprio Urizen da obra blakiana, diferencia-a quer do Satanás rebelde de *Paraíso Perdido*, quer da figura do Diabo em *O Casamento do Céu e do Inferno*. Uma outra referência ligada à estadia de Blake em Felpham é o incidente com um militar bêbado, John Scofield, ocorrido a 12 de Agosto de 1803. Blake expulsou o militar do jardim de sua casa, alegadamente proferindo palavras contra o rei. Este episódio originou o julgamento de Blake por sedição em Janeiro de 1804, acusação de que se veria ilibado. Scofield surge referido na gravura 20 como uma das figuras da opressão e voltará a surgir em *Jerusalem*.

Naqueles exemplos encontramos dois aspectos característicos dos modos de funcionamento da projeção mítica em toda a obra de William Blake. Por um lado, damos conta da transfiguração mítica de fatos e emoções com uma origem biográfica concreta. É o que acontece com vários aspectos da sua relação amorosa e sexual com Catherine Blake e com outras relações pessoais. Por outro lado, as suas personagens não podem ser lidas simplesmente como personagens individuais, já que simbolizam estados que

5. Esta interpretação, proposta por William Butler Yeats e Edwin John Ellis na edição das obras de William Blake que organizaram em 1893, é secundada por Robert N. Essick e Joseph Viscomi, na nova edição de *Milton* em 1993.

são simultaneamente estados psíquicos da consciência individual, estados filogenéticos de formação do corpo humano e estados cosmológicos de formação da terra e do universo. Psique, corpo e universo diferenciam-se da substância divina por ação da brutal dilaceração da matéria em formas separadas, cada uma das quais é composta por forças contrárias. Além disso, a mesma personagem nem sempre surge sob uma mesma faceta ou simboliza um mesmo estado. Personagens e estados devem antes ser apreendidos enquanto figuras que emergem do magma de formação do universo, do corpo e do inconsciente do ser humano. Nesse magma, genesíaco e apocalíptico, a instanciação da matéria em formas específicas ocorre num contínuo que vai do eterno ao mortal e do divino ao animal. Nesse contínuo estão presentes ao mesmo tempo o princípio e o fim da matéria.

Há uma lógica onírica e visionária que toma a faculdade da imaginação no seu potencial fantasmagórico intrínseco de produzir imagens autogeradas, isto é, sem correspondência no mundo visível. Em certa medida, a sua obra dá a ver a própria faculdade da fantasia enquanto modo de pensamento humano, uma fantasia que tem equivalente no poder alucinatório da letra como dispositivo para conjurar aquilo que o traço grava na folha. A chapa de gravação é uma prefiguração da montagem dos fotogramas cinematográficos, cuja justaposição materializa a pulsação imagética do pensamento e, através dela, faz falar a linguagem do inconsciente. Essa espécie de olho interior, que um dia produziu em nós o fantasma do humano, é o olho do vórtice a que os seus textos procuram chegar. Trata-se de ver, com o máximo de detalhe e particularidade, para além daquilo que o órgão da vista é capaz de ver nas suas interações com a matéria corpórea. É esse sentido interior da visão, enquanto capacidade de autogerar as imagens que vê, que abre os olhos a uma percepção que transcende o olhar meramente óptico.

Harold Bloom usa o conceito de cinema visionário para descrever este modo de presença do visível em Blake e em outros autores românticos.[6] No caso de Blake, a sugestão cinemática manifesta-se através de um contraponto entre a audição e a visão. A relação contrapontística estabelece-se entre uma argumentação constante, que se faz escutar nas vozes, pontos de vista e personagens em conflito, e a visualização dos contendores e oponentes em formas e paisagens imaginárias. A visibilidade destas formas imaginárias não advém propriamente do mundo visível, mas de imagens conceituais e mentais que criam uma visibilidade para além da reminiscência ou da recordação. A transfiguração visionária que ocorre em Blake parece situar-se entre o realismo visionário pormenorizado de John Milton e a fantasmagoria surrealista. Abre-se deste modo um abismo entre o mundo da matéria e o mundo da imaginação, que torna irrelevantes e acidentais as manifestações espaciais e temporais do real objetivado. Este cinema de visões resulta da justaposição entre a exteriorização verbal e pictórica do mundo interior, efeito do psicotropismo da imaginação, e a visibilidade de um mundo exterior que se apresenta como objetivado e separado do sujeito. Para a imaginografia, isto é, para essa capacidade de ultrapassar as limitações do visível, o olhar fotográfico limita-se a confinar o poder de visualização da divina forma humana. Visualizar a visão é ver e dar a ver o que não pode ser visto; é espreitar o infinito que a mente abre entre a orbe do olho e a orbe do céu.

O que parece mais assombroso nas suas visões é o modo como as camadas, estratos e veios do infra-humano, do humano e do sobre-humano se sobrepõem, enquanto estados coexistentes no

---

6. Harold Bloom, "The Visionary Cinema of Romantic Poetry", in Alvin H. Rosenfeld, ed., *William Blake: Essays for S. Foster Damon*, Providence, RI: Brown University Press, 1969, pp. 18-35.

espaço-tempo. Seis mil anos não são mais do que um instante a pulsar, e a eternidade, uma dimensão paralela ao estado vegetativo. Por isso, tempo e espaço podem ser percorridos em todos os seus eixos ao mesmo tempo, multiplicando as suas dimensões para além do universo linear e tridimensional newtoniano. As camadas infra--humanas, humanas e sobre-humanas da matéria, que estabelecem a contiguidade entre seres vivos, seres humanos e seres divinos, surgem sempre numa dupla escala que, na vertigem de uma mesma imagem, permite passar do infinitamente pequeno ao infinitamente grande: do glóbulo vermelho de sangue ao globo vermelho do coração, e do globo vermelho do coração ao orbe vermelho do Sol. As figuras titânicas que cobrem oceanos e continentes ou que se estendem pelas esferas celestes são, simultaneamente, pedaços dos órgãos humanos no processo de divisão celular e de formação dos tecidos do corpo.

Estes efeitos de escala têm uma expressão material e técnica na escala das próprias gravuras iluminadas. Mesmo quando impressas em folhas maiores, com margens amplas, aquilo que as distingue é sempre a sua pequena escala. Surpreende quem observa as páginas iluminadas originais, quer a quantidade de texto e de detalhes pictóricos que surgem gravados em superfícies tão pequenas, quer o contraste entre as dimensões da área de gravação e as dimensões titânicas dos mundos e criaturas desenhados.[7] É como se a presença simbólica do todo na mais pequena parte se pudesse figurar também na forma do livro enquanto continente de um vasto universo que excede a sua capacidade de representação. A pintura e o desenho são confinados aos limites da página do livro para melhor exercerem o seu poder de emuladores da criação do

7. Em geral, a área das gravuras dos livros iluminados ocupa uma superfície que varia entre 10,9x6,3cm e 12,3x7,7cm (*Songs of Innocence*, 1789); 13,5x9,6cm e 16,9x12cm (*Milton*, c. 1804-1811); e 20,1x4cm e 22,7x17,1cm (*Jerusalem*, c. 1804-1820).

mundo. É, afinal, a própria narrativa escrita que dá novas formas ao humano, reiterando atos de interpretação sobre a linguagem e os mitos do passado, e é o códice que permite materializar o trabalho da imaginação no interior do sujeito. O magnetismo do livro, forja da matéria e das formas da mente criadora, parece capaz de unificar as escalas subatômica e cósmica do universo.

Os símbolos de William Blake podem ser lidos ainda como sondas do inconsciente do discurso religioso, com cuja linguagem Blake se confronta ao tentar dar forma às suas próprias pulsões e desejos. Constatando o avanço da epistemologia objetivista, do racionalismo instrumental e da cultura materialista, Blake procura construir uma linguagem para a subjetividade e para imaginação, capaz de responder à experiência fantasmagórica do mundo e à linguagem espiritual que a religião desenvolvera para dar conta desse modo particular de relação com o mundo e com os outros. Consegue fazê-lo através da reescrita de inúmeros textos e episódios bíblicos, projetando na sua cosmologia pessoal leituras tipológicas do Velho e do Novo Testamento. Em *Milton*, por exemplo, há mais de uma centena de referências bíblicas, a personagens e episódios específicos.[8] A Bíblia surge como o grande arquitexto e uma espécie de metacódigo da arte, matriz de todas as narrativas: "O Velho & o Novo Testamentos são o Grande Código da Arte", na formulação de William Blake incluída na gravura *Laocoön* (c. 1820).

---

8. *Milton* inclui referências a capítulos e versículos dos seguintes textos bíblicos: *Gênesis*, *Êxodo*, *Números*, *O Primeiro Livro de Samuel*, *O Segundo Livro de Samuel*, *O Primeiro Livro dos Reis*, *O Segundo Livro dos Reis*, *O Primeiro Livro das Crônicas*, *O Segundo Livro das Crônicas*, *O Livro de Job*, *O Livro dos Salmos*, *Provérbios de Salomão*, *Cantares de Salomão*, *Isaías*, *Jeremias*, *Evangelho segundo São Mateus*, *Evangelho segundo São João*, *Epístola de São Paulo aos Romanos*, *Epístola de São Paulo aos Coríntios*, *Epístola de São Paulo aos Gálatas*, *Segunda Epístola de São Paulo aos Tessalonicenses* e *Apocalipse*. O *Apocalipse* constitui o principal intertexto bíblico de *Milton* (cf. gravuras 43 a 49).

Figuras e episódios bíblicos são recontextualizados num universo simbólico e mitológico singular, que recodifica muitos dos símbolos de partida. Diversas tradições hermenêuticas, com destaque para o cabalismo e para as teologias de Swedenborg e dos moravianos, contribuem para a sua reformulação da espiritualidade a partir de uma teoria radical da sexualidade.[9] A recodificação da simbologia religiosa é realizada através de uma análise que, em certos aspectos, prefigura a análise psicanalítica e antropológica dos mitos. Por um lado, é evidente a sua compreensão dos mitos e da religião enquanto um modo de organização psíquica e civilizacional das pulsões humanas, em particular das pulsões violentas e das pulsões sexuais. Por outro lado, é visível a sua tentativa de construir um código alternativo que transcenda certos interditos sociais e, sobretudo, a violência possessiva da união sexual, valorizando a liberdade amorosa. O seu método de decomposição e recomposição mítica exterioriza narrativamente a dilaceração pulsional na psique do sujeito. Por isso, os seus poemas podem ser analisados como psicogramas que tentam registar o inconsciente simbólico, isto é, o impensável cristalizado nas narrativas.

Uma das características do seu sistema de símbolos consiste na estruturação quaternária das personagens e dos ciclos que lhes

9. A sexualização da espiritualidade no visionarismo blakiano foi objeto de dois estudos recentes de Martha Keith Schuchard, nos quais a autora relaciona a ideologia antinomista e a projeção cósmica da dinâmica sexual com as teorias místicas e práticas eróticas de vários grupos judaicos e cristãos ativos em Londres na segunda metade do século XVIII. Schuchard analisa em particular documentação de cabalistas cristãos e judeus, da Igreja moraviana e da Swedenborg Society. Especialmente relevantes são as representações místicas do ato sexual e a meditação psicoerótica como ato de comunhão com a divindade nas tradições cabalística, moraviana, yoga e tântrica. Nestas tradições, a angelização do ser humano resulta da intensificação da consciência através do prazer sexual e a visão espiritual é função da energia da união sexual. Martha Keith Schuchard, *Why Mrs Blake Cried: Swedenborg, Blake, and the Sexual Basis of Spiritual Vision*, London: Century, 2006, e *William Blake's Sexual Path to Spiritual Vision*, London: Inner Traditions, 2008.

estão associados, quase sempre através de pares de opostos: existem quatro Zoas, associadas aos quatro pontos cardeais, e a partir de cada uma delas se estruturam as restantes oposições. Outra ideia fundamental da cosmogonia blakiana é o desdobramento de cada figura masculina numa figura feminina, sendo ambas manifestações de uma unidade bissexual fundamental do ser humano, e de uma origem não sexuada da matéria. A emanação não se limita, no entanto, à diferenciação sexual. O processo de emanação significa ainda que certas figuras se desdobram em outras, originando novos conjuntos que são a decomposição ou análise da figura de um nível anterior da criação. Toda a cadeia dos seres e das pulsões do sujeito resulta desta divisão sucessiva da substância divina.

No mundo vegetal, isto é, no mundo da morte, a divina substância humana existe sob diversas formas: como Sombra, Emanação, ou Espectro. A Sombra (*Shadow*) representa o corpo temporal (mortal) ou partes alienadas do ser. Todos os seres, ao entrarem na Casca do Mundo, assumem esta materialidade vegetativa. Tornam-se Sombras. Na substância que antecede a queda na matéria, no tempo e no espaço não existe divisão sexual. A diferenciação sexual é um efeito da entrada na Casca do Mundo. A divisão macho/fêmea manifesta a passagem do contínuo da eternidade para o mundo vegetativo da morte. Neste mundo, a cada ser masculino corresponde um ser feminino, isto é, uma Emanação (*Emanation*). Além de constituir uma alteridade feminina do masculino, a Emanação designa ainda outras projeções do ser: as produções do artista, por exemplo, seriam emanações da sua imaginação. O macho, quando alienado da emanação feminina, torna-se um Espectro (*Spectre*) ou Ego (*Self*). Os Espectros surgem caracterizados como materialistas, racionais e dominadores. A condição espectral de Milton (gravura 35) só é modificada no seu encontro com Ololon (gravuras 45 a 47), quando se dá a aniquilação do Ego.

A estrutura quaternária e quadrimensional do universo blakiano está esquematizada na gravura 34 de *Milton*: os quatro círculos que se intersectam representam os reinos das Quatro Zoas (Urthona, a norte; Luvah, a leste; Urizen, a sul; e Tharmas, a oeste; cf. gravura 37: 32-37); enquanto a figura oval central representa a Casca do Mundo, isto é, o mundo material da morte, que é dominado por Adão e Satanás. Este desenho sistematiza as unidades mínimas elementares a partir das quais se compõe toda a metafísica do universo, do corpo e da psique imaginada por William Blake. Em *Milton*, como nos poemas mitológicos da década de 1790, as ações principais decorrem sempre sobre aquele pano de fundo mitológico, cujo desenvolvimento parece continuar em direção a um todo que nunca se chega a formar completamente. Isso faz com que todos os poemas iluminados, mesmo os mais longos, parecem excertos de um texto maior, ainda inacabado, que contém apenas fragmentos de um sonho impossível de visualizar na totalidade.

As ações e personagens desta teogonia e cosmogonia contínua, ao representar momentos temporais sucessivos e estados psíquicos simultâneos, desdobram ou multiplicam cada ação principal num espaço-tempo paralelo. Ações e personagens não são apenas simulações da causalidade e do indivíduo, no sentido realista criado pelo romance; são antes atributos umas das outras, como se os elementos constituintes de uma ação fossem outra ação e os de uma personagem outra personagem. Nas partes que nesta narrativa são dedicadas a Los e a Urizen – personagens cujo desenvolvimento começara n' *O [Primeiro] Livro de Urizen* (1794) – ou a Enitharmon podem verificar-se precisamente aquelas duas características: a existência de uma narrativa em curso cujo desenrolar e ramificações parecem ser independentes da narrativa principal, que se interrompe, como se passasse a um segundo plano ou a um plano interior; e a função simbólica dessa cosmografia como psicografia das ações e das personagens principais. Desta forma, o conteúdo de um mito é sempre outro mito, num processo de encaixe sucessivo que impede a literalização das referências. Além disso, as diversas categorias narrativas podem transformar-se umas nas outras: o tempo pode transformar-se em espaço e o espaço, em tempo; a personagem pode transformar-se em espaço e o espaço, em personagem; a ação pode transformar-se em personagem e a personagem, em ação.

Duas personagens protagonizam cada uma das partes do poema: Milton e Ololon. No Livro Primeiro, Milton deixa o céu e regressa à terra para combater as forças que se opõem à arte e ao espírito humano. A viagem de Milton do Céu para a Terra (gravura 16) contém um paralelo com a viagem de Satanás do Inferno para a Terra, em *Paraíso Perdido* (Livro 2: vv. 629-635, 890-1055). No curso de Milton são figurados os conflitos psíquicos e políticos através das figuras de Satanás, Rintrah e Palamabron (gravuras 2 a 13). Milton, sob a forma de um cometa, entra no pé esquerdo de Blake (gravuras 16, 21 e 31), uma figuração da inspiração poética, mas também do processo de identificação e transubstanciação que liga as duas vozes bárdicas – Milton e Blake – e através do qual Milton é recriado e redefinido por Blake. Numa leitura cabalística, o pé está associado ao homem natural no mundo natural e é também um signo priápico. A entrada de Milton no tarso do pé esquerdo de Blake é um ato sacrificial e de materialização redentora, que torna possível a reunificação psíquica, sexual e cósmica.[10] A entrada do cometa Milton no corpo de Blake é representada como um instante de abandono e êxtase sexual. A postura do corpo evoca também a crucificação (gravura 31). A relação entre os dois poetas

10. Cf. Sheila Spector, "Blake's *Milton* as Kabbalistic Vision", *Religion and Literature*, 25 (1993), 19-33.

é figurada nos termos da encarnação divina em Cristo, antecipando a união mística consumada com a união de Milton e Ololon no final do poema. No entanto, Blake não pretende continuar Milton, mas antes reescrevê-lo enquanto poeta-profeta revolucionário e reinscrever a epopeia teológica puritana na sua teologia libertária centrada no desejo sexual. Trata-se de um ato de leitura da obra de Milton contra o próprio Milton e contra a leitura piedosa que se tornara frequente no século XVIII e inícios do século XIX.

No Livro Segundo, Ololon, a emanação feminina de Milton, regressa à terra para se reunir a Milton. Esta segunda parte começa com os lamentos das filhas de Ololon (32: 24-31) e com as Canções de Beulah e as lamentações de Ololon (gravuras 33 a 37). A queda de Milton no mundo da terra significa a queda no mundo da luta e dos conflitos entre sexos, que Blake simboliza a partir da relação de Milton com as suas três mulheres e com as suas três filhas. Milton, que entrara na sua Sombra ao retomar a condição mortal, viaja como Espectro até se reunir à sua Emanação, Ololon. O percurso de Milton consuma a regeneração espiritual que advém da aniquilação do ego e da reunião com a sua contraparte feminina, Ololon (gravura 47). O poema termina com a iminência do apocalipse, figurado na Ceifa e na Vindima de toda a humanidade, que antecipa a regeneração dos corpos na eternidade da substância indivisa e ingerada (gravuras 48-49).

No diagrama da gravura 34 está representado também o arco do curso de Milton para dentro do mundo terreno. O percurso começa no canto inferior direito, entrando na "Casca do Mundo" entre os círculos de Luvah e Urizen, isto é, na interseção entre o desejo e a razão. Atravessa Satanás, a parte do ego que deve vencer, para chegar a Adão e começar a sua redenção humana (gravura 42: 29-49). As linhas circulares e ovais do diagrama sugerem a geometria esférica e cônica da viagem que liga o céu e a terra como partes infinitas da eternidade. O espaço e o tempo abrem-se, para trás e para a frente, como um vórtice de imagens na percepção do sujeito (gravura 16: 21-35):

É esta a natureza da infinidade: Que cada coisa tem o seu
Próprio Vórtice; e assim que o viajante da Eternidade
Tiver atravessado esse Vórtice, vê-lo-á rodopiar ao contrário atrás
Do seu caminho, num globo que se dobra sobre si mesmo como
um sol:
Ou como uma lua, ou como um universo de estrelada majestade,
Enquanto ele segue em frente na sua maravilhosa viagem na terra
Ou como uma forma humana, um amigo com quem vivesse
benevolente.
Tal como o olho do homem vê ao mesmo tempo leste & oeste
abarcando
O seu vórtice; e o norte & o sul, com todas as suas hostes
estreladas;
E vê também o sol nascente & a lua poente cercando
Os seus campos de milho e os seus vales de quinhentos acres.
Assim é a terra um plano infinito, e não como aparece
Ao débil viajante confinado abaixo do halo do luar.
Assim é o céu um vórtice já atravessado, e a terra
Um vórtice ainda por atravessar pelo viajante da Eternidade.

Apesar de se prestar a leituras cifradas, *Milton* continua a ser uma obra extraordinariamente difícil de ler e de interpretar. O recurso a códigos de leitura biográficos, maçônicos, cabalísticos, numerológicos ou, em geral, a outras chaves de interpretação ocultista e milenarista não consegue confinar a produtividade simbólica do seu universo. A intensidade rítmica e imagética da linguagem, justamente pelo particularismo com que são delineadas as ações e pela abundância de formas naturais e sobrenaturais, excede a mera alegoria. A estrutura simbólica que é possível abstrair das imagens, e que o próprio William Blake tentou estabilizar num sistema de relações binárias e quaternárias, parece refazer-se a cada leitura sob o efeito proliferador da fantasia como modo humano de pensar e conhecer o mundo. Mais importante do que a hermeneuse, é testemunhar na máquina do poema e da gravura a materialidade espiritual da visão e do pensamento como vórtice. E, através deles, a vertigem de loucura que há na linguagem escrita como forma divina do humano.

NOTA TEXTUAL

O texto inglês desta edição bilingue corresponde, no essencial, ao texto fixado por David V. Erdman (edição revista, 1988). O texto de Erdman foi ainda cotejado com a edição de Robert N. Essick e Joseph Viscomi (1993, 1998) e com a transcrição textual constante em *The William Blake Archive* (www.blakearchive.org). No que diz respeito aos sinais de pontuação, o texto foi também confrontado com a edição de Geoffrey Keynes (1957).[11] Keynes introduziu as aspas para identificar as falas das personagens e modernizou o uso de vírgulas, pontos, pontos e vírgulas, dois pontos, travessões, pontos de exclamação e pontos de interrogação, tornando o texto mais legível para o leitor atual, embora por vezes de modo invasivo. Com exceção das aspas, em que segui Keynes, os restantes sinais de pontuação que alterei no texto de Erdman passaram pela observação de fac-símiles digitais das iluminuras originais e pela consideração das vantagens relativas de uma transcrição (próxima das edições de Erdman, de Essick e Viscomi, e do Arquivo William Blake) e de uma notação convencional (próxima de Keynes).

Em geral, a pontuação que adotei no texto original aproxima-se da transcrição textual. As únicas modificações significativas dizem respeito à introdução de aspas para identificar as falas e à

---

11. Cf. David V. Erdman (org.), *Complete Poetry and Prose of William Blake*, New York: Doubleday, 1988, pp. 95-144; Robert N. Essick e Joseph Viscomi (orgs.), *William Blake: Milton a Poem,* The Illuminated Books, Vol. 5, Princeton, NJ: Princeton University Press, 1998 [1993], pp. 111-217; Morris Eaves, Robert N. Essick e Joseph Viscomi (orgs.), *The William Blake Archive*, http://www.blakearchive.org/, Institute for Advanced Technology in the Humanities, University of Virginia, 1996-2009 (consulta Julho-Agosto 2009); e Geoffrey Keynes (org.), *The Complete Writings of William Blake: With All the Variant Readings*, New York: None Such Press, 1957, pp. 480-535.

transformação de pontos em vírgulas quando a sintaxe assim o requeria. A dificuldade em fixar a pontuação das gravuras de William Blake deve-se a dois motivos. Por um lado, Blake não era coerente nem sistemático na pontuação e, no caso de *Milton*, esse fato é ainda mais notório do que nos poemas iluminados anteriores. Passos suficientemente pontuados alternam com passos escassamente pontuados, dando a ideia de que as próprias divisões de verso e os espaços da gravura funcionam não apenas como marcadores rítmicos, mas também como pontuadores sintáticos e semânticos. Além da falta de sinais, como pontos de interrogação e pontos finais, por vezes há sinais mal colocados. Por outro lado, muitas das marcas impressas que resultam da gravação revelam-se ambíguas: vírgulas e pontos finais são frequentemente idênticos na impressão; e o mesmo acontece com os sinais de ponto e vírgula, de dois pontos e de exclamação, que se confundem entre si. Por isso, em certos casos, a transcrição meramente documental tem de ser retificada de acordo com o contexto gráfico-semântico imediatamente anterior ou posterior da palavra, do verso ou da frase.

Também no texto português preferi manter a pontuação próxima do original, procurando limitar a normalização da pontuação. Além das alterações já referidas no texto de partida, introduzi algumas vírgulas, pontos finais e pontos de interrogação sempre que me pareceram imprescindíveis para clarificar as relações entre os vários elementos da frase em português, como em expressões ou orações intercaladas, vocativos, interrogações e certas enumerações. No entanto, em muitos casos, a divisão de verso e a estrutura sintática da frase permite suprir a ausência de pontuação. Tal como fiz nas traduções anteriores, evitei uma uniformização e normalização excessiva, considerando que prejudicaria a percepção da materialidade da escrita, um dos aspectos essenciais da experiência de leitura das gravuras de William Blake. A visão da criação e as formas da imaginação são, antes de mais, os traços da caneta, do buril e do pincel sobre a chapa e sobre o papel.

A obra *Milton* terá sido composta e gravada entre 1804, data da primeira gravura e rosto da obra, e 1811, data em que ficou concluído o primeiro exemplar. *Milton* é constituído no seu conjunto por 51 gravuras, das quais 8 contêm desenhos de página inteira e 43 contêm texto e desenhos. Destas últimas, 6 terão sido gravadas e acabadas posteriormente, entre 1811 e 1818, e alguns dos acabamentos do exemplar C terão sido realizados por volta de 1820-21. Nenhum dos 4 exemplares produzidos por William Blake contém a totalidade das 51 gravuras, e a ordem relativa das gravuras nem sempre se mantém constante. Os quatro exemplares autógrafos existentes são os seguintes: exemplar A (c. 1811, Museu Britânico), contendo 45 gravuras; exemplar B (c. 1811, Biblioteca e Galeria de Arte Henry E. Huntington, San Marino, Califórnia), contendo 45 gravuras; exemplar C (c. 1811-1821, Biblioteca Pública de Nova Iorque), com 49 gravuras; e exemplar D (1818, Colecção Lessing J. Rosenwald, Biblioteca do Congresso, Washington D.C.), com 50 gravuras. Apenas os exemplares A e B contêm a gravura intitulada "Prefácio", e há uma gravura no exemplar D que não consta em qualquer dos outros.

A principal técnica usada em *Milton* é idêntica à dos seus livros iluminados da década de 1790: gravação de texto e desenhos em chapa de cobre, segundo o método da água-forte em relevo, seguida de impressão a uma cor e de pintura com aquarelas. Esta técnica consistia na utilização de um composto resistente ao ácido com o qual Blake escrevia e desenhava diretamente sobre a chapa. Submetidas ao banho ácido, as linhas das letras e dos desenhos ficavam gravadas em relevo. Nos desenhos de página inteira, William Blake experimentou ainda duas novas técnicas, que designava como *woodcut on pewter* (gravuras 9, 17, 31, 36, 46 e 49) e *woodcut on copper* (gravuras 1, 15, 41 e 44). As duas técnicas distinguem-se entre si pelo modo como a imagem é criada a partir da remoção da base resistente ao ácido. No caso do "relevo em estanho" [*woodcut on pewter*], a base é raspada nas áreas contíguas às superfícies que devem ficar protegidas do ácido. A imagem fica delineada por linhas e superfícies a preto, como acontece no método da água-forte em relevo, mas gera um efeito de sombra nas margens como se a imagem emergisse de um halo de luz. No caso do "relevo em cobre" [*woodcut on copper*], a imagem é delineada por linhas brancas contra um fundo negro, uma técnica geralmente designada como gravação em talha. O efeito é semelhante ao de um lápis branco sobre papel preto. Em algumas destas imagens de página inteira, Blake acrescentou ainda efeitos estilísticos na aplicação da tinta que lhe permitiram obter superfícies reticuladas e texturadas em certas zonas da imagem (gravuras 9, 15, 17, 31, 36 e 44).

A reprodução fac-similada incluída nesta edição corresponde ao exemplar C, acrescido da gravura 5-D (do exemplar D) e da gravura 2 ("Prefácio", do exemplar B). Foram conservadas no texto original todas as maiúsculas e também a ortografia peculiar de Blake (incluindo casos possessivos e elisões sem sinal de apóstrofe), assim como as divisões estróficas, em geral marcadas por espaços ou motivos visuais dentro de cada gravura. Vão também assinaladas as divisões de página originais (ou seja, as divisões correspondentes a cada gravura). A numeração das gravuras segue a edição eletrônica da obra publicada em *The William Blake Archive*, em 1998. As gravuras encontram-se impressas apenas no reto das 49 folhas que compõem o exemplar C. Dimensão da folha original: 23x14,8 cm. Dimensão das gravuras: entre 13,5x9,6 cm e 16,9x12 cm.

MILTON

PLATE 1

(Bentley 1, erdman 1 [1], keynes 1)

MILTON

A POEM IN 2 BOOKS

To Justify the Ways of God to Men

The Author

& Printer W Blake

1804

GRAVURA 1

Milton
Um Poema em 2 Livros

Para Justificar os Caminhos de Deus para os Homens

O Autor
& Impressor W Blake
1804

PLATE 2

[COPY B] (BENTLEY 2, ERDMAN 1 [1], KEYNES 2)

PREFACE.

The Stolen and Perverted Writings of Homer & Ovid: of Plato & Cicero, which all Men ought to contemn: are set up by artifice against the Sublime of the Bible, but when the New Age is at leisure to Pronounce, all will be set right: & those Grand Works of the more ancient & consciously & professedly Inspired Men will hold their proper rank, & the Daughters of Memory shall become the Daughters of Inspiration. Shakspeare & Milton were both curbd by the general malady & infection from the silly Greek & Latin slaves of the Sword.

Rouze up O Young Men of the New Age! set your foreheads against the ignorant Hirelings! For we have Hirelings in the Camp, the Court, & the University: who would if they could, for ever depress Mental & prolong Corporeal War. Painters! on you I call! Sculptors! Architects! Suffer not the fash[i]onable Fools to depress your powers by the prices they pretend to give for contemptible works or the expensive advertizing boasts that they make of such works; believe Christ & his Apostles that there is a Class of Men whose whole delight is in Destroying. We do not want either Greek or Roman Models if we are but just & true to our own Imaginations, those Worlds of Eternity in which we shall live for ever, in Jesus our Lord.

And did those feet in ancient time,
Walk upon Englands mountains green?
And was the holy Lamb of God,
On Englands pleasant pastures seen?

GRAVURA 2

PREFÁCIO

As Obras Roubadas e Pervertidas de Homero & Ovídio: de Platão e de Cícero, que todos os Homens devem condenar: baseiam-se no artifício, contrário ao Sublime da Bíblia, mas quando a Nova Era estiver à vontade para se Pronunciar, tudo será corrigido: & as Obras Grandiosas de Homens mais antigos & conscientemente & professadamente mais Inspirados alcançarão o lugar que lhes é devido, & as Filhas da Memória tornar-se-ão Filhas da Inspiração. Shakespeare & Milton foram ambos diminuídos pela doença & infecção geral causada pelos néscios escravos da Espada Gregos & Romanos.

Erguei-vos, Ó Jovens da Nova Era!, e empregai as vossas cabeças contra os Mercenários ignorantes! Pois há Mercenários no Campo, na Corte & na Universidade: que, se pudessem, deprimiriam para sempre a Guerra Mental & prolongariam a Guerra Corpórea. Pintores! Convoco-vos! Escultores! Arquitetos! Não aceiteis que os Ineptos em voga tolham as vossas forças com o preço que estão dispostos a pagar por obras desprezíveis ou através dos elogios publicitários que delas fazem; acreditai em Cristo & nos seus Apóstolos pois há uma Classe de Homens cujo único prazer consiste em Destruir. Não precisamos de Modelos Gregos nem Romanos se com justeza & verdade seguirmos a Imaginação, esse Mundo de Eternidade em que viveremos para sempre em Jesus nosso Senhor.

Terão esses pés percorrido outrora
Da Inglaterra os montes cintilantes?
E o Cordeiro de Deus terá pastado
Na Inglaterra de campos verdejantes?

And did the Countenance Divine,
Shine forth upon our clouded hills?
And was Jerusalem builded here,
Among these dark Satanic Mills?

Bring me my Bow of burning gold:
Bring me my Arrows of desire:
Bring me my Spear: O clouds unfold!
Bring me my Chariot of fire!

I will not cease from Mental Fight,
Nor shall my Sword sleep in my hand:
Till we have built Jerusalem,
In Englands green & pleasant Land.

'Would to God that all the Lords people were Prophets.'
Numbers XI ch., 29 v.

E porventura o Semblante Divino
Brilhou nestas colinas nebulosas?
E foi Jerusalém edificada aqui
Entre Fábricas Satânicas tenebrosas?

Trazei-me o meu Arco de ouro ardente:
Trazei-me as minhas Setas do desejo:
Trazei-me a minha Lança: Ó nuvens, abri!
Trazei-me a minha Quadriga de fogo!

Não dormirá na minha mão a Espada,
Nem cessará na minha Mente a Guerra:
Até vermos Jerusalém edificada
Na Terra bela & verde de Inglaterra.

"Oxalá que todo o povo do Senhor fosse Profeta."
Números, 11: 29.

PLATE 2

(BENTLEY 3, ERDMAN 2, KEYNES 3)

MILTON

BOOK THE FIRST

Daughters of Beulah! Muses who inspire the Poets Song
Record the journey of immortal Milton thro' your Realms
Of terror & mild moony lustre, in soft sexual delusions
Of varied beauty, to delight the wanderer and repose
His burning thirst & freezing hunger! Come into my hand
By your mild power; descending down the Nerves of my right arm
From out the Portals of my Brain, where by your ministry
The Eternal Great Humanity Divine, planted his Paradise
And in it caus'd the Spectres of the Dead to take sweet forms
In likeness of himself. Tell also of the False Tongue! vegetated
Beneath your land of shadows: of its sacrifices, and
Its offerings; even till Jesus, the image of the Invisible God
Became its prey; a curse, an offering, and an atonement,
For Death Eternal in the heavens of Albion, & before the Gates
Of Jerusalem his Emanation, in the heavens beneath Beulah

Say first! what mov'd Milton, who walkd about in Eternity
One hundred years, pondring the intricate mazes of Providence
Unhappy tho in heav'n, he obey'd, he murmur'd not, he was silent
Viewing his Sixfold Emanation scatter'd thro' the deep
In torment! To go into the deep her to redeem & himself perish?
What cause at length mov'd Milton to this unexampled deed[?]
A Bards prophetic Song! for sitting at eternal tables,
Terrific among the Sons of Albion in chorus solemn & loud
A Bard broke forth! all sat attentive to the awful man.

GRAVURA 2

MILTON

LIVRO PRIMEIRO

Filhas de Beulah! Musas que inspirais o Canto dos Poetas
Registai a jornada do imortal Milton pelos vossos Reinos
De terror & brando fulgor do luar, em doces ilusões sexuais
De variegada beleza, para deleite do caminhante e repouso
Da sua sede ardente & da sua fome gelada! Vinde à minha mão
Pelo vosso brando poder; descei pelos Nervos do meu braço direito
Que saem dos Portais do meu Cérebro, onde por vosso ministério
O Grande Eterno Humano Divino plantou o seu Paraíso,
E nele fez os Espectros dos Mortos tomarem doces formas
À sua imagem e semelhança. Dizei também da Falsa Língua!, que vegetava
Por baixo da vossa terra das sombras: dos seus sacrifícios, e das
Suas oferendas; até Jesus, a imagem de Deus Invisível,
Se tornar a sua presa; uma maldição, uma oferenda, e uma expiação,
Pois a Morte Eterna nos céus de Albion, & diante dos Portões
De Jerusalém a sua Emanação, nos céus por baixo de Beulah

Dizei primeiro!, o que levou Milton, que caminhou pela Eternidade
Uma centena de anos, pensando nos intrincados labirintos da Providência
Infeliz embora no céu, obedecia, não clamava, permanecia em silêncio
Observando a sua Sêxtupla Emanação dispersa pelas profundezas
Em sofrimento!, a ir aos abismos redimi-la a ela e perder-se a si?
Que causa levou por fim Milton a este feito singular?
O Canto profético de um Bardo! Pois sentado às mesas eternas,
Terrífico entre os Filhos de Albion em coro solene & estrondoso
Um Bardo falou! Sentados, todos escutavam atentos o homem terrível.

Mark well my words! they are of your eternal salvation:

Three Classes are Created by the Hammer of Los, & Woven

Escutai bem as minhas palavras! São a vossa salvação eterna:

Três Classes são Criadas pelo Martelo de Los, & Tecidas

PLATE 3

(BENTLEY B, ERDMAN 3, KEYNES B)

By Enitharmons Looms when Albion was slain upon his Mountains
And in his Tent, thro envy of Living Form, even of the Divine Vision
And of the sports of Wisdom in the Human Imagination
Which is the Divine Body of the Lord Jesus, blessed for ever.
Mark well my words, they are of your eternal salvation:

Urizen lay in darkness & solitude, in chains of the mind lock'd up
Los siezd his Hammer & Tongs; he labourd at his resolute Anvil
Among indefinite Druid rocks & snows of doubt & reasoning.

Refusing all Definite Form, the Abstract Horror roofd, stony hard.
And a first Age passed over & a State of dismal woe:

Down sunk with fright a red round Globe hot burning, deep
Deep down into the Abyss, panting: conglobing: trembling
And a second Age passed over & a State of dismal woe.

Rolling round into two little Orbs & closed in two little Caves
The Eyes beheld the Abyss: lest bones of solidness freeze over all
And a third Age passed over & a State of dismal woe.

From beneath his Orbs of Vision, Two Ears in close volutions
Shot spiring out in the deep darkness & petrified as they grew
And a fourth Age passed over & a State of dismal woe.

Hanging upon the wind, Two Nostrils bent down into the Deep
And a fifth Age passed over & a State of dismal woe.

GRAVURA 3

Pelos Teares de Enitharmon quando Albion foi chacinada nas suas Montanhas
E na sua Tenda, pela inveja da Forma Viva, até mesmo da Visão Divina
E dos jogos da Sabedoria na Imaginação Humana
Que é o Corpo Divino do Senhor Jesus, para sempre bendito.
Escutai bem as minhas palavras, são a vossa salvação eterna:

Urizen jazia no escuro & na solidão, encerrado nas cadeias da mente
Los agarrou no Martelo & nas Tenazes; malhou na Bigorna resoluta
Entre os indefinidos rochedos Druídicos & neves da dúvida & da razão.

Recusando toda a Forma Definida, o Horror Abstrato encerrado em pedra dura.
E uma primeira Era passou & um Estado de dor lancinante.

Mergulhou com pavor um Globo rubro ardente redondo, no fundo
Fundo Abismo, palpitando, conglobando-se: estremecendo
E uma segunda Era passou & um Estado de dor lancinante.

Rolando até formar dois pequenos Orbes & encerrados em duas pequenas Cavernas
Os Olhos contemplaram o Abismo: não fossem os ossos da solidez gelar sobre tudo
E uma terceira Era passou & um Estado de dor lancinante.

Por baixo dos Orbes da Visão, Dois Ouvidos em volutas apertadas
Emergiram espiralando nas profundas trevas & petrificaram-se ao crescer
E uma quarta Era passou & um Estado de dor lancinante.

Suspensas no vento, Duas Narinas inclinaram-se para as Profundezas
E uma quinta Era passou & um Estado de dor lancinante.

In ghastly torment sick, a Tongue of hunger & thirst flamed out
And a sixth Age passed over & a State of dismal woe.

Enraged & stifled without & within: in terror & woe, he threw his
Right Arm to the north, his left Arm to the south, & his Feet
Stampd the nether Abyss in trembling & howling & dismay
And a seventh Age passed over & a State of dismal woe

Terrified Los stood in the Abyss & his immortal limbs
Grew deadly pale; he became what he beheld: for a red
Round Globe sunk down from his Bosom into the Deep in pangs
He hoverd over it trembling & weeping, suspended it shook
The nether Abyss in temblings, he wept over it, he cherish'd it
In deadly sickening pain: till separated into a Female pale
As the cloud that brings the snow: all the while from his Back
A blue fluid exuded in Sinews hardening in the Abyss
Till it separated into a Male Form howling in Jealousy

Within labouring, beholding Without: from Particulars to Generals
Subduing his Spectre, they Builded the Looms of Generation
They Builded Great Golgonooza Times on Times Ages on Ages
First Orc was Born then the Shadowy Female: then All Los's Family
At last Enitharmon brought forth Satan Refusing Form, in vain
The Miller of Eternity made subservient to the Great Harvest
That he may go to his own Place, Prince of the Starry Wheels

Em horrível tormento pavoroso, uma Língua de fome & sede irrompeu
E uma sexta Era passou & um Estado de dor lancinante:

Enfurecido & sufocado por dentro & por fora: em terror & agonia, estendeu
O Braço direito para o norte, o Braço esquerdo para o sul, & os Pés
Bateram no Abismo do nada em tremor & uivo & pavor
E uma sétima Era passou & um Estado de dor lancinante.

Aterrorizado, Los permaneceu no Abismo com os seus membros imortais
Lívidos de morte; tornou-se naquilo que via: pois um rubro
Globo redondo afundou-se do seu Peito para as Profundezas em dores
excruciantes
Pairou sobre ele tremendo & chorando, suspenso fez abalar
O Abismo do nada, em estremeções, chorou sobre ele, acarinhou-o
Em dor mortal excruciante: até se ver separado numa Fêmea pálida
Como a nuvem que traz a neve: durante todo este tempo das suas Costas
Um fluido azul exsudava em Tendões que solidificavam no Abismo
Até se ver separado numa Forma Masculina a uivar de Zelos

Por Dentro laborava, por Fora contemplava: do Particular ao Geral
Dominando o seu Espectro, eles Construíram os Teares da Geração
Construíram o Grande Golgonooza, Tempos e Tempos, Eras e Eras,
Primeiro Orc nasceu, depois a Fêmea Sombria: depois toda a Família de Los
Por fim Enitharmon deu à luz Satanás, Recusando a Forma, em vão
O Moleiro da Eternidade tornou-o subserviente à Grande Ceifa
Para que pudesse ir para o seu próprio Lugar, Príncipe das Esferas Estreladas

PLATE 4

(BENTLEY A, ERDMAN 4, KEYNES A)

Beneath the Plow of Rintrah & the Harrow of the Almighty
In the hands of Palamabron, Where the Starry Mills of Satan
Are built beneath the Earth & Waters of the Mundane Shell
Here the Three Classes of Men take their Sexual texture Woven
The Sexual is Threefold: the Human is Fourfold

"If you account it Wisdom when you are angry to be silent, and
Not to shew it: I do not account that Wisdom but Folly.
Every Mans Wisdom is peculiar to his own Individ[u]ality
O Satan my youngest born, art thou not Prince of the Starry Hosts
And of the Wheels of Heaven, to turn the Mills day & night?
Art thou not Newtons Pantocrator weaving the Woof of Locke
To Mortals thy Mills seem every thing & the Harrow of Shaddai
A scheme of Human conduct invisible & incomprehensible
Get to thy Labours at the Mills & leave me to my wrath"

Satan was going to reply, but Los roll'd his loud thunders.

"Anger me not! thou canst not drive the Harrow in pitys paths.
Thy Work is Eternal Death, with Mills & Ovens & Cauldrons.
Trouble me no more, thou canst not have Eternal Life"

So Los spoke! Satan trembling obeyd weeping along the way.
Mark well my words, they are of your eternal Salvation

Between South Molton Street & Stratford Place: Calvarys foot
Where the Victims were preparing for Sacrifice their Cherubim

GRAVURA 4

Por baixo do Arado de Rintrah & da Charrua do Todo-Poderoso
Nas mãos de Palamabron, Onde as Fábricas Estreladas de Satanás
Se erguem por baixo da Terra & das Águas da Casca do Mundo
Aqui as Três Classes de Homens tomam a textura Sexual Urdida
A do Sexo é Tripla: a Humana é Quádrupla

"Se considerais Sabedoria ficar calado quando se está furioso, e
Não o mostrar: a mim, isso não me parece Sabedoria mas Estupidez.
A Sabedoria de cada Homem é peculiar à sua Individualidade
Oh Satanás, meu primogênito, não sois vós o Príncipe das Hostes Estreladas
E das Esferas Celestes, que fazem rodar as Fábricas dia & noite?
Não sois vós o Pantocrator de Newton que tece a Trama de Locke?
Aos Mortais as vossas Fábricas parecem ser tudo & a Charrua de Shaddai
Um esquema da conduta Humana invisível & incompreensível
Voltai ao vosso Trabalho nas Fábricas & deixai-me com a minha ira."

Satanás ia responder, mas Los atroou com estrondo os seus trovões.

"Não me enfureças! Não podeis lavrar com a Charrua os caminhos da piedade.
A vossa Obra é a Morte Eterna, feita de Fábricas & Fornos & Caldeiras.
Não me atormenteis mais, não podeis ter a Vida Eterna."

Assim disse Los! Satanás estremecendo obedeceu, chorando pelo caminho.
Escutai bem as minhas palavras, são a vossa Salvação eterna

Entre a Rua South Molton & a Praça Stratford: o sopé do Calvário
Onde as Vítimas preparavam para o Sacrifício os seus Querubins

Around their loins pourd forth their arrows & their bosoms beam
With all colours of precious stones, & their inmost palaces
Resounded with preparation of animals wild & tame
(Mark well my words! Corporeal Friends are Spiritual Enemies)
Mocking Druidical Mathematical Proportion of Length Bredth Highth
Displaying Naked Beauty! with Flute & Harp & Song

Dos seus rins irromperam as setas & os seus peitos raiaram
Com todas as cores das pedras preciosas, & os seus mais recônditos palácios
Ressoaram com a preparação de animais selvagens & domésticos,
(Escutai bem as minhas palavras! Amigos Corporais são Inimigos Espirituais)
Zombando das Druídicas Proporções Matemáticas do Comprimento, Largura, Altura
Mostrando a Beleza Nua! com Flautas & Harpas & Canções

PLATE 5

[COPY D](BENTLEY F, ERDMAN 5, KEYNES F)

Palamabron with the fiery Harrow in morning returning
From breathing fields, Satan fainted beneath the artillery.
Christ took on Sin in the Virgins Womb, & put it off on the Cross
All pitied the piteous & was wrath with the wrathful & Los heard it.

And this is the manner of the Daughters of Albion in their beauty
Every one is threefold in Head & Heart & Reins, & every one
Has three Gates into the Three Heavens of Beulah which shine
Translucent in their Foreheads & their Bosoms & their Loins
Surrounded with fires unapproachable: but whom they please
They take up into their Heavens in intoxicating delight
For the Elect cannot be Redeemd, but Created continually
By Offering & Atonement in the crue[l]ties of Moral Law.
Hence the three Classes of Men take their fix'd destinations
They are the Two Contraries & the Reasoning Negative.

While the Females prepare the Victims, the Males at Furnaces
And Anvils dance the dance of tears & pain, loud lightnings
Lash on their limbs as they turn the whirlwinds loose upon
The Furnaces, lamenting around the Anvils & this their Song[:]

"Ah weak & wide astray! Ah shut in narrow doleful form
Creeping in reptile flesh upon the bosom of the ground
The Eye of Man a little narrow orb closd up & dark
Scarcely beholding the great light conversing with the Void;
The Ear, a little shell in small volutions shutting out
All melodies & comprehending only Discord and Harmony;

GRAVURA 5

Palamabron com a Charrua ardente regressava de manhã
Dos campos palpitantes, Satanás desmaiava debaixo da artilharia.
Cristo recebeu o Pecado no Ventre da Virgem, & livrou-se dele na Cruz
Compadeceram-se dos que padeciam & iraram-se com os irados & Los escutou.

E assim são as Filhas de Albion na sua beleza
Cada uma se triplica em Cabeça, Coração & Rins, & cada uma
Tem três Portões para os Três Céus de Beulah que lhes brilham
Translúcidos nas Frontes & nos Peitos & nas Costas
Cercadas de fogos intocáveis: mas a quem elas querem
Levam aos Céus em ébrio deleite
Pois os Eleitos não podem ser Redimidos, mas continuamente Criados
Por Oferendas & Expiações nas crueldades da Lei Moral.
Então as três Classes de Homens veem o seu destino fixado
Que são os Dois Contrários & a Razão Negativa.

Enquanto as Fêmeas preparam as Vítimas, os Machos nas Forjas
E nas Bigornas dançam a dança das lágrimas & da dor, relâmpagos estrondosos
Flagelam-lhes os membros à medida que libertam os redemoinhos sobre
As Forjas, lamentam-se em redor das Bigornas, com esta Canção:

"Ah, fracos & tresmalhados! Ah, fechados em forma estreita e sombria
Rastejando em réptil carne pelo peito do chão
O Olho do Homem, pequena e estreita orbe encerrada & escura,
Quase incapaz de ver a grande luz em conversa com o Vazio;
O Ouvido, pequena concha convoluta encerrada a todas
As melodias & escutando apenas Dissonância e Harmonia;

The Tongue a little moisture fills, a little food it cloys
A little sound it utters & its cries are faintly heard
Then brings forth Moral Virtue the cruel Virgin Babylon
Can such an Eye judge of the stars? & looking thro its tubes
Measure the sunny rays that point their spears on Udanadan[?]

"Can such an Ear, filld with the vapours of the yawning pit,
Judge of the pure melodious harp struck by a hand divine?
Can such closed Nostrils feel a joy? or tell of autumn fruits
When grapes & figs burst their covering to the joyful air[?]
Can such a Tongue boast of the living waters? or take in
Ought but the Vegetable Ratio & loathe the faint delight?
Can such gross Lips percieve? alas! folded within themselves
They touch not ought but pallid turn & tremble at every wind."

Thus they sing Creating the Three Classes among Druid Rocks
Charles calls on Milton for Atonement. Cromwell is ready
James calls for fires in Golgonooza, for heaps of smoking ruins
In the night of prosperity and wantonness which he himself Created
Among the Daughters of Albion, among the Rocks of the Druids
When Satan fainted beneath the arrows of Elynittria
And Mathematic Proportion was subdued by Living Proportion

A Língua, que um pouco de humidade cobre, um pouco de comida sacia
Um breve som emite & cujos gritos mal se ouvem
Faz surgir então a Virtude Moral a cruel Virgem Babilônia
Poderá tal Olho julgar das estrelas? & olhando por tubos
Medir os raios solares que apontam suas lanças a Udanadan?

"Poderá tal Ouvido, cheio dos vapores do poço do bocejo,
Julgar da pura melodiosa harpa que a mão divina toca?
Poderão tais Narinas encerradas cheirar uma alegria? Ou distinguir os frutos de Outono
Quando uvas & figos emprestam o seu mel ao ar jubiloso?
Poderá tal Língua gabar-se das águas vivas? Ou absorver
Algo que não o Rácio Material & abominar a mínima delícia?
Poderão tais Lábios grosseiros distinguir? Ai de mim! Encerrados em si mesmos
Nada tocam que não os empalideça & faça tremer a cada aragem."

Assim cantam ao Criar as Três Classes de Homens entre os Rochedos Druídicos.
Carlos convoca Milton para a Expiação. Cromwell está pronto.
Jaime convoca os fogos de Golgonooza e inúmeras ruínas fumegantes
Na noite da prosperidade e do folguedo que ele próprio Criou
Entre as Filhas de Albion, entre os Rochedos Druídicos
Quando Satanás desmaiava sob as setas de Elynittria
E a Proporção Matemática era dominada pela Proporção Viva

PLATE 5

(BENTLEY 4, ERDMAN 6, KEYNES 4)

From Golgonooza the spiritual Four-fold London eternal
In immense labours & sorrows, ever building, ever falling,
Thro Albions four Forests which overspread all the Earth,
From London Stone to Blackheath east: to Hounslow west:
To Finchley north: to Norwood south: and the weights
Of Enitharmons Loom play lulling cadences on the winds of Albion
From Caithness in the north, to Lizard-point & Dover in the south

Loud sounds the Hammer of Los, & loud his Bellows is heard
Before London to Hampsteads breadths & Highgates heights To
Stratford & old Bow: & across to the Gardens of Kensington
On Tyburns Brook: loud groans Thames beneath the iron Forge
Of Rintrah & Palamabron of Theotorm[on] & Bromion, to forge the instruments
Of Harvest: the Plow & Harrow to pass over the Nations

The Surrey hills glow like the clinkers of the furnace: Lambeths Vale
Where Jerusalems foundations began: where they were laid in ruins
Where they were laid in ruins from every Nation & Oak Groves rooted,
Dark gleams before the Furnace-mouth a heap of burning ashes.
When shall Jerusalem return & overspread all the Nations
Return: return to Lambeths Vale O building of human souls
Thence stony Druid Temples overspread the Island white
And thence from Jerusalems ruins, from her walls of salvation
And praise: thro the whole Earth were reard from Ireland
To Mexico & Peru west, & east to China & Japan; till Babel
The Spectre of Albion frownd over the Nations in glory & war
All things begin & end in Albions ancient Druid rocky shore
But now the Starry Heavens are fled from the mighty limbs of Albion

GRAVURA 5

De Golgonooza a espiritual Quádrupla Londres eterna
Em trabalhos & penas imensas, sempre a construir-se, sempre a ruir,
No meio das quatro Florestas de Albion que cobriam a Terra inteira,
Da Pedra de Londres a Blackheath, a leste: a Hounslow, a oeste:
A Finchley, a norte: a Norwood, a sul: e os contrapesos
Do Tear de Enitharmon tocam cadências de embalar nos ventos de Albion
De Caithness a norte, ao cabo Lizard & a Dover a sul

Soa estrondoso o Martelo de Los, & estrondoso o seu Fole se ouve
De Londres aos descampados de Hampstead & dos cumes de Highgate a
Stratford & old Bow: & através dos jardins de Kensington
A Tyburn Brook: ruge ruidoso o Tâmisa por baixo da Forja de ferro
De Rintrah & Palamabron, de Theotormon & Bromion, a forjar as alfaias
Da Ceifa: o Arado & a Charrua para lavrar as Nações

As colinas de Surrey brilham como brasas na forja: o Vale de Lambeth
Onde as fundações de Jerusalém começaram: onde ficaram em ruínas
Onde ficaram em ruínas todas as Nações & as Matas de Carvalho ganharam raiz,
Cintilações escuras diante da goela da Forja um monte de cinzas ardentes.
Quando voltará Jerusalém & cobrirá todas as Nações?
Voltar: voltar ao Vale de Lambeth, Oh edifício das almas humanas!
Desde então Templos Druídicos de pedra cobriram a Ilha branca
E das ruínas de Jerusalém, das suas muralhas de salvação
E oração: pela Terra inteira se espalharam, da Irlanda
Ao México & ao Peru, a oeste, & à China e ao Japão, a leste; até Babel
O Espectro de Albion franziu-se sobre as Nações em glória & guerra
Tudo começa e acaba nas antigas Druídicas margens rochosas de Albion
Mas eis que os Céus Estrelados se escapam dos poderosos membros de Albion

Loud sounds the Hammer of Los, loud turn the Wheels of Enitharmon
Her Looms vibrate with soft affections, weaving the Web of Life
Out from the ashes of the Dead; Los lifts his iron Ladles
With molten ore: he heaves the iron cliffs in his rattling chains
From Hyde Park to the Alms-houses of Mile-end & old Bow
Here the Three Classes of Mortal Men take their fixd destinations
And hence they overspread the Nations of the whole Earth & hence
The Web of Life is woven: & the tender sinews of life created
And the Three Classes of Men regulated by Los's hammer & woven

Soa estrondoso o Martelo de Los, estrondosas as Rodas de Enitharmon
Os seus Teares vibram de doces afecções, tecendo a Teia da Vida
A partir da cinza dos Mortos; Los ergue as suas grandes Colheres de ferro
Com metal fundido: eleva as falésias de ferro das suas cadeias ressoantes
De Hyde Park aos Hospícios de Mile-end & old Bow
Aqui as Três Classes de Homens Mortais têm os destinos fixados
E desde então espalharam-se sobre as Nações da Terra inteira & desde então
A Teia da Vida foi tecida: & os tenros tendões da vida foram criados
E as Três Classes de Homens reguladas pelo martelo de Los & tecidas

PLATE 6

(BENTLEY 5, ERDMAN 7, KEYNES 5)

By Enitharmons Loom, & Spun beneath the Spindle of Tirzah.
The first, The Elect from before the foundation of the World:
The second, The Redeem'd. The Third, The Reprobate & Form'd
To destruction from the mothers womb: follow with me my plow.

Of the first class was Satan: with incomparable mildness;
His primitive tyrannical attempts on Los: with most endearing love
He soft intreated Los to give to him Palamabrons station;
For Palamabron returnd with labour wearied every evening
Palamabron oft refus'd; and as often Satan offer'd
His service till by repeated offers and repeated intreaties
Los gave to him the Harrow of the Almighty; alas blamable
Palamabron fear'd to be angry lest Satan should accuse him of
Ingratitude, & Los believe the accusation thro Satans extreme
Mildness. Satan labour'd all day, it was a thousand years
In the evening returning terrified overlabourd & astonish'd
Embrac'd soft with a brothers tears Palamabron, who also wept

Mark well my words! they are of your eternal salvation

Next morning Palamabron rose: the horses of the Harrow
Were maddend with tormenting fury, & the servants of the Harrow
The Gnomes, accus'd Satan, with indignation, fury and fire.
Then Palamabron reddening like the Moon in an eclipse,
Spoke saying, "You know Satans mildness and his self-imposition,
Seeming a brother, being a tyrant, even thinking himself a brother
While he is murdering the just; prophetic I behold

GRAVURA 6

Pelo Tear de Enitharmon, & Fiadas pela Fuso de Tirza.
A primeira, Os Eleitos, que precederam a fundação do Mundo:
A segunda, Os Redimidos, a Terceira, Os Réprobos & Formados
Para a destruição desde o ventre da mãe: segui comigo o meu arado.

À primeira classe pertencia Satanás: que, com incomparável brandura,
Fez as primeiras tentativas tirânicas sobre Los: com o mais carinhoso amor
Aliciou docemente Los para que lhe desse o lugar de Palamabron;
Pois Palamabron regressava cansado do trabalho ao final da tarde
Muitas vezes Palamabron recusava; e outras tantas Satanás lhe oferecia
Seus serviços até que, por ofertas e aliciamentos repetidos,
Los lhe entregou a Charrua do Todo-Poderoso, ai, Palamabron
Censurável por temer enfurecer-se não fosse Satanás acusá-lo de
Ingratidão, & Los acreditar na acusação graças à extrema brandura
De Satanás. Satanás trabalhou o dia inteiro durante mil anos,
Regressando à noitinha assustado, cansado & espantado
Abraçava com doçura e lágrimas fraternas Palamabron, que também chorava

Escutai bem as minhas palavras! São a vossa salvação eterna

Na manhã seguinte Palamabron ergueu-se: os cavalos da Charrua
Estavam enraivecidos de fúria atormentada, & os servos da Charrua,
Os Gnomos, acusaram Satanás, com indignação, fúria e fogo.
De seguida Palamabron, ruborescendo como a Lua num eclipse,
Falou dizendo: "Conheceis a brandura de Satanás e a sua autoimposição,
Parece fraterno, sendo tirano, julga-se a si mesmo fraterno
Enquanto assassina os justos; profético, contemplo

His future course thro' darkness and despair to eternal death.
But we must not be tyrants also! he hath assum'd my place
For one whole day, under pretence of pity and love to me:
My horses hath he maddend! and my fellow servants injur'd:
How should he know the duties of another? O foolish forbearance
Would I had told Los, all my heart! but patience, O my friends,
All may be well: silent remain, while I call Los and Satan."

Loud as the wind of Beulah that unroots the rocks & hills
Palamabron call'd: and Los & Satan came before him
And Palamabron shew'd the horses & the servants. Satan wept,
And mildly cursing Palamabron, him accus'd of crimes
Himself had wrought. Los trembled; Satans blandishments almost
Perswaded the Prophet of Eternity that Palamabron
Was Satans enemy, & that the Gnomes being Palamabron's friends
Were leagued together against Satan thro' ancient enmity.
What could Los do? how could he judge, when Satans self believ'd
That he had not oppres'd the horses of the Harrow, nor the servants.

So Los said: "Henceforth Palamabron, let each his own station
Keep: nor in pity false, nor in officious brotherhood, where
None needs, be active." Mean time Palamabrons horses,
Rag'd with thick flames redundant, & the Harrow maddend with fury.
Trembling Palamabron stood, the strongest of Demons trembled:
Curbing his living creatures; many of the strongest Gnomes,
They bit in their wild fury, who also maddend like wildest beasts

Mark well my words; they are of your eternal salvation

O seu curso futuro pelas trevas e pelo desespero até à morte eterna.
Mas não devemos nós ser também tiranos! Ele tomou o meu lugar
Por um dia inteiro, fingindo compaixão e amor por mim:
Enfureceu os meus cavalos! E feriu os meus servos:
Como poderia ele saber os deveres de outro? Oh insensata indulgência,
Tivesse eu aberto a Los o meu coração! Mas esperai, Oh meus amigos,
Que tudo pode resolver-se: guardai silêncio, enquanto convoco Los e Satanás."

Atroador como o vento de Beulah que arranca rochedos & colinas
Palamabron chamou: e Los & Satanás vieram diante dele
E Palamabron mostrou os cavalos & os servos. Satanás chorou,
E amaldiçoando brandamente Palamabron acusou-o de crimes
Que ele próprio urdira. Los estremeceu; as malícias de Satanás quase
Persuadiram o Profeta da Eternidade de que Palamabron
Era inimigo de Satanás, & que os Gnomos, sendo amigos de Palamabron,
Estavam conluiados contra Satanás por antiga inimizade.
Que poderia Los fazer? Como julgar, se o próprio Satanás acreditava
Não ter oprimido os cavalos da Charrua, nem os servos?

Então disse Los: "Daqui em diante Palamabron, ocupará cada um a sua
Posição: nem a compaixão falsa, nem a oficiosa fraternidade, de que
Ninguém precisa, vos entregareis." Entretanto, os cavalos de Palamabron
Ardiam em grossas chamas redundantes, & a Charrua enlouquecida de fúria.
Palamabron ficou a tremer, o mais forte dos Demônios estremeceu:
Refreando as suas criaturas vivas; morderam na sua fúria louca
Muitos dos Gnomos mais fortes, furiosos também como bestas selvagens

Escutai bem as minhas palavras; são a vossa salvação eterna

PLATE 7

(BENTLEY 6, ERDMAN 8, KEYNES 6)

Mean while wept Satan before Los, accusing Palamabron;
Himself exculpating with mildest speech, for himself believ'd
That he had not opress'd nor injur'd the refractory servants.

But Satan returning to his Mills (for Palamabron had serv'd
The Mills of Satan as the easier task) found all confusion,
And back return'd to Los, not fill'd with vengeance but with tears,
Himself convinc'd of Palamabrons turpitude. Los beheld
The servants of the Mills drunken with wine and dancing wild
With shouts and Palamabrons songs, rending the forests green
With ecchoing confusion, tho' the Sun was risen on high.

Then Los took off his left sandal placing it on his head,
Signal of solemn mourning: when the servants of the Mills
Beheld the signal they in silence stood, tho' drunk with wine.
Los wept! But Rintrah also came, and Enitharmon on
His arm lean'd tremblingly observing all these things

And Los said: "Ye Genii of the Mills: the Sun is on high
Your labours call you; Palamabron is also in sad dilemma:
His horses are mad! his Harrow confounded! his companions enrag'd.
Mine is the fault! I should have remember'd that pity divides the soul
And man, unmans: follow with me my Plow, this mournful day
Must be a blank in Nature: follow with me, and tomorrow again
Resume your labours, & this day shall be a mournful day"

GRAVURA 7

Entretanto chorava Satanás diante de Los, acusando Palamabron;
Desculpando-se a si mesmo com palavras brandas, pois acreditava
Não ter oprimido ou ferido os servos refratários.

Mas ao regressar Satanás às suas Fábricas (pois Palamabron servira
As Fábricas de Satanás como a tarefa mais fácil) encontrou tudo confundido
E voltou à presença de Los, não com desejo de vingança mas a chorar,
Ele próprio convencido da torpeza de Palamabron. Los contemplou
Os servos das Fábricas ébrios do vinho e a dançar frenéticos
Ao som das canções e dos gritos de Palamabron, dilacerando as florestas verdes
Com o eco da confusão, ainda que o Sol já estivesse bem alto.

Então Los descalçou a sandália esquerda e colocou-a sobre a cabeça,
Em sinal de luto solene: quando os servos das Fábricas
Viram o sinal calaram-se, embora ébrios do vinho.
Los chorou! Mas Rintrah veio também, e Enitharmon encostou-se
Ao braço dele, estremecendo ao observar todas estas coisas

E disse Los: "Vós, Gênios das Fábricas: o Sol já vai alto
Os vossos trabalhos chamam-vos; Palamabron acha-se num triste dilema:
Os cavalos loucos! A Charrua confundida! Os companheiros enfurecidos.
A culpa é minha! Deveria ter-me lembrado que a piedade divide a alma
E desumaniza o homem: segui-me com o Arado, este dia funéreo
Há de ser um vazio na Natureza: segui-me, e amanhã de novo
Retoma os teus trabalhos, & este dia será um dia funéreo."

Wildly they follow'd Los and Rintrah, & the Mills were silent
They mourn'd all day this mournful day of Satan & Palamabron;
And all the Elect & all the Redeem'd mourn'd one toward another
Upon the mountains of Albion among the cliffs of the Dead.

They Plow'd in tears! incessant pourd Jehovahs rain, & Molechs
Thick fires contending with the rain, thunder'd above rolling
Terrible over their heads; Satan wept over Palamabron
Theotormon & Bromion contended on the side of Satan
Pitying his youth and beauty; trembling at eternal death:
Michael contended against Satan in the rolling thunder
Thulloh the friend of Satan also reprovd him; faint their reproof.

But Rintrah who is of the reprobate: of those form'd to destruction
In indignation, for Satans soft dissimulation of friendship!
Flam'd above all the plowed furrows, angry red and furious,
Till Michael sat down in the furrow weary dissolv'd in tears
Satan who drave the team, beside him, stood angry & red
He smote Thulloh & slew him, & he stood terrible over Michael
Urging him to arise: he wept! Enitharmon saw his tears
But Los hid Thulloh from her sight, lest she should die of grief
She wept: she trembled! she kissed Satan; she wept over Michael
She form'd a Space for Satan & Michael & for the poor infected
Trembling she wept over the Space, & clos'd it with a tender Moon

Los secret buried Thulloh, weeping disconsolate over the moony Space

But Palamabron called down a Great Solemn Assembly,
That he who will not defend Truth, may be compelled to
Defend a Lie, that he may be snared & caught & taken

Frenéticos seguiram Los e Rintrah, & as Fábricas calaram-se
Todo o dia lamentaram este dia funéreo de Satanás & Palamabron;
E todos os Eleitos & todos os Redimidos se lamentaram mutuamente
Sobre as montanhas de Albion por entre as falésias dos Mortos.

Lavraram em lágrimas! Incessantes caíram as chuvas de Jeová, & os fogos
Grossos de Moloch lutaram com as chuvas, rolando os trovões terríveis
Sobre as suas cabeças; Satanás chorou por Palamabron
Theotormon & Bromion lutaram ao lado de Satanás
Compadecendo-se da sua juventude e beleza; temendo a morte eterna:
Miguel lutando contra Satanás nos trovões retumbantes
Thulloh, o amigo de Satanás, também o censurou; pálida a censura deles.

Mas Rintrah que pertence aos réprobos: aos que se formaram para a destruição,
Indignado com a branda dissimulação de amizade de Satanás!
Ardia em chamas sobre os sulcos lavrados, vermelho de raiva e fúria,
Até Miguel se sentar sobre o sulco cansado banhado em lágrimas
Satanás que guiou o grupo, a seu lado, mostrou-se furioso & vermelho
Acometeu Thulloh & assassinou-o, & ergueu-se terrível sobre Miguel
Instando-o a que se levantasse: ele chorou! Enitharmon viu as suas lágrimas
Mas Los impediu-a de ver Thulloh, para que ela não morresse de dor
Ela chorou: estremeceu! E beijou Satanás; e chorou por Miguel
E formou um Espaço para Satanás & Miguel & para os pobres infectados
A tremer chorou sobre esse Espaço, & fechou-o com uma Lua terna.

Los enterrou Thulloh em segredo, chorando desconsolado sobre Espaço enluarado

Mas Palamabron convocou uma Grande Assembleia Solene,
Que quem não defender a Verdade, seja compelido a
Defender uma Mentira, a cair no logro & a ser apanhado & levado

PLATE 8

(BENTLEY 7, ERDMAN 9, KEYNES 7)

And all Eden descended into Palamabrons tent
Among Albions Druids & Bards, in the caves beneath Albions
Death Couch, in the caverns of death, in the corner of the Atlantic.
And in the midst of the Great Assembly Palamabron pray'd:
"O God protect me from my friends, that they have not power over me
Thou hast giv'n me power to protect myself from my bitterest enemies."

Mark well my words, they are of your eternal salvation

Then rose the Two Witnesses, Rintrah & Palamabron:
And Palamabron appeal'd to all Eden, and recievd
Judgment: and Lo! it fell on Rintrah and his rage:
Which now flam'd high & furious in Satan against Palamabron
Till it became a proverb in Eden. Satan is among the Reprobate.

Los in his wrath curs'd heaven & earth, he rent up Nations
Standing on Albions rocks among high-reard Druid temples
Which reach the stars of heaven & stretch from pole to pole.
He displacd continents, the oceans fled before his face
He alter'd the poles of the world, east, west & north & south
But he clos'd up Enitharmon from the sight of all these things

For Satan flaming with Rintrahs fury hidden beneath his own mildness
Accus'd Palamabron before the Assembly of ingratitude! of malice:
He created Seven deadly Sins drawing out his infernal scroll,
Of Moral laws and cruel punishments upon the clouds of Jehovah
To pervert the Divine voice in its entrance to the earth

GRAVURA 8

E todo o Éden desceu à tenda de Palamabron
Entre Druidas & Bardos de Albion, nas cavernas sob o Leito
De Morte de Albion, nas cavernas da morte, no extremo do Atlântico.
E no meio da Grandiosa Assembleia Palamabron orava:
"Oh Deus, protegei-me dos amigos, para que não tenham poder sobre mim
Vós que me haveis dado poder para me proteger dos mais amargos inimigos."

Escutai bem as minhas palavras, são a vossa salvação eterna

Ergueram-se em seguida as Duas Testemunhas, Rintrah & Palamabron:
E Palamabron apelou a todo o Éden, e foi
Julgado: e olhai!, abateu-se sobre Rintrah e a sua fúria:
Que ardia agora alta & furiosa em Satanás contra Palamabron
Até se tornar proverbial no Éden. Satanás faz parte dos Réprobos.

Los na sua ira amaldiçoou o céu & a terra, dilacerou as Nações
Firme sobre os rochedos de Albion, no meio de templos Druídicos altaneiros
Que se erguiam até às estrelas do céu & se estendiam de polo a polo,
Deslocou continentes, fez fugir os oceanos diante do seu rosto
Alterou os polos do mundo, leste, oeste & norte & sul
Mas ocultou a Enitharmon a visão de todas estas coisas

Pois Satanás, a arder com a fúria secreta de Rintrah sob a sua própria brandura,
Acusou Palamabron de ingratidão e malícia! diante da Assembleia:
Criou Sete Pecados mortais, abrindo o seu rolo infernal
De leis Morais e castigos cruéis sobre as nuvens de Jeová
Para perverter a voz Divina à sua entrada na terra

With thunder of war & trumpets sound, with armies of disease
Punishments & deaths musterd & number'd; Saying "I am God alone
There is no other! let all obey my principles of moral individuality
I have brought them from the uppermost innermost recesses
Of my Eternal Mind, transgressors I will rend off for ever,
As now I rend this accursed Family from my covering."

Thus Satan rag'd amidst the Assembly! and his bosom grew
Opake against the Divine Vision: the paved terraces of
His bosom inwards shone with fires, but the stones becoming opake:
Hid him from sight, in an extreme blackness and darkness,
And there a World of deeper Ulro was open'd, in the midst
Of the Assembly. In Satans bosom a vast unfathomable Abyss.

Astonishment held the Assembly in an awful silence: and tears
Fell down as dews of night, & a loud solemn universal groan
Was utter'd from the east & from the west & from the south
And from the north; and Satan stood opake immeasurable
Covering the east with solid blackness, round his hidden heart
With thunders utterd from his hidden wheels: accusing loud
The Divine Mercy, for protecting Palamabron in his tent.

Rintrah rear'd up walls of rocks and pourd rivers & moats
Of fire round the walls: columns of fire guard around
Between Satan and Palamabron in the terrible darkness.

And Satan not having the Science of Wrath, but only of Pity:
Rent them asunder, and wrath was left to wrath, & pity to pity.
He sunk down a dreadful Death, unlike the slumbers of Beulah

The Separation was terrible: the Dead was repos'd on his Couch
Beneath the Couch of Albion, on the seven mou[n]tains of Rome

Por meio do trovão da guerra & do som das trombetas, com exércitos de doenças
Castigos & mortes convocou & calculou; Dizendo: "Só eu sou Deus
Não há outro! Que todos obedeçam aos meus princípios de individualidade moral
Trouxe-os da camada superior dos recessos mais interiores
Da minha Eterna Mente, os transgressores para sempre dilacerarei,
Tal como rasgo agora esta Família maldita do meu manto."

Assim se encolerizou Satanás no meio da Assembleia! e o seu peito tornou-se
Opaco à Visão Divina: e os socalcos empedrados
Do seu peito brilhavam para dentro cheios de fogo, mas as pedras tornavam-se opacas:
Escondiam-no da vista, em extrema escuridão e negras trevas,
Aí um Mundo das profundezas, Ulro, se abriu no meio
Da Assembleia. No peito de Satanás um vasto Abismo insondável.

O Espanto suspendeu a Assembleia em horrendo silêncio: e as lágrimas
Caíram como o orvalho da noite, & um gemido sonoro solene universal
Soou vindo de leste & do oeste & do sul
E do norte; e Satanás permaneceu opaco incomensurável
Cobrindo o leste de trevas compactas, em redor do seu coração oculto
Com trovões que ressoavam das suas esferas ocultas: acusando estrondosas
A Divina Misericórdia, por proteger Palamabron na sua tenda.

Rintrah ergueu muralhas de rochedos e derramou rios & fossos
De fogo em redor das muralhas: colunas de fogo montam guarda
Entre Satanás e Palamabron na escuridão terrível.

E Satanás não possuindo a Ciência da Ira, mas apenas a da Piedade:
Dilacerou-as, e a ira foi dada à ira, & a piedade à piedade.
Afundou-se numa Morte terrível, diferente dos sonos de Beulah

A Separação foi terrível: o Morto foi pousado no seu Leito
Por baixo do Leito de Albion, sobre as sete colinas de Roma

In the whole place of the Covering Cherub, Rome Babylon & Tyre,
His Spectre raging furious descended into its Space

PLATE 9 (BENTLEY 8, ERDMAN NOT NUMBERED, KEYNES 8)

Cobrindo o lugar do Querubim Protetor, Roma, Babilônia & Tiro,
O seu Espectro rugindo furioso desceu para o Espaço

GRAVURA 9 [Ver imagem página 239]

PLATE 10

(BENTLEY C, ERDMAN 10 [11], KEYNES C)

Then Los & Enitharmon knew that Satan is Urizen
Drawn down by Orc & the Shadowy Female into Generation
Oft Enitharmon enterd weeping into the Space, there appearing
An aged Woman raving along the Streets (the Space is named
Canaan) then she returnd to Los weary frighted as from dreams

The nature of a Female Space is this: it shrinks the Organs
Of Life till they become Finite & Itself seems Infinite.

And Satan vibrated in the immensity of the Space! Limited
To those without but Infinite to those within: it fell down and
Became Canaan: closing Los from Eternity in Albions Cliffs
A mighty Fiend against the Divine Humanity mustring to War

"Satan! Ah me! is gone to his own place, said Los! their God
I will not worship in their Churches, nor King in their Theatres
Elynittria: whence is this Jealousy running along the mountains
British Women were not Jealous when Greek & Roman were Jealous
Every thing in Eternity shines by its own Internal light: but thou
Darkenest every Internal light with the arrows of thy quiver
Bound up in the horns of Jealousy to a deadly fading Moon
And Ocalythron binds the Sun into a Jealous Globe
That every thing is fixd Opake without Internal light"

So Los lamented over Satan, who triumphant divided the Nations

GRAVURA 10

Então Los & Enitharmon souberam que Satanás era Urizen
Trazido abaixo por Orc & pela Fêmea Sombria para a Geração
Muitas vezes Enitharmon entrava a chorar no Espaço, surgindo aí
Como uma Mulher idosa delirando pelas Ruas (o Espaço chama-se
Canã) depois regressava a Los cansada e assustada como num pesadelo

A natureza de um Espaço Fêmea é esta: encolhe os Órgãos
Da Vida até que estes se tornem Finitos & Ele próprio pareça Infinito.

E Satanás vibrou na imensidade do Espaço! Limitado
Para os que estão fora mas Infinito para os que estão dentro: caiu e
Tornou-se Canã: separando Los da Eternidade nos Rochedos de Albion
Poderoso Inimigo contra a Divina Humanidade a convocar para a Guerra

"Satanás!, ai de mim!, foi para o seu próprio palácio, disse Los!
Não adorarei o seu Deus nas suas Igrejas, nem o seu Rei nos seus Teatros
Elynittria: de onde vêm estes Zelos que correm ao longo das montanhas?
As Mulheres Britânicas não eram Zelosas quando as Gregas & Romanas o eram
Cada coisa na Eternidade brilha com a sua própria luz Interior; mas vós
Escureceis cada luz Interior com as setas da vossa aljava
Presa pelos cornos dos Zelos a uma pálida Lua mortal
E Ocalythron prende o Sol num Globo de Zelos
Para que cada coisa se fixe Opaca sem luz Interior"

Assim se lamentava Los de Satanás, que, triunfante, dividia as Nações

He set his face against Jerusalem to destroy the Eon of Albion

But Los hid Enitharmon from the sight of all these things,
Upon the Thames whose lulling harmony repos'd her soul:
Where Beulah lovely terminates in rocky Albion:
Terminating in Hyde Park, on Tyburns awful brook.

And the Mills of Satan were separated into a moony Space
Among the rocks of Albions Temples, and Satans Druid sons
Offer the Human Victims throughout all the Earth, and Albions
Dread Tomb immortal on his Rock, overshadowd the whole Earth:
Where Satan making to himself Laws from his own identity.
Compell'd others to serve him in moral gratitude & submission
Being call'd God: setting himself above all that is called God.
And all the Spectres of the Dead calling themselves Sons of God
In his Synagogues worship Satan under the Unutterable Name

And it was enquir'd: Why in a Great Solemn Assembly
The Innocent should be condemn'd for the Guilty? Then an Eternal rose

Saying. "If the Guilty should be condemn'd, he must be an Eternal Death
And one must die for another throughout all Eternity.
Satan is fall'n from his station & never can be redeem'd
But must be new Created continually moment by moment
And therefore the Class of Satan shall be calld the Elect, & those

GRAVURA 11

Voltou-se contra Jerusalém para destruir a Emanação[1] de Albion

Mas Los ocultou a Enitharmon a visão de todas estas coisas,
Junto ao Tâmisa cuja cadência harmoniosa embalou a sua alma:
Onde Beulah termina graciosamente na Albion rochosa:
Terminando em Hyde Park, no rio terrível de Tyburn.

E as Fábricas de Satanás dividiram-se num Espaço lunar
Entre os rochedos dos Templos de Albion, e os Druidas filhos de Satanás
Ofertam as Vítimas Humanas por toda a Terra, e o Túmulo
De Albion terrível imortal sobre o Rochedo ensombrava a Terra inteira:
Onde Satanás fazia Leis à sua imagem e semelhança.
Obrigava os outros a servi-lo em gratidão & servidão moral
Chamando-se Deus: colocando-se acima de tudo a que se chama Deus.
E todos os Espectros dos Mortos chamavam a si mesmos Filhos de Deus
Nas suas Sinagogas adoravam Satanás sob o Nome Indizível

E perguntou-se: Por que hão de condenar-se os Inocentes em lugar dos Culpados
Numa Grande Assembleia Solene? Então ergueu-se um Eterno

Dizendo: "Se os Culpados se condenassem, ele seria uma Morte Eterna
E cada um haveria de morrer pelo outro por toda a Eternidade.
Satanás caiu do seu estado & nunca mais se poderá redimir
Mas tem de ser Criado de novo continuamente instante a instante
E por isso a Classe de Satanás há de chamar-se os Eleitos, & a de

1. No original Eon, que é um contração da palavra *Emanation* ["Emanação"].

Of Rintrah, the Reprobate, & those of Palamabron the Redeem'd
For he is redeem'd from Satans Law, the wrath falling on Rintrah;
And therefore Palamabron dared not to call a solemn Assembly
Till Satan had assum'd Rintrahs wrath in the day of mourning
In a feminine delusion of false pride self-deciev'd."

So spake the Eternal and confirm'd it with a thunderous oath

But when Leutha (a Daughter of Beulah) beheld Satans condemnation
She down descended into the midst of the Great Solemn Assembly
Offering herself a Ransom for Satan, taking on her, his Sin.

Mark well my words, they are of your eternal salvation!

And Leutha stood glowing with varying colours immortal, heart-piercing
And lovely: & her moth-like elegance shone, over the Assembly

At length standing upon the golden floor of Palamabron
She spake: "I am the Author of this Sin! by my suggestion
My Parent power Satan has committed this transgression.
I loved Palamabron & I sought to approach his Tent,
But beautiful Elynittria with her silver arrows repelld me.

Rintrah, os Réprobos, & a de Palamabron, os Redimidos,
Pois ele redimiu-se da Lei de Satanás, a ira ficou para Rintrah;
E por isso Palamabron não se atreveu a convocar uma Assembleia solene
Até Satanás ter assumido a ira de Rintrah no dia funéreo
Numa ilusão feminina de falso orgulho desenganado."

Assim falou o Eterno e confirmou-o com um juramento estrondoso

Mas quando Leutha (uma Filha de Beulah) viu a condenação de Satanás
Desceu para o meio da Grande Assembleia Solene
Oferecendo-se como Resgate a Satanás, tomando em si o seu Pecado.

Escutai bem as minhas palavras, são a vossa salvação eterna!

E Leutha resplandeceu de várias cores imortal, descoroçoante
E bela: & a sua elegância de mariposa brilhou sobre a Assembleia

Por fim pousando sobre o chão dourado de Palamabron
Falou: "Sou a Autora deste Pecado! Por minha sugestão
O meu poder Original Satanás cometeu esta transgressão.
Eu amava Palamabron & tentei aproximar-me da sua Tenda,
Mas a bela Elynittria com as suas setas argênteas afastou-me.

PLATE 12

(BENTLEY 10, ERDMAN 12 [13], KEYNES 10)

For her light is terrible to me. I fade before her immortal beauty.
O wherefore doth a Dragon-form forth issue from my limbs
To sieze her new born son? Ah me! the wretched Leutha!
This to prevent, entering the doors of Satans brain night after night
Like sweet perfumes I stupified the masculine perceptions
And kept only the feminine awake, hence rose his soft
Delusory love to Palamabron: admiration join'd with envy
Cupidity unconquerable! my fault, when at noon of day
The Horses of Palamabron call'd for rest and pleasant death:
I sprang out of the breast of Satan, over the Harrow beaming
In all my beauty: that I might unloose the flaming steeds
As Elynittria use'd to do; but too well those living creatures
Knew that I was not Elynittria, and they brake the traces
But me, the servants of the Harrow saw not: but as a bow
Of varying colours on the hills; terribly rag'd the horses.
Satan astonishd, and with power above his own controll
Compell'd the Gnomes to curb the horses, & to throw banks of sand
Around the fiery flaming Harrow in labyrinthine forms.
And brooks between to intersect the meadows in their course.
The Harrow cast thick flames: Jehovah thunderd above:
Chaos & ancient night fled from beneath the fiery Harrow:
The Harrow cast thick flames & orb'd us round in concave fires
A Hell of our own making, see, its flames still gird me round
Jehovah thunder'd above: Satan in pride of heart
Drove the fierce Harrow among the constellations of Jehovah
Drawing a third part in the fires as stubble north & south
To devour Albion and Jerusalem the Emanation of Albion

GRAVURA 12

Pois a sua luz é terrível para mim. Desvaneço-me diante da sua beleza imortal.
Oh por que razão uma forma de Dragão sai dos meus membros
Para lhe prender o filho recém-nascido? Ai eu! A malvada Leutha!
Para evitar isto, transpondo as portas do cérebro de Satanás noite após noite
Como doces perfumes entorpeço as percepções masculinas
E mantenho apenas as femininas acordadas, daqui nasceu este doce
Ilusório amor a Palamabron: a admiração aliada à inveja
Cupidez invencível! Por minha culpa, ao meio-dia
Os Cavalos de Palamabron pedem descanso e morte deleitosa:
Brotei do peito de Satanás, sobre a Charrua raiando
Em toda a minha beleza: para que pudesse soltar os cavalos ardentes
Como Elynittria costumava fazer; mas aquelas criaturas vivas
Sabiam bem que eu não era Elynittria, e partiram os tirantes
Mas os servos da Charrua não me viram: a não ser como um arco
De cores irisadas nas colinas; os cavalos bramiram enfurecidos.
Satanás espantado, e com forças acima do seu poder
Obrigou os Gnomos a refrear os cavalos, & a lançar bancos de areia
Em redor da fogosa Charrua flamejante em formas labirínticas.
E rios pelo meio para intersectarem os prados no seu curso.
A Charrua lançou grossas chamas: Jeová atroou nas alturas:
Caos & a noite antiga fugiram debaixo da Charrua ardente.
A Charrua lançou chamas grossas & orbitou-nos em fogos côncavos
Um Inferno feito por nós, vede, as suas chamas ainda me cingem
Jeová atroava nas alturas: Satanás cheio de orgulho
Conduziu a Charrua ardente por entre as constelações de Jeová
Puxando uma terceira parte nos fogos como restolho a norte e a sul
Para devorar Albion e Jerusalém a Emanação de Albion

Driving the Harrow in Pitys paths. 'twas then, with our dark fires
Which now gird round us (O eternal torment) I form'd the Serpent
Of precious stones & gold turn'd poisons on the sultry wastes
The Gnomes in all that day spar'd not; they curs'd Satan bitterly.
To do unkind things in kindness! with power armd, to say
The most irritating things in the midst of tears and love
These are the stings of the Serpent! thus did we by them; till thus
They in return retaliated, and the Living Creatures maddend.
The Gnomes labourd. I weeping hid in Satans inmost brain:
But when the Gnomes refus'd to labour more, with blandishments
I came forth from the head of Satan! back the Gnomes recoil'd.
And call'd me Sin, and for a sign portentous held me. Soon
Day sunk and Palamabron return'd, trembling I hid myself,
In Satans inmost Palace of his nervous fine wrought Brain:
For Elynittria met Satan with all her singing women.
Terrific in their joy & pouring wine of wildest power
They gave Satan their wine: indignant at the burning wrath.
Wild with prophetic fury his former life became like a dream
Cloth'd in the Serpents folds, in selfish holiness demanding purity
Being Most impure, self-condemn'd to eternal tears, he drove
Me from his inmost Brain & the doors clos'd with thunders sound
O Divine Vision who didst create the Female: to repose
The Sleepers of Beulah: pity the repentant Leutha. My

Conduzindo a Charrua pelas sendas da Piedade. Foi então, com os fogos negros
Que agora nos cingem (Oh tormento eterno) que formei a Serpente
De pedras preciosas & de ouro tornados veneno na vastidão escaldante
Os Gnomos não se contiveram todo o dia; amaldiçoaram Satanás amargamente.
Fazer maldades por bondade! Armada do poder de dizer
As coisas mais exasperantes no meio das lágrimas e do amor
São estes os ferrões da Serpente! Assim fizemos junto deles; até que
Eles por seu turno retaliaram, e enfureceram as Criaturas Vivas.
Os Gnomos trabalhavam. Chorando, escondi-me no fundo do cérebro de Satanás:
Mas quando os Gnomos se recusaram a trabalhar, com blandícias
Saí de dentro da cabeça de Satanás! Os Gnomos encolheram-se.
E chamaram-me Pecado, e como sinal portentoso prenderam-me. Logo
O dia desceu e Palamabron regressou, a tremer escondi-me
No Palácio mais recôndito de Satanás do seu Cérebro de nervos finamente urdido:
Pois Elynittria encontrou Satanás com todas as suas mulheres cantoras.
Magníficas na sua alegria & a derramar vinho de portentosa força
Deram a Satanás do seu vinho: indignadas com a ira ardente.
Enlouquecida de fúria profética a sua vida anterior tornou-se como um sonho
Vestido em torções de Serpente, em santidade egoísta exigindo pureza
Sendo a Mais impura, autocondenada a lágrimas eternas, ele expulsou-me
Do seu Cérebro mais recôndito & as portas ao fechar atroaram com sons de trovão
Oh Visão Divina que criastes a Fêmea: para repousar
Os Dormentes de Beulah: tende piedade de Leutha arrependida. O Meu

PLATE 13

(BENTLEY 11, ERDMAN 13 [14], KEYNES 11)

Sick Couch bears the dark shades of Eternal Death infolding
The Spectre of Satan, he furious refuses to repose in sleep
I humbly bow in all my Sin before the Throne Divine.
Not so the Sick-one; Alas what shall be done him to restore?
Who calls the Individual Law, Holy: and despises the Saviour.
Glorying to involve Albions Body in fires of eternal War—"

Now Leutha ceas'd: tears flow'd: but the Divine Pity, supported her.

"All is my fault! We are the Spectre of Luvah the murderer
Of Albion: O Vala! O Luvah! O Albion! O lovely Jerusalem
The Sin was begun in Eternity, and will not rest to Eternity
Till two Eternitys meet together, Ah! lost! lost! lost! for ever!"

So Leutha spoke. But when she saw that Enitharmon had
Created a New Space to protect Satan from punishment:
She fled to Enitharmons Tent & hid herself. Loud raging
Thundered the Assembly dark & clouded, and they ratify'd
The kind decision of Enitharmon & gave a Time to the Space,
Even Six Thousand years; and sent Lucifer for its Guard.
But Lucifer refus'd to die & in pride he forsook his charge
And they elected Molech, and when Molech was impatient
The Divine hand found the Two Limits: first of Opacity, then of Contraction
Opacity was named Satan, Contraction was named Adam.
Triple Elohim came: Elohim wearied fainted: they elected Shaddai.
Shaddai angry, Pahad descended: Pahad terrified, they sent Jehovah
And Jehovah was leprous; loud he call'd, stretching his hand to Eternity

GRAVURA 13

Leito Doentio sustém as sombras negras da Morte Eterna abraçando
O Espectro de Satanás, que furioso se recusa a repousar no sono.
Humilde, inclino todo o meu Pecado diante do Trono Divino.
Mas o Doente não; Ai de mim, que fazer para o restaurar a ele?
Que chama Sagrada à Lei Individual: e despreza o Salvador.
Glorificando-se por envolver o Corpo de Albion em fogos de Guerra eterna –"

Eis que Leutha cessou: as lágrimas correram: mas a Piedade Divina susteve-a.

"Tudo é culpa minha! Somos o Espectro de Luvah, o assassino
De Albion: Oh Vala! Oh Luvah! Oh Albion! Oh bela Jerusalém
O Pecado teve início na Eternidade, e terá descanso na Eternidade
Até que as duas Eternidades se encontrem, Ah! Perdida! Perdida! Para sempre!"

Assim Leutha falou. Mas quando viu que Enitharmon tinha
Criado um Novo Espaço para proteger Satanás do castigo:
Fugiu para a Tenda de Enitharmon & escondeu-se. Estrondosa
Trovejou a Assembleia nas trevas & coberta de nuvens, e eles ratificaram
A bondosa decisão de Enitharmon & deram o Tempo ao Espaço,
Seis Mil Anos; e enviaram Lúcifer para seu Guardião.
Mas Lúcifer recusou-se a morrer & orgulhoso renunciou à sua missão
E elegeram Moloch, e quando Moloch se impacientou
A mão Divina fundou os Dois Limites: primeiro o da Opacidade, depois o da Contração
A Opacidade recebeu o nome de Satanás, a Contração o nome de Adão.
Veio o Triplo Elohim: Elohim cansado desfaleceu: escolheram Shaddai.
Shaddai furioso, Pahad desceu: Pahad aterrorizado, enviaram Jeová
E Jeová estava leproso; chamou bem alto, estendo as mãos para a Eternidade

For then the Body of Death was perfected in hypocritic holiness,
Around the Lamb, a Female Tabernacle woven in Cathedrons Looms
He died as a Reprobate, he was Punish'd as a Transgressor!
Glory! Glory! Glory! to the Holy Lamb of God
I touch the heavens as an instrument to glorify the Lord!

The Elect shall meet the Redeem'd, on Albions rocks they shall meet
Astonish'd at the Transgressor, in him beholding the Saviour.
And the Elect shall say to the Redeemd. "We behold it is of Divine
Mercy alone! of Free Gift and Election that we live.
Our Virtues & Cruel Goodnesses, have deserv'd Eternal Death."
Thus they weep upon the fatal Brook of Albions River.

But Elynittria met Leutha in the place where she was hidden.
And threw aside her arrows, and laid down her sounding Bow:
She sooth'd her with soft words & brought her to Palamabrons bed
In moments new created for delusion, interwoven round about.
In dreams she bore the shadowy Spectre of Sleep, & namd him Death.
In dreams she bore Rahab the mother of Tirzah & her sisters,
In Lambeths vales; in Cambridge & in Oxford, places of Thought
Intricate labyrinths of Times and Spaces unknown, that Leutha lived
In Palamabrons Tent, and Oothoon was her charming guard.

The Bard ceas'd. All consider'd and a loud resounding murmur
Continu'd round the Halls; and much they question'd the immortal
Loud voicd Bard, and many condemn'd the high tone'd Song
Saying "Pity and Love are too venerable for the imputation
Of Guilt." Others said. "It it is true! if the acts have been perform'd
Let the Bard himself witness. Where hadst thou this terrible Song"

The Bard replied. I am Inspired! I know it is Truth! for I Sing

Pois então o Corpo da Morte aperfeiçoou-se em santidade hipócrita,
Em redor do Cordeiro, um Tabernáculo Feminino tecido nos Teares da Cathedron
Morreu como Réprobo, foi Castigado como Transgressor!
Glória! Glória! Glória! Ao Cordeiro Sagrado de Deus
Toco os céus como um instrumento para glorificar o Senhor!

Os Eleitos encontrarão os Redimidos, encontrar-se-ão nos rochedos de Albion
Espantados com o Transgressor, vendo nele o Salvador.
E os Eleitos dirão aos Redimidos: "Contemplamos por Misericórdia
Divina apenas! É por Dom e Livre Escolha que vivemos.
As nossas Virtudes & Bondades Cruéis mereceram a Morte Eterna."
Assim choraram sobre o Riacho fatal do Rio de Albion.

Mas Elynittria encontrou Leutha no lugar em que ela se escondia.
E pôs de parte as suas setas, e pousou o seu Arco sonoro:
Consolou-a com palavras doces & conduziu-a ao leito de Palamabron
Em momentos criados de novo para a ilusão, entretecidos a toda a volta.
Em sonhos deu à luz o sombrio Espectro do Sono, & chamou-lhe Morte.
Em sonhos deu à luz Raabe, a mãe de Tirza & de suas irmãs,
Nos vales de Lambeth; em Cambridge & em Oxford, lugares de Pensamento
Intrincados labirintos de Tempos e Espaços desconhecidos, que Leutha viveu
Na Tenda de Palamabron, e Oothoon sua graciosa guardiã.

O Bardo calou-se. Todos escutaram e um murmúrio retumbante ecoou
Ao longo dos Corredores; e muito questionaram o Bardo
De voz alta e imortal, e muitos condenaram a Canção de tom elevado
Dizendo: "A Piedade e o Amor são demasiado veneráveis para a imputação
De Culpa." Outros exclamaram: "É verdade! Se os atos aconteceram
Seja o próprio Bardo a testemunha. De onde te vem esta Canção terrível?"

O Bardo replicou. "Estou Inspirado! Sei que é Verdade! Pois Canto

PLATE 14

(BENTLEY 12, ERDMAN 14 [15], KEYNES 12)

According to the inspiration of the Poetic Genius
Who is the eternal all-protecting Divine Humanity
To whom be Glory & Power & Dominion Evermore Amen"

Then there was great murmuring in the Heavens of Albion
Concerning Generation & the Vegetative power & concerning
The Lamb the Saviour: Albion trembled to Italy Greece & Egypt
To Tartary & Hindostan & China & to Great America
Shaking the roots & fast foundations of the Earth in doubtfulness
The loud voic'd Bard terrify'd took refuge in Miltons bosom

Then Milton rose up from the heavens of Albion ardorous!
The whole Assembly wept prophetic, seeing in Miltons face
And in his lineaments divine the shades of Death & Ulro
He took off the robe of the promise, & ungirded himself from the oath of God

And Milton said, "I go to Eternal Death! The Nations still
Follow after the detestable Gods of Priam; in pomp
Of warlike selfhood, contradicting and blaspheming.
When will the Resurrection come, to deliver the sleeping body
From corruptibility: O when Lord Jesus wilt thou come?
Tarry no longer; for my soul lies at the gates of death.
I will arise and look forth for the morning of the grave.
I will go down to the sepulcher to see if morning breaks!
I will go down to self annihilation and eternal death,
Lest the Last Judgment come & find me unannihilate
And I be siez'd & giv'n into the hands of my own Selfhood

GRAVURA 14

De acordo com a inspiração do Gênio Poético
Que é a eterna Divina Humanidade que-tudo-protege
A quem seja dada a Glória & o Poder & o Domínio para Sempre Amém"

Depois ouviu-se grande murmúrio nos Céus de Albion
Acerca da Geração e do poder Vegetativo & acerca
Do Cordeiro Salvador: Albion tremeu até à Itália, à Grécia & ao Egito
Até à Tartária & ao Industão & à China & à Grande América
Abalando as raízes & as firmes fundações da Terra em dúvida
O Bardo de voz alta refugiou-se assustado no peito de Milton

E Milton ergueu-se então dos céus de Albion fogosamente!
Toda a Assembleia chorou profética, ao ver o rosto de Milton
E nas suas feições divinas as sombras da Morte & de Ulro
Ele despiu a túnica da promessa, & tirou o cinto do juramento de Deus

E Milton disse, "Entrego-me à Morte Eterna! As Nações seguem
Ainda os odiosos Deuses de Príamo; em pompa
De egoísmo guerreiro, contradizendo e blasfemando.
Quando virá a Ressurreição libertar o corpo adormecido
Da corruptibilidade: Oh quando, Senhor Jesus, vireis vós?
Não tardeis mais; pois a minha alma jaz às portas da morte.
Erguer-me-ei e procurarei a manhã do túmulo.
Descerei ao sepulcro para ver se a manhã irrompe!
Descerei para a autoaniquilação e para a morte eterna,
Antes que o Juízo Final chegue & esteja eu por aniquilar
E seja tomado & entregue às mãos do meu próprio Ego

The Lamb of God is seen thro' mists & shadows, hov'ring
Over the sepulchers in clouds of Jehovah & winds of Elohim
A disk of blood, distant; & heav'ns & earth's roll dark between
What do I here before the Judgment? without my Emanation?
With the daughters of memory, & not with the daughters of inspiration
I in my Selfhood am that Satan: I am that Evil One!
He is my Spectre! in my obedience to loose him from my Hells
To claim the Hells, my Furnaces, I go to Eternal Death."

And Milton said. "I go to Eternal Death!" Eternity shudder'd
For he took the outside course, among the graves of the dead
A mournful shade, Eternity shudderd at the image of eternal death

Then on the verge of Beulah he beheld his own Shadow:
A mournful form double: hermaphroditic: male & female
In one wonderful body, and he enterd into it
In direful pain for the dread shadow, twenty-seven-fold
Reachd to the depths of direst Hell, & thence to Albions land:
Which is this earth of vegetation on which now I write.

The Seven Angels of the Presence wept over Miltons Shadow!

GRAVURA 15 (BENTLEY 13, ERDMAN NOT NUMBERED, KEYNES 13)

O Cordeiro de Deus pode avistar-se entre névoas & sombras, a pairar
Sobre os sepulcros nas nuvens de Jeová & nos ventos de Elohim
Um disco de sangue, distante; & os céus & e a terra rodam negros no meio
Que faço eu aqui antes do Juízo? Sem a minha Emanação?
Com as filhas de memória, & não com as filhas da inspiração?
No meu Ego sou Satanás: Sou aquele Malvado!
Ele é o meu Espectro! Na minha obediência para soltá-lo dos meus Infernos
Para reclamar os Infernos, as minhas Forjas, entrego-me à Morte Eterna."

E Milton disse, "Entrego-me à Morte Eterna!" A Eternidade estremeceu
Pois ele tomou o caminho exterior, por entre os túmulos dos mortos
Uma sombra desolada, a Eternidade estremeceu diante da imagem da morte eterna

Depois à beira de Beulah contemplou a sua própria Sombra:
Uma dupla forma desolada: hermafrodita: macho & fêmea
Num único corpo magnífico, e entrou nele
Em excruciante dor por causa da sombra horrífica, em vinte e sete dobras
Se estendeu às profundezas do Inferno terrível, & daí a terras de Albion:
Que é esta terra cheia de vegetação em que agora escrevo.

Os Sete Anjos da Presença choraram à Sombra de Milton!

GRAVURA 15 [Ver imagem página 245]

PLATE 16

(BENTLEY 14, ERDMAN 15 [17], KEYNES 14)

As when a man dreams, he reflects not that his body sleeps,
Else he would wake; so seem'd he entering his Shadow: but
With him the Spirits of the Seven Angels of the Presence
Entering; they gave him still perceptions of his Sleeping Body:
Which now arose and walk'd with them in Eden, as an Eighth
Image Divine tho' darken'd; and tho walking as one walks
In sleep; and the Seven comforted and supported him.

Like as a Polypus that vegetates beneath the deep!
They saw his Shadow vegetated underneath the Couch
Of death: for when he enterd into his Shadow: Himself:
His real and immortal Self: was as appeard to those
Who dwell in immortality, as One sleeping on a couch
Of gold; and those in immortality gave forth their Emanations
Like Females of sweet beauty, to guard round him & to feed
His lips with food of Eden in his cold and dim repose!
But to himself he seemd a wanderer lost in dreary night.

Onwards his Shadow kept its course among the Spectres; call'd
Satan, but swift as lightning passing them, startled the shades
Of Hell beheld him in a trail of light as of a comet
That travels into Chaos: so Milton went guarded within.

The nature of infinity is this: That every thing has its
Own Vortex; and when once a traveller thro Eternity,
Has passd that Vortex, he percieves it roll backward behind
His path, into a globe itself infolding; like a sun:

GRAVURA 16

Como quando um homem sonha, não se lembra que o seu corpo dorme,
De outro modo despertaria; assim parecia ele ao entrar na sua Sombra: mas
Com ele os Espíritos dos Sete Anjos da Presença
Entraram; deram-lhe ainda a percepção do seu Corpo Adormecido:
Que agora se erguia e andava com eles no Éden, como uma Oitava
Imagem Divina embora escurecida; e embora andasse como se anda
Sonâmbulo; e os Sete consolavam-no e sustinham-no.

Tal como um Pólipo que vegetasse no fundo das profundezas!
Viram a sua Sombra vegetar por baixo do Leito
Da morte: pois quando entrou na sua Sombra: em Si mesmo:
O seu Eu real e imortal: era como surgiria àqueles
Que habitam na imortalidade, como Alguém a dormir num leito
De ouro; e os que estavam na imortalidade deram à luz as suas Emanações
Sob a forma de Fêmeas de doce beleza, para o vigiarem & lhe alimentarem
Os lábios com maná do Éden no seu repouso frio e sombrio!
Mas a si mesmo parecia um caminhante perdido na noite medonha.

Avançando a sua Sombra manteve o curso entre os Espectros; chamou
Por Satanás, mas rápida como o raio ao passar, assustou as sombras
Do Inferno que o viram num trilho de luz como de um cometa
Em viagem para o Caos: assim Milton ia guardado lá dentro.

É esta a natureza da infinidade: Que cada coisa tem o seu
Próprio Vórtice; e assim que o viajante da Eternidade
Tiver atravessado esse Vórtice, vê-lo-á rodopiar ao contrário atrás
Do seu caminho, num globo que se dobra sobre si mesmo como um sol:

Or like a moon, or like a universe of starry majesty,
While he keeps onwards in his wondrous journey on the earth
Or like a human form, a friend with whom he livd benevolent.
As the eye of man views both the east & west encompassing
Its vortex; and the north & south, with all their starry host;
Also the rising sun & setting moon he views surrounding
His corn-fields and his valleys of five hundred acres square.
Thus is the earth one infinite plane, and not as apparent
To the weak traveller confin'd beneath the moony shade.
Thus is the heaven a vortex passd already, and the earth
A vortex not yet pass'd by the traveller thro' Eternity.

First Milton saw Albion upon the Rock of Ages,
Deadly pale outstretchd and snowy cold, storm coverd:
A Giant form of perfect beauty outstretchd on the rock
In solemn death: the Sea of Time & Space thunderd aloud
Against the rock, which was inwrapped with the weeds of death
Hovering over the cold bosom, in its vortex Milton bent down
To the bosom of death, what was underneath soon seemd above.
A cloudy heaven mingled with stormy seas in loudest ruin;
But as a wintry globe descends precipitant thro' Beulah bursting,
With thunders loud and terrible: so Miltons shadow fell,
Precipitant loud thundring into the Sea of Time & Space.

Then first I saw him in the Zenith as a falling star,
Descending perpendicular, swift as the swallow or swift;
And on my left foot falling on the tarsus, enterd there;
But from my left foot a black cloud redounding spread over Europe.

Then Milton knew that the Three Heavens of Beulah were beheld
By him on earth in his bright pilgrimage of sixty years

Ou como uma lua, ou como um universo de estrelada majestade,
Enquanto ele segue em frente na sua maravilhosa viagem na terra
Ou como uma forma humana, um amigo com quem vivesse benevolente.
Tal como o olho do homem vê ao mesmo tempo leste & oeste abarcando
O seu vórtice; e o norte & o sul, com todas as suas hostes estreladas;
E vê também o sol nascente & a lua poente cercando
Os seus campos de milho e os seus vales de quinhentos acres.
Assim é a terra um plano infinito, e não como aparece
Ao débil viajante confinado abaixo do halo do luar.
Assim é o céu um vórtice já atravessado, e a terra
Um vórtice ainda por atravessar pelo viajante da Eternidade.

Primeiro Milton avistou Albion sobre o Rochedo das Eras,
Estendido pálido de morte e gelado de frio, coberto de tempestade:
Uma forma Gigante de perfeita beleza estendida sobre o rochedo
Em morte solene: o Mar do Tempo & do Espaço ribombou
Contra o rochedo, que estava envolto nas algas da morte
Pairando sobre o peito frio, no seu vórtice Milton inclinou-se
Para o peito da morte, o que estava em baixo aparecia em cima.
Um céu cheio de nuvens juntou-se ao mar tempestuoso em atroadora ruína;
Mas à medida que um globo invernoso desce precipitando-se por Beulah a rebentar
De terríveis e estrondosos trovões: a sombra de Milton caiu
Precipitando-se num trovão atroador para o Mar do Tempo & do Espaço.

Então vi-o primeiro no Zênite como uma estrela cadente,
A descer perpendicularmente, veloz como a andorinha ou o gaivão;
E no meu pé esquerdo, caindo sobre o tarso, entrou ali;
Mas do meu pé esquerdo uma nuvem negra imensa espalhou-se pela Europa.

Então Milton soube que contemplava os Três Céus de Beulah
Na terra na sua luminosa peregrinação de sessenta anos

PLATE 17

(BENTLEY 15, ERDMAN 16 [18], KEYNES 15)

To Annihilate the Self-hood of Deceit & False Forgiveness

GRAVURA 17

[Ver imagem página 247]

Aniquilar o Ego do Engano & do Falso Perdão

PLATE 18

(BENTLEY 16, ERDMAN 17 [19], KEYNES 16)

In those three females whom his Wives, & those three whom his Daughters
Had represented and containd, that they might be resum'd
By giving up of Selfhood: & they distant view'd his journey
In their eternal spheres, now Human, tho' their Bodies remain clos'd
In the dark Ulro till the Judgment: also Milton knew: they and
Himself was Human, tho' now wandering thro Death's Vale
In conflict with those Female forms, which in blood & jealousy
Surrounded him, dividing & uniting without end or number.

He saw the Cruelties of Ulro, and he wrote them down
In iron tablets: and his Wives & Daughters names were these
Rahab and Tirzah, & Milcah & Malah & Noah & Hoglah.
They sat rangd round him as the rocks of Horeb round the land
Of Canaan: and they wrote in thunder smoke and fire
His dictate; and his body was the Rock Sinai; that body,
Which was on earth born to corruption: & the six Females
Are Hor & Peor & Bashan & Abarim & Lebanon & Hermon
Seven rocky masses terrible in the Desarts of Midian.

But Miltons Human Shadow continu'd journeying above
The rocky masses of The Mundane Shell; in the Lands
Of Edom & Aram & Moab & Midian & Amalek.

The Mundane Shell, is a vast Concave Earth: an immense
Hardend shadow of all things upon our Vegetated Earth
Enlarg'd into dimension & deform'd into indefinite space
In Twenty-seven Heavens and all their Hells; with Chaos

GRAVURA 18

Nas três fêmeas a quem suas Mulheres, & aquelas três a quem as suas Filhas
Tinham representado e contido, para que pudessem ser retomadas
Abandonando o Ego: & elas à distância viram a sua jornada
Pelas esferas eternas, agora Humanas, ainda que os Corpos continuassem encerrados
Nas trevas de Ulro até ao Juízo: também Milton conheceu: que elas e
Ele eram Humanos, apesar de vaguearem pelo Vale da Morte
Em conflito com aquelas formas Femininas, que em sangue & zelos
O cercavam, dividindo & unindo sem fim nem número.

Viu as Crueldades de Ulro, e escreveu-as
Em tábuas de ferro: e os nomes das suas Mulheres & Filhas eram estes
Raabe e Tirza, & Milca & Macla & Noá & Ogla.
Sentaram-se alinhadas em seu redor como os rochedos de Horeb à volta da terra
De Canaã: e escreveram em fumos e fogos do trovão
O seu ditame; e o seu corpo era o Rochedo do Sinai; esse corpo,
Na terra nascido para a corrupção: & as seis Fêmeas
São Hor & Peor & Basan & Abarim & Líbano & Hermon
Sete terríveis massas rochosas nos Desertos de Midian.

Mas a Sombra Humana de Milton continuou o seu caminho por cima
Das massas rochosas da Casca do Mundo; nas Terras
De Edom & Aram & Moab & Midian & Amalek.

A Casca do Mundo é uma vasta Terra Côncava: uma imensa
Sombra endurecida de todas as coisas sobre a nossa Terra Vegetal
Expandidas para outra dimensão & deformadas no espaço indefinido
Em Vinte e Sete Céus e em todos os seus Infernos; com o Caos

And Ancient Night; & Purgatory. It is a cavernous Earth
Of labyrinthine intricacy, twenty-seven folds of opakeness
And finishes where the lark mounts; here Milton journeyed
In that Region calld Midian, among the Rocks of Horeb
For travellers from Eternity, pass outward to Satans seat,
But travellers to Eternity, pass inward to Golgonooza.

Los the Vehicular terror beheld him, & divine Enitharmon
Call'd all her daughters, Saying. "Surely to unloose my bond
Is this Man come! Satan shall be unloosd upon Albion"

Los heard in terror Enitharmons words: in fibrous strength
His limbs shot forth like roots of trees against the forward path
Of Miltons journey. Urizen beheld the immortal Man,

E a Noite Antiga; & o Purgatório. É uma Terra cavernosa
De labiríntico emaranhado, vinte e sete dobras de opacidade
E termina onde se ergue a cotovia; aqui Milton vagueou
Nessa região chamada Midian entre os Rochedos de Horeb
Pois os viajantes que vêm da Eternidade saem para a morada de Satanás,
Mas os viajantes que vão para a Eternidade entram em Golgonooza.

Los o terror Veicular contemplou-o, & a divina Enitharmon
Chamou todas as suas filhas, Dizendo: "Por certo este Homem veio
Para me libertar! Satanás há-de andar à solta em Albion"

Los escutou aterrorizado as palavras de Enitharmon: em força fibrosa
Os seus membros projetaram-se como raízes das árvores diante
Do caminho de Milton. Urizen contemplou o Homem imortal,

PLATE 19

(BENTLEY D, ERDMAN 18 [20], KEYNES D)

And Tharmas Demon of the Waters, & Orc, who is Luvah

The Shadowy Female seeing Milton, howl'd in her lamentation
Over the Deeps, outstretching her Twenty seven Heavens over Albion

And thus the Shadowy Female howls in articulate howlings

"I will lament over Milton in the lamentations of the afflicted
My Garments shall be woven of sighs & heart broken lamentations
The misery of unhappy Families shall be drawn out into its border
Wrought with the needle with dire sufferings poverty pain & woe
Along the rocky Island & thence throughout the whole Earth
There shall be the sick Father & his starving Family! there
The Prisoner in the stone Dungeon & the Slave at the Mill
I will have Writings written all over it in Human Words
That every Infant that is born upon the Earth shall read
And get by rote as a hard task of a life of sixty years
I will have Kings inwoven upon it, & Councellors & Mighty Men
The Famine shall clasp it together with buckles & Clasps
And the Pestilence shall be its fringe & the War its girdle
To divide into Rahab & Tirzah that Milton may come to our tents
For I will put on the Human Form & take the Image of God
Even Pity & Humanity but my Clothing shall be Cruelty
And I will put on Holiness as a breastplate & as a helmet
And all my ornaments shall be of the gold of broken hearts
And the precious stones of anxiety & care & desperation & death
And repentance for sin & sorrow & punishment & fear
To defend me from thy terrors O Orc! my only beloved!"

GRAVURA 19

E Tharmas, Demônio das Águas, & Orc, que é Luvah

Ao ver Milton, a Fêmea Sombria uivou no seu lamento
Sobre os Abismos, estendendo os seus Vinte e Sete Céus sobre Albion

E assim a Fêmea Sombria uiva em uivos articulados:

"Lamentarei Milton com as lamentações dos que sofrem
As minhas Vestes serão tecidas de ais & lamentos descoroçoados
O tormento das Famílias infelizes traçará o desenho na sua orla
Bordado com sofrimentos atrozes, pobreza, dor & angústia
Ao longo da Ilha rochosa & daqui pela Terra inteira
Estará o Pai doente & a sua Família faminta! Ali
O Prisioneiro nas Masmorras de pedra & o Escravo na Fábrica
Farei com que se cubram de Escrita em Palavras Humanas
Para que sejam lidas por todo Infante nascido na Terra
Que as saberá de cor como árdua tarefa de uma vida de sessenta anos
Terei Reis entretecidos aí, & Conselheiros & Homens Poderosos
A Fome há de uni-las e prendê-las com fivelas & Correias
E a Pestilência há de ser a sua bainha & a Guerra a sua cinta
Para se dividir em Raabe & Tirza para que Milton venha às nossas tendas
Pois hei de envergar a Forma Humana & tomar a Imagem de Deus
Até mesmo Piedade & Humanidade mas a minha Roupa será a Crueldade
E hei de envergar a Santidade como cota & elmo
E todos os meus ornamentos serão do ouro dos corações despedaçados
E das pedras preciosas da ansiedade & cuidado & desespero & morte
E arrependimento pelo pecado & pena & castigo & medo
Para me defender dos teus terrores Oh Orc! meu único amado!"

Orc answerd. "Take not the Human Form O loveliest. Take not
Terror upon thee! Behold how I am & tremble lest thou also
Consume in my Consummation; but thou maist take a Form
Female & lovely, that cannot consume in Mans consummation
Wherefore dost thou Create & Weave this Satan for a Covering
When thou attemptest to put on the Human Form, my wrath
Burns to the top of heaven against thee in Jealousy & fear.
Then I rend thee asunder, then I howl over thy clay & ashes
When wilt thou put on the Female Form as in times of old
With a Garment of Pity & Compassion like the Garment of God
His garments are long sufferings for the Children of Men
Jerusalem is his Garment & not thy Covering Cherub O lovely
Shadow of my delight who wanderest seeking for the prey."

So spoke Orc when Oothoon & Leutha hoverd over his Couch
Of fire in interchange of Beauty & Perfection in the darkness
Opening interiorly into Jerusalem & Babylon shining glorious
In the Shadowy Females bosom. Jealous her darkness grew
Howlings filld all the desolate places in accusations of Sin
In Female beauty shining in the unformd void & Orc in vain
Stretch'd out his hands of fire, & wooed: they triumph in his pain

Thus darkend the Shadowy Female tenfold & Orc tenfold
Glowd on his rocky Couch against the darkness: loud thunders
Told of the enormous conflict[.] Earthquake beneath: around:
Rent the Immortal Females, limb from limb & joint from joint
And moved the fast foundations of the Earth to wake the Dead
Urizen emerged from his Rocky Form & from his Snows

Orc respondeu. “Não tomes a Forma Humana, Oh minha amada. Não tomes
Em ti o terror! Contempla o meu estado & como estremeço por temor que tu
Te consumas também na minha Consumação; mas podes tomar uma Forma
Fêmea & bela que não se consuma na consumação do Homem
Por que motivo Crias & Teces este Satanás para Túnica?
Quando tentas envergar a Forma Humana, a minha ira
Arde até ao cimo dos céus contra ti em Zelos & medo.
Depois dilacero-te, depois uivo sobre o teu barro & cinzas
Quando envergares a Forma Fêmea como em tempos ancestrais
Com as Vestes da Piedade & Compaixão como as Vestes de Deus
As suas vestes são sofrimentos prolongados para os Filhos dos Homens
Jerusalém é a sua Veste & não o teu Querubim Protector, Oh bela
Sombra do meu deleite que vagueaste procurando a presa.”

Assim falou Orc quando Oothoon & Leutha pairaram sobre o seu Leito
De fogo em troca de Beleza & Perfeição na escuridão
Abrindo-se interiormente para Jerusalém & Babilônia brilhando gloriosas
No peito da Fêmea Sombria. Zelosas as suas trevas cresceram
Uivos encheram todos os lugares desolados em acusações de Pecado
A brilhar de beleza Feminina no vazio informe & Orc em vão
Estendeu as suas mãos de fogo, & suplicou: regozijam-se com a sua dor

Assim escureceu a Fêmea Sombria dez vezes mais & Orc dez vezes mais
Brilhou no seu Leito rochoso contra a escuridão. estrondosos trovões
Disseram do tremendo conflito. Tremor de terra por baixo: e em redor:
Dilacerou as Fêmeas Imortais, membro de membro & tendão de tendão
E fez mover as firmes fundações da Terra para acordar os Mortos
Urizen emergiu da sua Forma Rochosa & das suas Neves

PLATE 20

(BENTLEY 17, ERDMAN 19 [21], KEYNES 17)

And he also darkend his brows: freezing dark rocks between
The footsteps, and infixing deep the feet in marble beds:
That Milton labourd with his journey, & his feet bled sore
Upon the clay now chang'd to marble; also Urizen rose,
And met him on the shores of Arnon; & by the streams of the brooks

Silent they met, and silent strove among the streams of Arnon
Even to Mahanaim, when with cold hand Urizen stoop'd down
And took up water from the river Jordan: pouring on
To Miltons brain the icy fluid from his broad cold palm.
But Milton took of the red clay of Succoth, moulding it with care
Between his palms: and filling up the furrows of many years
Beginning at the feet of Urizen, and on the bones
Creating new flesh on the Demon cold, and building him,
As with new clay a Human form in the Valley of Beth Peor.

Four Universes round the Mundane Egg remain Chaotic
One to the North, named Urthona: One to the South, named Urizen:
One to the East, named Luvah: One to the West, named Tharmas
They are the Four Zoa's that stood around the Throne Divine!
But when Luvah assum'd the World of Urizen to the South:
And Albion was slain upon his mountains, & in his tent;
All fell towards the Center in dire ruin, sinking down.
And in the South remains a burning fire; in the East a void.
In the West, a world of raging waters; in the North a solid,
Unfathomable! without end. But in the midst of these,
Is built eternally the Universe of Los and Enitharmon:
Towards which Milton went, but Urizen oppos'd his path.

GRAVURA 20

E carregou também o sobrolho: congelando rochedos negros entre
As pegadas, e fixando fundo os pés em leitos marmóreos:
Para que Milton labutasse em sua jornada, & os seus pés em ferida sangrassem
Sobre a argila agora tornada mármore; também Urizen se ergueu,
E foi ao seu encontro nas margens do Arnon, & nas correntes dos rios

Encontraram-se em silêncio, e em silêncio lutaram contra a corrente do Arnon
Até chegaram a Maanaim, quando com mãos frias Urizen se inclinou
E tomou a água do rio Jordão: despejando sobre
O cérebro de Milton o fluido gélido da sua mão larga e fria
Mas Milton pegou na argila vermelha de Sucoth, moldando-a com cuidado
Nas palmas das mãos: e enchendo os sulcos de muitos anos
Começando pelos pés de Urizen, e depois nos ossos
Dando nova carne ao frio Demônio, e construindo-o,
Com argila nova como uma forma Humana no Vale de Beth Peor.

Quatro Universos em redor do Ovo Mundano permanecem Caóticos
Um a Norte, chamado Urthona: Outro a Sul, chamado Urizen:
Um a Leste, chamado Luvah: Outro a Oeste, chamado Tharmas
São as Quatro Zoas que se erguiam em redor do Trono Divino!
Mas quando Luvah assumiu o Mundo de Urizen a Sul:
E Albion foi chacinada nas suas montanhas, & na sua tenda;
Tudo caiu em direção ao Centro em ruína horrível, afundando-se.
E no Sul está um fogo ardente; e no Leste um vazio.
No Oeste, um mundo de águas revoltas; no Norte um sólido
Insondável! Sem fim. Mas no meio destes,
Está eternamente erigido o Universo de Los e Enitharmon:
Para o qual Milton rumou, mas Urizen travou-lhe o caminho.

The Man and Demon strove many periods. Rahab beheld
Standing on Carmel: Rahab and Tirzah trembled to behold
The enormous strife, one giving life, the other giving death
To his adversary, and they sent forth all their sons & daughters
In all their beauty to entice Milton across the river,

The Twofold form Hermaphroditic: and the Double-sexed:
The Female-male & the Male-female, self-dividing stood
Before him in their beauty, & in cruelties of holiness!
Shining in darkness, glorious upon the deeps of Entuthon.

Saying. "Come thou to Ephraim! behold the Kings of Canaan!
The beautiful Amalekites, behold the fires of youth
Bound with the Chain of jealousy by Los & Enitharmon;
The banks of Cam: cold learnings streams: Londons dark-frowning towers;
Lament upon the winds of Europe in Rephaims Vale.
Because Ahania rent apart into a desolate night,
Laments! & Enion wanders like a weeping inarticulate voice
And Vala labours for her bread & water among the Furnaces
Therefore bright Tirzah triumphs: putting on all beauty.
And all perfection, in her cruel sports among the Victims,
Come bring with thee Jerusalem with songs on the Grecian Lyre!
In Natural Religion: in experiments on Men,
Let her be Offerd up to Holiness! Tirzah numbers her;
She numbers with her fingers every fibre ere it grow:
Where is the Lamb of God? where is the promise of his coming?
Her shadowy Sisters form the bones, even the bones of Horeb:
Around the marrow! and the orbed scull around the brain!
His Images are born for War! for Sacrifice to Tirzah!
To Natural Religion! to Tirzah the Daughter of Rahab the Holy!
She ties the knot of nervous fibres, into a white brain!
She ties the knot of bloody veins, into a red hot heart!

Homem e Demônio muitas eras lutaram. Raabe contemplou
Estando sobre o monte Carmelo: Raabe e Tirza tremeram ao ver
A luta tremenda, um conferindo a vida, o outro outorgando a morte
Ao adversário, e enviaram todos os seus filhos & filhas
Em toda a sua beleza aliciar Milton através do rio,

A Dupla forma Hermafrodita: e a Bissexuada:
A Fêmea-macho & o Macho-fêmea, autodividindo-se
Diante dele em sua beleza, & em crueldades da santidade!
Brilhando nas trevas, gloriosas sobre os abismos de Entuthon.

Dizendo: "Vinde vós a Efraim! Contemplai os Reis de Canaã!
Os belos Amalequitas, contemplai os fogos da juventude
Aprisionados nas Cadeias dos zelos por Los & Enitharmon;
As margens do rio Cam: correntes de fria erudição: torres ensombradas de Londres;
Lamentam-se sobre os ventos da Europa no Vale de Refaim.
Porque Ahania se dilacerara na noite desolada,
Lamentos! & Enion vagueia como uma voz chorosa inarticulada
E Vala trabalha por pão & água no meio das Forjas
Por isso triunfa a brilhante Tirza: envergando toda a beleza
E toda a perfeição, nos seus jogos cruéis no meio das Vítimas,
Vem, traz Jerusalém contigo com canções na Lira Grega!
Em Religião Natural: em experimentos no Homem,
Deixai que ela seja Ofertada à Santidade! Tirza conta-a;
Ela conta pelos dedos cada fibra antes que cresça:
Onde está o Cordeiro de Deus? Onde está a promessa da sua vinda?
As suas Irmãs sombrias formam os ossos, até mesmo os ossos de Horeb:
Em redor da medula! E o orbe do crânio em redor do cérebro!
As suas Imagens nascem para a Guerra! Para o Sacrifício a Tirza!
À Religião Natural! A Tirza, a Filha de Raabe a Santa!
Ela ata o nó das fibras nervosas num cérebro branco!
Ela ata o nó das veias sangrentas num coração quente encarnado!

Within her bosom Albion lies embalmd, never to awake
Hand is become a rock! Sinai & Horeb, is Hyle & Coban:
Scofield is bound in iron armour before Reubens Gate!
She ties the knot of milky seed into two lovely Heavens,

Dentro do seu peito Albion jaz embalsamado, para jamais acordar
A mão tornou-se rochedo! Sinai & Horeb são Hyle & Coban:
Scofield está de armadura de ferro diante do Portão de Rubem!
Ela ata o nó da semente leitosa em dois belos Céus,

PLATE 21

(BENTLEY 18, ERDMAN 20 [22], KEYNES 18)

Two yet but one: each in the other sweet reflected! these
Are our Three Heavens beneath the shades of Beulah, land of rest
Come then to Ephraim & Manasseh O beloved-one!
Come to my ivory palaces O beloved of thy mother!
And let us bind thee in the bands of War & be thou King
Of Canaan and reign in Hazor where the Twelve Tribes meet."

So spoke they as in one voice! Silent Milton stood before
The darkend Urizen; as the sculptor silent stands before
His forming image; he walks round it patient labouring.
Thus Milton stood forming bright Urizen, while his Mortal part
Sat frozen in the rock of Horeb: and his Redeemed portion,
Thus form'd the Clay of Urizen; but within that portion
His real Human walkd above in power and majesty
Tho darkend; and the Seven Angels of the Presence attended him.

O how can I with my gross tongue that cleaveth to the dust,
Tell of the Four-fold Man, in starry numbers fitly orderd
Or how can I with my cold hand of clay! But thou O Lord
Do with me as thou wilt! for I am nothing, and vanity.
If thou chuse to elect a worm, it shall remove the mountains.
For that portion namd the Elect: the Spectrous body of Milton:
Redounding from my left foot into Los's Mundane space,
Brooded over his Body in Horeb against the Resurrection
Preparing it for the Great Consummation; red the Cherub on Sinai
Glow'd; but in terrors folded round his clouds of blood.

GRAVURA 21

Dois mas um apenas: cada um no outro docemente refletido! Estes
São os nossos Três Céus sob as sombras de Beulah, terra do descanso,
Vem pois a Efraim & Manassés, Oh bem-amado!
Vem aos meus palácios de marfim, Oh bem-amado de tua mãe!
E deixa-nos prender-te nas hostes da Guerra & que sejas Rei
De Canã e reines em Azor onde as Doze Tribos se reúnem."

Assim falaram a uma única voz! Milton ficou em silêncio diante
Do escurecido Urizen; como o escultor fica em silêncio diante
Da imagem a que dá forma; anda à sua volta laborando paciente.
Assim esteve Milton a dar forma ao brilhante Urizen, enquanto a sua parte Mortal
Permanecia gelada no rochedo de Horeb: e a sua parte Redimida,
Assim dava forma à Argila de Urizen; mas dentro dessa parte
A sua parte Humana real caminhava lá em cima cheia de força e majestade
Embora escurecida; e os Sete Anjos da Presença assistiam-no.

Oh como posso eu com a minha língua grosseira que se apega ao pó
Dizer do Homem Quádruplo, em números estelares bem ordenado
Ou como posso com a minha mão fria de argila! Mas vós Oh meu Senhor
Fazei comigo como vos aprouver! Pois nada sou, e vanidade.
Se escolherdes tomar o verme por eleito, há-de mover montanhas.
Pois essa porção chamada os Eleitos: o corpo Espectral de Milton:
Expandindo-se do meu pé esquerdo até ao espaço Mundano de Los,
Aninhou-se sobre o seu Corpo em Horeb contra a Ressurreição
Preparando-o para a Grande Consumação; vermelho o Querubim brilhava
No Sinai; mas assustado ocultou-se nas suas nuvens de sangue.

Now Albions sleeping Humanity began to turn upon his Couch;
Feeling the electric flame of Miltons awful precipitate descent.
Seest thou the little winged fly, smaller than a grain of sand?
It has a heart like thee; a brain open to heaven & hell,
Withinside wondrous & expansive; its gates are not clos'd,
I hope thine are not: hence it clothes itself in rich array;
Hence thou art cloth'd with human beauty O thou mortal man.
Seek not thy heavenly father then beyond the skies:
There Chaos dwells & ancient Night & Og & Anak old:
For every human heart has gates of brass & bars of adamant,
Which few dare unbar because dread Og & Anak guard the gates
Terrific! and each mortal brain is walld and moated round
Within: and Og & Anak watch here; here is the Seat
Of Satan in its Webs; for in brain and heart and loins
Gates open behind Satans Seat to the City of Golgonooza
Which is the spiritual fourfold London, in the loins of Albion

Thus Milton fell thro Albions heart, travelling outside of Humanity
Beyond the Stars in Chaos in Caverns of the Mundane Shell.

But many of the Eternals rose up from eternal tables
Drunk with the Spirit, burning round the Couch of death they stood
Looking down into Beulah: wrathful, fill'd with rage!
They rend the heavens round the Watchers in a fiery circle:
And round the Shadowy Eighth: the Eight close up the Couch
Into a tabernacle, and flee with cries down to the Deeps:
Where Los opens his three wide gates, surrounded by raging fires!
They soon find their own place & join the Watchers of the Ulro.

Los saw them and a cold pale horror coverd o'er his limbs
Pondering he knew that Rintrah & Palamabron might depart:
Even as Reuben & as Gad; gave up himself to tears.

Agora a Humanidade adormecida de Albion começa a despertar no seu Leito;
Sentindo a chama elétrica da horrível descida precipitada de Milton.
Vês a pequena mosca alada, menor que um grão de areia?
Tem como tu um coração; um cérebro aberto ao céu & ao inferno,
Lá por dentro maravilhoso & expansivo; os seus portões não estão encerrados,
Espero que os teus não o estejam: por isso se veste em ricos atavios;
Por isso te vestes de beleza humana, Oh tu, homem mortal
Não procures então o teu pai celestial para lá dos céus:
Aí têm morada o Caos & a Noite antiga & os velhos Og & Enac:
Pois cada coração humano tem portões de bronze & trancas de diamante,
Que poucos se atrevem a destrancar pois os temíveis Og & Enac guardam os portões
Terríficos! E cada cérebro mortal tem muralhas e um fosso a toda a volta
Por dentro: e Og & Enac aí vigiam; eis aqui o Trono
De Satanás nas suas Teias; pois no cérebro e no coração e nos rins
Abrem-se os Portões por trás do Trono de Satanás para a Cidade de Golgonooza
Que é a espiritual quádrupla Londres, nas costas de Albion.

Assim caiu Milton pelo coração de Albion, viajando fora da Humanidade
Para além das Estrelas no Caos nas Cavernas da Casca do Mundo.

Mas muitos dos Eternos ergueram-se das mesas eternas
Ébrios de Espírito, ardendo em redor do Leito da morte de pé
Olhando para baixo para Beulah: irados, cheios de fúria!
Rasgam os céus em redor dos Vigias num círculo de fogo:
E em redor do Sombrio Oitavo: o Oitavo encerra o Leito
Num tabernáculo, e foge a gritar descendo aos Abismos:
Onde Los abre os seus três largos portões, cercado de fogos ardentes!
Encontram depressa o seu próprio lugar & juntam-se aos Vigias de Ulro.

Los viu-os e um horror pálido e frio cobriu-lhe os membros
Pensativo soube que Rintrah & Palamabron poderiam partir:
Mesmo como Ruben & como Gad; entregou-se às lágrimas.

He sat down on his anvil-stock; and leand upon the trough.
Looking into the black water, mingling it with tears.

At last when desperation almost tore his heart in twain
He recollected an old Prophecy in Eden recorded,
And often sung to the loud harp at the immortal feasts
That Milton of the Land of Albion should up ascend
Forwards from Ulro from the Vale of Felpham; and set free
Orc from his Chain of Jealousy, he started at the thought

Sentou-se sobre o cepo da bigorna, e inclinou-se sobre a gamela.
Olhando para a água negra, misturando-lhe as suas lágrimas.

Por fim, quando já o desespero lhe rasgava o coração em dois
Recordou-se de uma velha Profecia registada no Éden,
E muitas vezes cantada ao som alto da harpa em festins imortais
Para que Milton da Terra de Albion pudesse ascender
E avançar desde Ulro do Vale de Felpham; e libertar
Orc das suas Cadeias de Zelos, admirou-se com este pensamento

PLATE 22

(BENTLEY 19, ERDMAN 21 [23], KEYNES 19)

And down descended into Udan-Adan; it was night:
And Satan sat sleeping upon his Couch in Udan-Adan:
His Spectre slept, his Shadow woke; when one sleeps th'other wakes

But Milton entering my Foot: I saw in the nether
Regions of the Imagination; also all men on Earth,
And all in Heaven, saw in the nether regions of the Imagination
In Ulro beneath Beulah, the vast breach of Miltons descent.
But I knew not that it was Milton, for man cannot know
What passes in his members till periods of Space & Time
Reveal the secrets of Eternity: for more extensive
Than any other earthly things, are Mans earthly lineaments.
And all this Vegetable World appeard on my left Foot,
As a bright sandal formd immortal of precious stones & gold:
I stooped down & bound it on to walk forward thro' Eternity.

There is in Eden a sweet River, of milk & liquid pearl,
Namd Ololon; on whose mild banks dwelt those who Milton drove
Down into Ulro: and they wept in long resounding song
For seven days of eternity, and the rivers living banks
The mountains wailld! & every plant that grew, in solemn sighs lamented.

When Luvahs bulls each morning drag the sulphur Sun out of the Deep
Harnessd with starry harness black & shining kept by black slaves
That work all night at the starry harness. Strong and vigorous
They drag the unwilling Orb: at this time all the Family
Of Eden heard the lamentation, and Providence began.

GRAVURA 22

E desceu em direção a Udan-Adan; era noite:
E Satanás dormia no seu Leito em Udan-Adan:
O seu Espectro dormia, a sua Sombra acordou; quando um dorme a outra acorda

Mas quando Milton entrou no meu Pé: vi as regiões infernais
Da Imaginação; e também todos os homens da Terra,
E todos os do Céu vi nas regiões infernais da Imaginação
Em Ulro por baixo de Beulah, a vasta brecha da descida de Milton.
Mas eu não sabia que era Milton, pois o homem não sabe
O que se passa nos seus membros antes de muitas eras de Espaço & Tempo
Revelarem os segredos da Eternidade: pois mais vastas
Do que quaisquer outras coisas terrenas são as feições terrenas do Homem.
E todo este Mundo Vegetal surgiu no meu Pé esquerdo,
Qual sandália brilhante e imortal feita de pedras preciosas & ouro:
Inclinei-me & atei-a para seguir em frente pela Eternidade.

Há no Éden um Rio doce, de leite & pérolas líquidas,
Chamado Ololon; em cujas amenas margens moravam aqueles que Milton
Fez descer a Ulro: e eles choravam num longo canto que ressoava
Durante sete dias de eternidade, e as margens vivas do rio
As montanhas choraram! & cada planta vivente com solenes ais se lamentava.

Quando os touros de Luvah puxam cada manhã o sulforoso Sol do Abismo
Armado de estrelado escudo negro & brilhante guardado por negros escravos
Que trabalham toda a noite no escudo estrelado. Fortes e vigorosos
Arrastam o Orbe relutante: nesta altura toda a Família
Do Éden escutou o lamento, e a Providência começou.

But when the clarions of day sounded they drownd the lamentations
And when night came all was silent in Ololon: & all refusd to lament
In the still night fearing lest they should others molest.

Seven mornings Los heard them, as the poor bird within the shell
Hears its impatient parent bird: and Enitharmon heard them:
But saw them not, for the blue Mundane Shell inclosd them in.

And they lamented that they had in wrath & fury & fire
Driven Milton into the Ulro: for now they knew too late
That it was Milton the Awakener: they had not heard the Bard,
Whose song calld Milton to the attempt; and Los heard these laments.
He heard them call in prayer all the Divine Family;
And he beheld the Cloud of Milton stretching over Europe.

But all the Family Divine collected as Four Suns
In the Four Points of heaven East, West & North & South
Enlarging and enlarging till their Disks approachd each other:
And when they touch'd closed together Southward in One Sun
Over Ololon: and as One Man, who weeps over his brother,
In a dark tomb, so all the Family Divine, wept over Ololon.

Saying, "Milton goes to Eternal Death!" so saying, they groan'd in spirit
And were troubled! and again the Divine Family groaned in spirit!

And Ololon said, "Let us descend also, and let us give
Ourselves to death in Ulro among the Transgressors.
Is Virtue a Punisher? O no! how is this wondrous thing?
This World beneath, unseen before: this refuge from the wars
Of Great Eternity! unnatural refuge! unknown by us till now!
Or are these the pangs of repentance? let us enter into them"

Mas quando os clarins do dia soaram abafaram os lamentos
E quando veio a noite tudo se calou em Ololon: & todos recusaram lamentar-se
Na noite tranquila temendo molestar os outros.

Los escutou-os durante sete manhãs, como o pobre passarinho dentro da casca
Escuta o impaciente progenitor: e Enitharmon escutou-os:
Mas não os viu, pois a Casca do Mundo encerrava-os.

E lamentavam-se por terem conduzido em ira & fúria & fogo
Milton para dentro de Ulro: pois sabiam agora, tarde demais,
Que era Milton o Despertador: não haviam escutado o Bardo,
Cuja canção convocara Milton ao ato; e Los escutou estes lamentos.
Ouvi-os chamar em oração toda a Família Divina;
E contemplou a Nuvem de Milton estender-se sobre a Europa.

Mas toda a Família Divina se reuniu em Quatro Sóis
Nos Quatro Pontos dos céus, Leste, Oeste & Norte & Sul,
Alargando & alargando até os seus Discos se aproximarem uns dos outros:
E quando se tocaram encerraram-se juntos no Sul num Único Sol
Sobre Ololon: e tal como Um Homem, que chora o seu irmão,
Num negro túmulo, assim toda a Família Divina chorava Ololon.

Dizendo, "Milton vai para a Morte Eterna!" assim dizendo, gemeram em espírito
E sentiram a angústia! E de novo a Família Divina gemeu em espírito!

E Ololon disse, "Desçamos nós também, e entreguemo-nos
À morte em Ulro no meio dos Transgressores.
É a Virtude Castigadora? Oh não! Como pode ser esta coisa assombrosa?
Este Mundo inferior, antes oculto: este refúgio das guerras
Da Grande Eternidade! Refúgio desnaturado! Até agora por nós desconhecido!
Ou serão estas as dores do arrependimento? Deixai-nos entrar nelas."

Then the Divine Family said. "Six Thousand Years are now
Accomplish'd in this World of Sorrow; Miltons Angel knew
The Universal Dictate; and you also feel this Dictate.
And now you know this World of Sorrow, and feel Pity. Obey
The Dictate! Watch over this World, and with your brooding wings,
Renew it to Eternal Life: Lo! I am with you alway
But you cannot renew Milton he goes to Eternal Death"

So spake the Family Divine as One Man even Jesus
Uniting in One with Ololon & the appearance of One Man
Jesus the Saviour appeard coming in the Clouds of Ololon:

Depois respondeu a Família Divina. “Seis Mil Anos passaram
Agora neste Mundo de Sofrimento; o Anjo de Milton conhecia
O Ditame Universal; e também vós sentis este Ditame.
E conheceis agora este Mundo de Sofrimento, e sentis Piedade. Obedecei
Ao Ditame! Vigiai este Mundo, e com as vossas asas que chocam,
Renovai-o para a Vida Eterna: Olhai! Estou convosco sempre
Mas não podeis renovar Milton ele vai para a Morte Eterna”

Assim falou a Família Divina como um Só Homem mesmo Jesus
Se tornou Um com Ololon & sob a aparência de Um Homem
Jesus o Salvador surgiu vindo das Nuvens de Ololon:

PLATE 23

(BENTLEY 20, ERDMAN 22 [24], KEYNES 20)

Tho driven away with the Seven Starry Ones into the Ulro
Yet the Divine Vision remains Every-where For-ever. Amen.
And Ololon lamented for Milton with a great lamentation.

While Los heard indistinct in fear, what time I bound my sandals
On; to walk forward thro' Eternity, Los descended to me:
And Los behind me stood; a terrible flaming Sun: just close
Behind my back; I turned round in terror, and behold.
Los stood in that fierce glowing fire; & he also stoop'd down
And bound my sandals on in Udan-Adan; trembling I stood
Exceedingly with fear & terror, standing in the Vale
Of Lambeth: but he kissed me and wishd me health.
And I became One Man with him arising in my strength:
Twas too late now to recede. Los had enterd into my soul:
His terrors now posses'd me whole! I arose in fury & strength.

"I am that Shadowy Prophet who Six Thousand Years ago
Fell from my station in the Eternal bosom. Six Thousand Years
Are finishd. I return! both Time & Space obey my will.
I in Six Thousand Years walk up and down: for not one Moment
Of Time is lost, nor one Event of Space unpermanent
But all remain: every fabric of Six Thousand Years
Remains permanent: tho' on the Earth where Satan
Fell, and was cut off all things vanish & are seen no more
They vanish not from me & mine, we guard them first & last
The generations of men run on in the tide of Time
But leave their destind lineaments permanent for ever & ever."
So spoke Los as we went along to his supreme abode.

GRAVURA 23

Embora escorraçada com os Sete Estrelados para dentro de Ulro
A Visão Divina permanece por Toda a Parte para Sempre. Amém.
E Ololon lamentou-se por causa de Milton num grande pranto.

Enquanto Los escutou sem temer, enquanto eu atava as minhas sandálias
Para caminhar adiante pela Eternidade, Los desceu até mim:
E pôs-se mesmo atrás de mim; um Sol em chamas terrível: junto
Às minhas costas; voltei-me aterrorizado, e contemplei.
Estava Los nesse vivo fogo incandescente; & também ele se inclinou
E atou as minhas sandálias em Udan-Adan; fiquei a tremer
Cheio de medo & de terror, permanecendo no Vale
De Lambeth: mas ele beijou-me e desejou-me saúde.
Era tarde demais para retroceder. Los entrara na minha alma:
Os seus terrores possuíam-me totalmente! Ergui-me cheio de fúria & de força.

"Sou aquele Profeta Sombrio que há Seis Mil Anos
Caiu do seu estado para o peito Eterno. Seis Mil Anos
Passaram. Regresso! Tempo & Espaço obedecem à minha vontade.
Em Seis Mil Anos andei para cima e para baixo: pois nem um só Momento
Do Tempo se perde, nem um só Acontecimento do Espaço impermanece
Todos ficam: cada contextura de Seis Mil Anos
Fica permanente: ainda que na Terra onde Satanás
Caiu, e foi ceifado, todas as coisas se desvaneçam & não mais se vejam
Não se desvanecem de mim & dos meus, guardamo-las em primeiro & último lugar
As gerações dos homens correm na maré do Tempo
Mas deixam as feições que lhes estão destinadas para todo o sempre."
Assim disse Los enquanto nos dirigíamos à sua suprema morada.

Rintrah and Palamabron met us at the Gate of Golgonooza
Clouded with discontent, & brooding in their minds terrible things

They said. "O Father most beloved! O merciful Parent!
Pitying and permitting evil, tho strong & mighty to destroy.
Whence is this Shadow terrible? wherefore dost thou refuse
To throw him into the Furnaces? knowest thou not that he
Will unchain Orc? & let loose Satan, Og, Sihon & Anak,
Upon the Body of Albion? for this he is come! behold it written
Upon his fibrous left Foot black! most dismal to our eyes
The Shadowy Female shudders thro' heaven in torment inexpressible!
And all the Daughters of Los prophetic wail: yet in deceit,
They weave a new Religion from new Jealousy of Theotormon!
Miltons Religion is the cause: there is no end to destruction!
Seeing the Churches at their Period in terror & despair:
Rahab created Voltaire: Tirzah created Rousseau:
Asserting the Self-righteousness against the Universal Saviour,
Mocking the Confessors & Martyrs, claiming Self-righteousness;
With cruel Virtue: making War upon the Lambs Redeemed;
To perpetuate War & Glory, to perpetuate the Laws of Sin:
They perverted Swedenborgs Visions in Beulah & in Ulro;
To destroy Jerusalem as a Harlot & her Sons as Reprobates;
To raise up Mystery the Virgin Harlot Mother of War,
Babylon the Great, the Abomination of Desolation!
O Swedenborg! strongest of men, the Samson shorn by the Churches!
Shewing the Transgresors in Hell, the proud Warriors in Heaven:
Heaven as a Punisher & Hell as One under Punishment:
With Laws from Plato & his Greeks to renew the Trojan Gods,
In Albion; & to deny the value of the Saviours blood.
But then I rais'd up Whitefield, Palamabron raisd up Westley,
And these are the cries of the Churches before the two Witnesses,
Faith in God the dear Saviour who took on the likeness of men:

Rintrah e Palamabron juntaram-se a nós no Portão de Golgonooza
Ensombrados de descontentamento, & cismando em coisas terríveis

Disseram: "Oh Pai muito amado! Oh Pai misericordioso!
Compadecendo-te e permitindo o mal, embora com força & poder para o destruir.
De onde vem esta Sombra terrível? Por que recusas
Atirá-la para dentro das Forjas? Não sabes que ele
Há de libertar Orc? & soltar Satanás, Og, Sihon & Enac,
Sobre o Corpo de Albion? Pois foi para isto que ele veio! Está escrito
No seu fibroso e negro pé Esquerdo! Assustador aos nossos olhos
A Fêmea Sombria estremece nos céus num sofrimento inexprimível!
E todas as Filhas de Los gemem proféticas: e todavia em engano,
Tecem uma nova Religião feita dos novos Zelos de Theotormon!
Por causa da Religião de Milton: a destruição não tem fim!
Vendo as Igrejas da sua Época em terror & desespero:
Raabe criou Voltaire: Tirza criou Rousseau:
Afirmando a Hipocrisia contra o Salvador Universal,
Escarnecendo dos Confessores & Mártires, defendendo a Hipocrisia;
Com cruel Virtude: fazendo a Guerra aos Redimidos pelo Cordeiro;
Para perpetuar a Guerra & a Glória, perpetuar as Leis do Pecado:
Perverteram as Visões de Swendenborg em Beulah & em Ulro;
Para destruir Jerusalém como Meretriz & os seus Filhos como Réprobos;
Para erguer o Mistério da Virgem Meretriz Mãe da Guerra,
Babilônia a Grande, a Abominação da Desolação!
Oh Swedenborg! O mais forte dos homens, o Sansão que as Igrejas tosquiaram!
Mostrando aos Transgressores no Inferno, aos Guerreiros orgulhosos no Céu:
O Céu como um Castigador & o Inferno como Alguém sofrendo o Castigo:
Com as Leis de Platão & dos Gregos para renovar os Deuses Troianos
Em Albion; & negar o valor do sangue do Salvador.
Mas então ergui Whitefiled, Palamabron, ergui Westley,
E estes são os gritos das Igrejas diante das duas Testemunhas,
Fé em Deus querido Salvador que tomou a imagem dos homens:

Becoming obedient to death, even the death of the Cross
The Witnesses lie dead in the Street of the Great City
No Faith is in all the Earth: the Book of God is trodden under Foot:
He sent his two Servants Whitefield & Westley; were they Prophets
Or were they Idiots or Madmen? shew us Miracles!

Tornando-se obediente à morte, ao ponto de morrer na Cruz
As Testemunhas jazem mortas na Rua da Grande Cidade.
Não há Fé em toda a Terra: o Livro de Deus é calcado debaixo dos Pés:
Ele enviou os seus dois Servos, Whitefield & Westley; eram Profetas
Ou eram Idiotas ou Loucos? Mostrai-nos Milagres!

PLATE 24

(BENTLEY 22, ERDMAN 23 [25], KEYNES 22)

Can you have greater Miracles than these? Men who devote
Their lifes whole comfort to intire scorn & injury & death
Awake thou sleeper on the Rock of Eternity Albion awake
The trumpet of Judgment hath twice sounded: all Nations are awake
But thou art still heavy and dull: Awake Albion awake!
Lo Orc arises on the Atlantic. Lo his blood and fire
Glow on Americas shore: Albion turns upon his Couch
He listens to the sounds of War, astonishd and confounded:
He weeps into the Atlantic deep, yet still in dismal dreams
Unwakend! and the Covering Cherub advances from the East:
How long shall we lay dead in the Street of the great City
How long beneath the Covering Cherub give our Emanations
Milton will utterly consume us & thee our beloved Father
He hath enterd into the Covering Cherub, becoming one with
Albions dread Sons, Hand, Hyle & Coban surround him as
A girdle; Gwendolen & Conwenna as a garment woven
Of War & Religion; let us descend & bring him chained
To Bowlahoola O father most beloved! O mild Parent!
Cruel in thy mildness, pitying and permitting evil
Tho strong and mighty to destroy, O Los our beloved Father!"

Like the black storm, coming out of Chaos, beyond the stars:
It issues thro the dark & intricate caves of the Mundane Shell
Passing the planetary visions, & the well adorned Firmament
The Sun rolls into Chaos & the Stars into the Desarts;
And then the storms become visible, audible & terrible,
Covering the light of day, & rolling down upon the mountains,

GRAVURA 24

Poderá haver maiores Milagres do que estes? Homens que dedicam
Todo o conforto das suas vidas ao desdém & à ofensa & à morte
Desperta tu, que dormes no Rochedo da Eternidade, Albion desperta
A trombeta do Juízo já por duas vezes soou: todas as Nações despertaram
Mas tu permaneces pesado e entorpecido: Desperta, Albion, desperta!
Olha! Orc ergue-se sobre o Atlântico! Vê como o seu sangue e fogo
Brilham nas costas da América: Albion volta-se no Leito
E escuta os sons da Guerra, espantado e confundido:
Chora para as profundezas do Atlântico, mas dorme ainda em sonhos
Soturnos! E o Querubim Protetor avança vindo do Leste:
Até quando jazeremos mortos na Rua da grande Cidade?
Até quando sob o Querubim Protetor segregaremos as nossas Emanações?
Milton consumir-nos-á por inteiro & a vós nosso Pai amado
Ele entrou no Querubim Protetor, tornando-se uno
Com os Filhos temidos de Albion, Hand, Hyle & Coban cercam-no como
Um cinturão; Gwendolen & Conwenna como um manto tecido
De Guerra & Religião; deixai-nos descer & trazê-lo acorrentado
Até Bowlahoola, Oh pai muito amado! Oh brando Pai!
Cruel na tua brandura, compadecendo-te e permitindo o mal
Embora com força e poder para o destruir, Oh Los, nosso Pai amado!"

Como a negra tormenta, saindo do Caos, além das estrelas:
Atravessa as negras & intrincadas cavernas da Casca do Mundo
Passando pelas visões planetárias, & pelo adornado Firmamento
O Sol rola-se formando o Caos & as Estrelas, os Desertos;
E as tempestades tornam-se então visíveis, audíveis & terríveis,
Cobrindo a luz do dia, & rolando pelas montanhas abaixo,

Deluge all the country round. Such is a vision of Los;
When Rintrah & Palamabron spake; and such his stormy face
Appeard, as does the face of heaven, when coverd with thick storms
Pitying and loving tho in frowns of terrible perturbation

But Los dispersd the clouds even as the strong winds of Jehovah,
And Los thus spoke. "O noble Sons, be patient yet a little
I have embracd the falling Death, he is become One with me
O Sons we live not by wrath, by mercy alone we live!
I recollect an old Prophecy in Eden recorded in gold; and oft
Sung to the harp: That Milton of the land of Albion.
Should up ascend forward from Felphams Vale & break the Chain
Of Jealousy from all its roots; be patient therefore O my Sons
These lovely Females form sweet night and silence and secret
Obscurities to hide from Satans Watch-Fiends, Human loves
And graces; lest they write them in their Books, & in the Scroll
Of mortal life, to condemn the accused: who at Satans Bar
Tremble in Spectrous Bodies continually day and night
While on the Earth they live in sorrowful Vegetations
O when shall we tread our Wine-presses in heaven; and Reap
Our wheat with shoutings of joy, and leave the Earth in peace
Remember how Calvin and Luther in fury premature
Sow'd War and stern division between Papists & Protestants
Let it not be so now! O go not forth in Martyrdoms & Wars
We were plac'd here by the Universal Brotherhood & Mercy
With powers fitted to circumscribe this dark Satanic death
And that the Seven Eyes of God may have space for Redemption.
But how this is as yet we know not, and we cannot know;
Till Albion is arisen; then patient wait a little while,
Six Thousand years are passd away the end approaches fast;
This mighty one is come from Eden, he is of the Elect,
Who died from Earth & he is returnd before the Judgment. This thing

Inundam todos os campos em redor. Tal é a visão de Los;
Quando Rintrah & Palamabron falaram; e assim o seu rosto tempestuoso
Surgiu, como surge o rosto dos céus, coberto de espessas tormentas
Compadecendo-se e amando embora com feições de perturbação terrível.

Mas Los dispersou as nuvens tal como os fortes ventos de Jeová,
E assim falou Los. "Ó nobres filhos, sede um pouco mais pacientes
Eu abracei a Morte que cai, ela tornou-se Una comigo
Oh Filhos, não vivemos pela ira, pela misericórdia apenas vivemos!
Recordo uma velha Profecia no Éden gravada a ouro; e muitas vezes
Cantada à harpa: Que Milton da terra de Albion
Haveria de ascender do Vale de Felpham & quebrar as Cadeias
Dos Zelos de todas as suas raízes; sede por isso pacientes, Oh meus filhos,
Estas graciosas Fêmeas formam a noite doce e o silêncio e as secretas
Obscuridades para ocultar dos Vigias-Demônios de Satanás amores e graças
Humanas; antes que as escrevam nos seus Livros, & no seu Rolo
Da vida mortal, para condenar os acusados: que no Tribunal de Satanás
Tremem nos Corpos Espectrais continuamente dia e noite
Enquanto na Terra vivem em pesarosas Vegetações
Oh quando calcaremos os Lagares de Vinho no céu; e Ceifaremos
O trigo com gritos de alegria, e deixaremos a Terra em paz?
Recordai como Calvino e Lutero em fúria prematura
Semearam a Guerra e a obstinada divisão entre Papistas & Protestantes
Que não seja assim agora! Oh não marcheis em Martírios & Guerras
Fomos aqui postos pela Fraternidade Universal & pela Misericórdia
Com poderes capazes de circunscrever esta negra morte Satânica
E para que os Sete Olhos de Deus possam ter espaço para a Redenção,
Mas como isto há de ser ainda não sabemos, e não podemos saber;
Até que Albion desperte; por isso, pacientes, esperai um pouco mais,
Seis Mil anos passaram, o fim aproxima-se depressa;
Este ser poderoso veio do Éden, pertence aos Eleitos,
Morreu na Terra & regressou antes do Juízo. Isto

Was never known that one of the holy dead should willing return
Then patient wait a little while till the Last Vintage is over:
Till we have quenchd the Sun of Salah in the Lake of Udan-Adan
O my dear Sons! leave not your Father, as your brethren left me[.]
Twelve Sons successive fled away in that thousand years of sorrow

Nunca se soube, que um dos mortos sagrados regressaria de bom grado
Por isso, pacientes, aguardai até que a Última Vindima se acabe:
Até termos saciado o Sol de Salah no Lago de Udan-Adan
Oh meus queridos Filhos! Não abandoneis o vosso Pai como os vossos irmãos.
Doze Filhos sucessivamente fugiram nesses mil anos de sofrimento

PLATE 25

(BENTLEY 23, ERDMAN 24 [26], KEYNES 23)

Of Palamabrons Harrow, & of Rintrahs wrath & fury:
Reuben & Manazzoth & Gad & Simeon & Levi,
And Ephraim & Judah were Generated, because
They left me, wandering with Tirzah: Enitharmon wept
One thousand years, and all the Earth was in a watry deluge
We calld him Menassheh because of the Generations of Tirzah
Because of Satan: & the Seven Eyes of God continually
Guard round them, but I the Fourth Zoa am also set
The Watchman of Eternity, the Three are not! & I am preserved
Still my four mighty ones are left to me in Golgonooza
Still Rintrah fierce, and Palamabron mild & piteous
Theotormon filld with care, Bromion loving Science
You O my Sons still guard round Los. O wander not & leave me
Rintrah, thou well rememberest when Amalek & Canaan
Fled with their Sister Moab into the abhorred Void
They became Nations in our sight beneath the hands of Tirzah.
And Palamabron thou rememberest when Joseph an infant;
Stolen from his nurses cradle wrapd in needle-work
Of emblematic texture, was sold to the Amalekite,
Who carried him down into Egypt where Ephraim & Menassheh
Gatherd my Sons together in the Sands of Midian
And if you also flee away and leave your Fathers side,
Following Milton into Ulro, altho your power is great
Surely you also shall become poor mortal vegetations
Beneath the Moon of Ulro: pity then your Fathers tears[.]
When Jesus raisd Lazarus from the Grave I stood & saw
Lazarus who is the Vehicular Body of Albion the Redeemd

GRAVURA 25

Da Charrua de Palamabron, & da ira & fúria de Rintrah:
Rubem & Manazzoth & Gad & Simeão & Levi,
E Efraim & Judá foram Gerados, porque
Me abandonaram, vagueando com Tirza: Enitharmon chorou
Mil anos, e um dilúvio aquático cobriu a Terra inteira
Chamamos-lhe Manassés por causa das Gerações de Tirza
Por causa de Satanás: & os Sete Olhos de Deus guardavam
Continuamente em seu redor, mas eu a Quarta Zoa sou também
Vigia da Eternidade, as outras Três não! & estou protegido
Mas os meus quatro poderosos ficaram comigo em Golgonooza
Ficou Rintrah feroz, e Palamabron brando & piedoso
Theotormon cheio de cuidados, Bromion amante da Ciência
Vós, Oh Meus Filhos, guardai Los. Oh não me abandoneis
Rintrah, bem te recordas de quando Amalek & Canaã
Fugiram com a sua Irmã Moab para o abominável Vazio
Tornaram-se Nações à nossa vista, às mãos de Tirza.
E Palamabron, tu lembras-te de quando José era criança;
Roubado às suas amas num berço de rendas
De emblemática textura, foi vendido ao Amalequita
Que o transportou para o Egito onde Efraim & Manassés
Reuniram os meus Filhos nas Areias de Midian
E se vós fugis também e deixais de estar ao lado do vosso Pai,
Seguindo Milton em direção a Ulro, ainda que o vosso poder seja grande
Por certo tornar-vos-eis também pobres vegetações mortais
Debaixo da Lua de Ulro: compadecei-vos pois das lágrimas do vosso Pai.
Quando Jesus ergueu Lázaro do Túmulo eu fiquei & vi
Lázaro, que é o Corpo Veicular de Albion Redimido,

Arise into the Covering Cherub who is the Spectre of Albion
By martyrdoms to suffer: to watch over the Sleeping Body.
Upon his Rock beneath his Tomb. I saw the Covering Cherub
Divide Four-fold into Four Churches when Lazarus arose
Paul, Constantine, Charlemaine, Luther; behold they stand before us
Stretchd over Europe & Asia, come O Sons, come, come away
Arise O Sons give all your strength against Eternal Death
Lest we are vegetated, for Cathedrons Looms weave only Death
A Web of Death: & were it not for Bowlahoola & Allamanda
No Human Form but only a Fibrous Vegetation
A Polypus of soft affections without Thought or Vision
Must tremble in the Heavens & Earths thro all the Ulro space[.]
Throw all the Vegetated Mortals into Bowlahoola
But as to this Elected Form who is returnd again
He is the Signal that the Last Vintage now approaches
Nor Vegetation may go on till all the Earth is reapd"

So Los spoke. Furious they descended to Bowlahoola & Allamanda
Indignant, unconvincd by Los's arguments & thun[d]ers rolling
They saw that wrath now swayd and now pity absorbd him
As it was, so it remaind & no hope of an end.

Bowlahoola is namd Law, by mortals, Tharmas founded it:
Because of Satan, before Luban in the City of Golgonooza.
But Golgonooza is namd Art & Manufacture by mortal men.

In Bowlahoola Los's Anvils stand & his Furnaces rage;
Thundering the Hammers beat & the Bellows blow loud
Living self moving mourning lamenting & howling incessantly
Bowlahoola thro all its porches feels tho' too fast founded
Its pillars & porticoes to tremble at the force
Of mortal or immortal arm: and softly lilling flutes

Erguer-se para dentro do Querubim Protetor, que é o Espectro de Albion,
Por martírios a sofrer: para vigiar o Corpo Adormecido.
Sobre o seu Rochedo debaixo do seu Túmulo. Vi o Querubim Protetor
Dividir-se em Quatro Igrejas quando Lázaro se ergueu
Paulo, Constantino, Carlos Magno, Lutero; contemplai-os, estão diante de nós
Estendendo-se pela Europa & Ásia. Vamos, Oh Filhos, vamos, vamos embora
Erguei-vos, Oh Filhos, empregai todas as vossas forças contra a Morte Eterna
Antes de vegetarmos, pois os Teares de Cathedron tecem a Morte apenas
Uma Teia de Morte: & se não fossem Bowlahoola & Allamanda
Nenhuma Forma Humana a não ser uma Vegetação Fibrosa
Um Pólipo de brandas afecções sem Pensamento ou Visão
Estremeceria nos Céus & nas Terras por todo o espaço de Ulro.
Lançai todos os Mortais Vegetativos para Bowlahoola
Mas no que toca a esta Forma Eleita que de novo retorna
Ele é o Sinal de que a Última Vindima se aproxima agora
Nem a Vegetação poderá continuar até que a Terra seja ceifada"

Assim falou Los. Furiosos, desceram para Bowlahoola & Allamanda
Indignados, não convencidos pelos argumentos & trovões rolantes de Los
Viram que ora a ira o dominava, ora a compaixão o absorvia
E como estava assim ficou & sem esperança de terminar.

Bowlahoola é chamada Lei pelos mortais, Tharmas foi seu fundador:
Por causa de Satanás, diante de Luban na Cidade de Golgonooza.
Mas Golgonooza é chamada Arte & Manufatura pelos homens mortais.

Em Bowlahoola está a Bigorna de Los & rugem aí as suas Forjas;
Atroando malham os Martelos & sopram estrondosos os Foles
Vivendo movendo-se pranteando lamentando & uivando incessantemente
Bowlahoola em todas as suas entradas sente demasiado firmes
As colunas & pórticos para que estremeçam com a força
De braço mortal ou imortal: e suaves flautas soprando

Accordant with the horrid labours make sweet melody
The Bellows are the Animal Lungs: the Hammers the Animal Heart
The Furnaces the Stomach for digestion, terrible their fury
Thousands & thousands labour, thousands play on instruments
Stringed or fluted to ameliorate the sorrows of slavery
Loud sport the dancers in the dance of death, rejoicing in carnage
The hard dentant Hammers are lulld by the flutes['] lula lula
The bellowing Furnaces['] blare by the long sounding clarion
The double drum drowns howls & groans, the shrill fife, shrieks & cries:
The crooked horn mellows the hoarse raving serpent, terrible, but harmonious
Bowlahoola is the Stomach in every individual man.

Los is by mortals nam'd Time Enitharmon is nam'd Space
But they depict him bald & aged who is in eternal youth
All powerful and his locks flourish like the brows of morning
He is the Spirit of Prophecy the ever apparent Elias
Time is the mercy of Eternity; without Times swiftness
Which is the swiftest of all things: all were eternal torment:
All the Gods of the Kingdoms of Earth labour in Los's Halls.
Every one is a fallen Son of the Spirit of Prophecy
He is the Fourth Zoa, that stood arou[n]d the Throne Divine.

Em harmonia com os hórridos trabalhos fazem doce melodia.
Os Foles são os Pulmões Animais: os Martelos, o Coração Animal
As Forjas, o Estômago para a digestão, terríveis na sua fúria
Milhares & milhares labutam, milhares tocam instrumentos
De cordas ou de sopro para amenizar as penas da escravidão
Sonoros folgam os dançarinos na dança da morte, rejubilando na carnificina
Os duros Martelos dentados são embalados pelo lalar das flautas
As Forjas resfolegantes brilham ao som prolongado do clarim
Os tímbales afogam uivos & gemidos, a flauta aguda, berros & gritos:
A trompa torcida suaviza a rouca serpente ondulante, terrível, mas harmoniosa
Bowlahoola é o Estômago em cada homem individual.

Los é pelos mortais chamado Tempo, Enitharmon é chamada Espaço
Mas representam-no calvo & velho a ele que permanece na juventude eterna
Cheio de força e as suas madeixas florescem como a fronte da manhã
Ele é o Espírito da Profecia o sempre presente Elias
O Tempo é a misericórdia da Eternidade, sem a velocidade do Tempo
Que é a mais veloz de todas as coisas: tudo seria sofrimento eterno:
Todos os Deuses dos Reinos da Terra trabalham nos Palácios de Los.
Cada um deles é um Filho caído do Espírito da Profecia
Ele é a Quarta Zoa, que estava em redor do Trono Divino.

PLATE 26

(BENTLEY 25, ERDMAN 25 [27], KEYNES 25)

Loud shout the Sons of Luvah, at the Wine-presses as Los descended
With Rintrah & Palamabron in his fires of resistless fury.

The Wine-press on the Rhine groans loud, but all its central beams
Act more terrific in the central Cities of the Nations
Where Human Thought is crushd beneath the iron hand of Power.
There Los puts all into the Press, the Opressor & the Opressed
Together, ripe for the Harvest & Vintage & ready for the Loom.

They sang at the Vintage. "This is the Last Vintage! & Seed
Shall no more be sown upon Earth, till all the Vintage is over
And all gatherd in, till the Plow has passd over the Nations
And the Harrow & heavy thundering Roller upon the mountains"

And loud the Souls howl round the Porches of Golgonooza
Crying "O God deliver us to the Heavens or to the Earths,
That we may preach righteousness & punish the sinner with death"
But Los refused, till all the Vintage of Earth was gatherd in.

And Los stood & cried to the Labourers of the Vintage in voice of awe.

"Fellow Labourers! The Great Vintage & Harvest is now upon Earth
The whole extent of the Globe is explored: Every scatterd Atom
Of Human Intellect now is flocking to the sound of the Trumpet
All the Wisdom which was hidden in caves & dens, from ancient
Time; is now sought out from Animal & Vegetable & Mineral
The Awakener is come, outstretchd over Europe: the Vision of God is fulfilled

GRAVURA 26

Gritam bem alto os Filhos de Luvah, nos Lagares de Vinho enquanto Los descia
Com Rintrah & Palamabron nos seus fogos de irresistível fúria.

Os Lagares de Vinho no Reno gemem alto, mas os seus tornos centrais
Agem mais terrivelmente nas Cidades centrais das Nações
Onde o Pensamento Humano se vê esmagado pela mão de ferro do Poder.
Aí colocou Los todos na Prensa, Opressores & Oprimidos
Juntos, maduros para a Ceifa & para a Vindima, & prontos para o Tear.

Cantaram na Vindima. "Esta é a Última Vindima! & Semente alguma
Voltará a ser semeada sobre a Terra, até que a Vindima se acabe
E todos sejam reunidos, e o Arado tenha passado sobre todas as Nações
E a Charrua & o seu pesado Rolo trovejante sobre as montanhas"

E uivem as Almas bem alto em redor dos Portais de Golgonooza
Exclamando "Oh Deus libertai-nos para os Céus ou para as Terras,
Para podermos pregar a retidão & castigar o pecador com a morte"
Mas Los recusou, até ser Vindimada a Terra inteira.

E Los ergueu-se & exclamou para os Vindimeiros em voz de horror:

"Amigos Jornaleiros! A Grande Vindima & Grande Ceifa cobrem a Terra
Toda a vasta extensão do Globo foi explorada: Cada Átomo disperso
Do Intelecto Humano reúne-se agora ao som da Trombeta
Toda a Sabedoria escondida em cavernas & antros, de Tempos
Imemoriais, foi extraída de Animal & Vegetal & Mineral.
O Despertador estende-se sobre a Europa: a Visão de Deus realizou-se

The Ancient Man upon the Rock of Albion Awakes,
He listens to the sounds of War astonishd & ashamed;
He sees his Children mock at Faith and deny Providence
Therefore you must bind the Sheaves not by Nations or Families
You shall bind them in Three Classes; according to their Classes
So shall you bind them, Separating What has been Mixed
Since Men began to be Wove into Nations by Rahab & Tirzah
Since Albions Death & Satans Cutting-off from our awful Fields;
When under pretence to benevolence the Elect Subdud All
From the Foundation of the World. The Elect is one Class: You
Shall bind them separate: they cannot Believe in Eternal Life
Except by Miracle & a New Birth. The other two Classes:
The Reprobate who never cease to Believe, and the Redeemd,
Who live in doubts & fears perpetually tormented by the Elect
These you shall bind in a twin-bundle for the Consummation—
But the Elect must be saved [from] fires of Eternal Death,
To be formed into the Churches of Beulah that they destroy not the Earth
For in every Nation & every Family the Three Classes are born
And in every Species of Earth, Metal, Tree, Fish, Bird & Beast.
We form the Mundane Egg, that Spectres coming by fury or amity
All is the same, & every one remains in his own energy
Go forth Reapers with rejoicing, you sowed in tears
But the time of your refreshing cometh, only a little moment
Still abstain from pleasure & rest, in the labours of eternity
And you shall Reap the whole Earth, from Pole to Pole! from Sea to Sea
Begining at Jerusalems Inner Court, Lambeth ruin'd and given
To the detestable Gods of Priam, to Apollo: and at the Asylum
Given to Hercules, who labour in Tirzahs Looms for bread
Who set Pleasure against Duty: who Create Olympic crowns
To make Learning a burden & the Work of the Holy Spirit: Strife.
[To] Thor & cruel Odin who first reard the Polar Caves
Lambeth mourns calling Jerusalem, she weeps & looks abroad

O Homem Antigo sobre o Rochedo de Albion Desperta,
Escuta os sons da Guerra espantado & envergonhado;
Vê os Filhos rirem-se da Fé e negar a Providência
Por isso deveis atar os Fardos não por Nações ou Famílias
Deveis atá-los em Três Classes; consoante as suas Classes
Assim os atareis, Separando o Que foi Misturado
Desde que os Homens começaram a ser Tecidos em Nações por Raáb & Tirza
Desde a Morte de Albion & a Ceifa de Satanás dos nossos Campos horríveis;
Quando a pretexto de benevolência os Eleitos Subjugaram Todos
Desde a Fundação do Mundo. Os Eleitos formam uma Classe:
Atá-los-eis separadamente: não Acreditam na Vida Eterna
A não ser por Milagre & por um Novo Nascimento. As outras duas Classes:
Os Réprobos, que nunca deixam de Acreditar, e os Redimidos,
Que vivem em dúvidas & medos, perpetuamente atormentados pelos Eleitos
A estes atá-los-eis num feixe duplo para que sejam Consumidos –
Mas os Eleitos devem ser poupados aos fogos da Morte Eterna,
Para tomarem a forma das Igrejas de Beulah para que não destruam a Terra
Pois em cada Nação & em cada Família nascem as Três Classes
E em cada Espécie de Terra, Metal, Árvore, Peixe, Ave & Besta.
Nós do Ovo Mundano, devindo Espectros por fúria ou amizade
É tudo o mesmo, & cada um permanece na sua própria energia
Ide Ceifeiros cheios de júbilo, semeastes em lágrimas
Mas o tempo da vossa alegria chegou, abstei-vos do prazer & do descanso
Nos trabalhos da eternidade apenas um pouco mais,
E Ceifareis a Terra toda, de Polo a Polo! De Mar a Mar
A começar por Inner Court de Jerusalém, Lambeth arruinada e entregue
Aos detestáveis Deuses de Príamo, a Apolo: e no Asilo
Entregue a Hércules, que trabalha nos Teares de Tirza pelo pão
Que opõe o Prazer ao Dever: que Cria coroas Olímpicas
Para fazer do Saber um fardo & a Obra do Espírito Santo: Guerra.
A Thor & ao Cruel Odin, quem primeiro criou as Cavernas Polares,
Lambeth lamenta-se chamando por Jerusalém, ela chora & perscruta

For the Lords coming, that Jerusalem may overspread all Nations
Crave not for the mortal & perishing delights, but leave them
To the weak, and pity the weak as your infant care; Break not
Forth in your wrath lest you also are vegetated by Tirzah
Wait till the Judgement is past, till the Creation is consumed
And then rush forward with me into the glorious spiritual
Vegetation; the Supper of the Lamb & his Bride; and the
Awaking of Albion our friend and ancient companion."

So Los spoke. But lightnings of discontent broke on all sides round
And murmurs of thunder rolling heavy long & loud over the mountains
While Los calld his Sons around him to the Harvest & the Vintage.

Thou seest the Constellations in the deep & wondrous Night
They rise in order and continue their immortal courses
Upon the mountains & in vales with harp & heavenly song
With flute & clarion; with cups & measures filld with foaming wine
Glittring the streams reflect the Vision of beatitude,
And the calm Ocean joys beneath & smooths his awful waves!

A vinda do Senhor, para que Jerusalém possa estender-se a todas as Nações
Não ansieis por deleites mortais & perecíveis, mas deixai-os
Para os fracos, e apiedai-vos dos fracos como de crianças; Não vos entregueis
À ira sob pena de Tirza vos fazer vegetar
Esperai até que o Juízo termine, até que esta Criação se veja consumida
E correi depois comigo em direção a gloriosa vegetação
Espiritual; a Ceia do Cordeiro & da sua Noiva; e o
Despertar de Albion nossa amigo e antigo companheiro."

Assim disse Los. Mas relâmpagos de descontentamento ribombaram em redor
E murmúrios de trovoada rolaram pesados longos & estrondosos nas montanhas
Enquanto Los reunia os Filhos à sua volta para a Ceifa & para a Vindima.

Vedes as Constelações na Noite profunda & maravilhosa
Nascem ordenadas e continuam os seus cursos imortais
Sobre as montanhas & vales com a harpa & cantos celestiais
Com flauta & clarim; com copos & medidas cheias de vinho a espumar
Cintilantes os rios refletem a Visão da beatitude,
E o calmo Oceano alegra-se por baixo & alisa as suas ondas terríveis!

These are the Sons of Los, & these the Labourers of the Vintage
Thou seest the gorgeous clothed Flies that dance & sport in summer
Upon the sunny brooks & meadows: every one the dance
Knows in its intricate mazes of delight artful to weave:
Each one to sound his instruments of music in the dance,
To touch each other & recede; to cross & change & return
These are the Children of Los; thou seest the Trees on mountains
The wind blows heavy, loud they thunder thro' the darksom sky
Uttering prophecies & speaking instructive words to the sons
Of men: These are the Sons of Los! These the Visions of Eternity
But we see only as it were the hem of their garments
When with our vegetable eyes we view these wond'rous Visions

There are Two Gates thro which all Souls descend. One Southward
From Dover Cliff to Lizard Point, the other toward the North
Caithness & rocky Durness, Pentland & John Groats House.

The Souls descending to the Body, wail on the right hand
Of Los; & those deliverd from the Body, on the left hand
For Los against the east his force continually bends
Along the Valleys of Middlesex from Hounslow to Blackheath
Lest those Three Heavens of Beulah should the Creation destroy
And lest they should descend before the north & south Gates
Groaning with pity, he among the wailing Souls laments.

And these the Labours of the Sons of Los in Allamanda:
And in the City of Golgonooza: & in Luban: & around

GRAVURA 27

Estes são os Filhos de Los, & estes os Vindimeiros
Vedes os belos trajes das Borboletas que dançam & brincam no Verão
Sobre regatos & prados soalheiros: todos conhecem a dança
Nos seus intrincados labirintos de prazer tecidos com arte:
Cada um faz soar os seus instrumentos de música na dança,
Para se tocarem uns aos outros & se afastarem; para se cruzarem & regressarem
Estes são os Filhos de Los; vedes as Árvores nas montanhas
O vento sopra com força, estrondosos ribombam no negrume do céu
Proferindo profecias & dizendo palavras edificantes aos filhos
Dos homens: Estes são os Filhos de Los! Estas as Visões da Eternidade
Mas vemos como se fosse apenas a bainha das suas vestes
Quando com olhos vegetais vemos estas maravilhosas Visões

Há Dois Portões que todas as Almas transpõem. Um virado a Sul
Da Falésia de Dover ao Cabo Lizard, o outro virado a Norte
A Caithness & ao rochoso Durness, Pentland & John Groats House.

As Almas que descem ao Corpo, gemem à mão direita
De Los; & as que se libertam do Corpo, à esquerda
Pois a força de Los dobra-se continuamente contra o leste
Ao longo dos Vales de Middlesex desde Hounslow a Blackheath
Não vão os Três Céus de Beulah destruir a Criação
E não vão elas descer diante dos Portões do norte & do sul
Gemendo de piedade, ele lamenta-se no meio do pranto das Almas.

E são estes os Trabalhos dos Filhos de Los em Allamanda:
E na Cidade de Golgonooza: & em Luban: & em redor

The Lake of Udan-Adan, in the Forests of Entuthon Benython
Where Souls incessant wail, being piteous Passions & Desires
With neither lineament nor form but like to watry clouds
The Passions & Desires descend upon the hungry winds
For such alone Sleepers remain meer passion & appetite:
The Sons of Los clothe them & feed & provide houses & fields

And every Generated Body in its inward form,
Is a garden of delight & a building of magnificence,
Built by the Sons of Los in Bowlahoola & Allamanda
And the herbs & flowers & furniture & beds & chambers
Continually woven in the Looms of Enitharmons Daughters
In bright Cathedrons golden Dome with care & love & tears
For the various Classes of Men are all markd out determinate
In Bowlahoola; & as the Spectres choose their affinities
So they are born on Earth, & every Class is determinate
But not by Natural but by Spiritual power alone, Because
The Natural power continually seeks & tends to Destruction
Ending in Death: which would of itself be Eternal Death
And all are Class'd by Spiritual, & not by Natural power.

And every Natural Effect has a Spiritual Cause, and Not
A Natural: for a Natural Cause only seems, it is a Delusion
Of Ulro: & a ratio of the perishing Vegetable Memory.

Do Lago de Udan-Adan, nas Florestas de Entuthon Benython
Onde as Almas gemem sem parar, sendo Paixões & Desejos piedosos
Sem feições nem forma mas antes como nuvens aquosas
Paixões & Desejos descem sobre os ventos esfaimados
Pois só para os Dormentes continuam a ser mera paixão & apetite:
Os Filhos de Los vestem-nos & dão-lhes de comer & casas & campos

E cada Corpo Gerado na sua forma interior
É um jardim de delícias & um edifício magnífico,
Construído pelos Filhos de Los em Bowlahoola & Allamanda
E as ervas & flores & móveis & camas & câmaras
Continuamente entrançadas nos Teares das Filhas de Enitharmon
Na brilhante Cúpula dourada da Cathedron com cuidado & amor & lágrimas
Pois as várias Classes de Homens estão determinadas
Em Bowlahoola; & tal como os Espectros escolhem as afinidades
Assim nascem elas na Terra, & cada Classe se vê determinada
Não pelo poder Natural mas pelo Espiritual apenas, Porque
O poder Natural continuamente procura & tende à Destruição
Acabando na Morte: que em si mesmo seria Morte Eterna
E são Classficadas pelo poder Espiritual, & não pelo Natural.

E cada Efeito Natural tem uma Causa Espiritual, e Não
Natural: pois a Causa Natural é apenas aparente, é uma Ilusão
De Ulro: & um rácio da Memória Vegetal que perece.

PLATE 28

(BENTLEY 24, ERDMAN 27 [29], KEYNES 24)

But the Wine-press of Los is eastward of Golgonooza, before the Seat
Of Satan. Luvah laid the foundation & Urizen finish'd it in howling woe.
How red the sons & daughters of Luvah! here they tread the grapes.
Laughing & shouting drunk with odours many fall oerwearied
Drownd in the wine is many a youth & maiden: those around
Lay them on skins of Tygers & of the spotted Leopard & the Wild Ass
Till they revive, or bury them in cool grots, making lamentation.

This Wine-press is call'd War on Earth, it is the Printing-Press
Of Los; and here he lays his words in order above the mortal brain
As cogs are formd in a wheel to turn the cogs of the adverse wheel.

Timbrels & violins sport round the Wine-presses; the little Seed;
The sportive Root, the Earth-worm, the gold Beetle; the wise Emmet;
Dance round the Wine-presses of Luvah: the Centipede is there:
The ground Spider with many eyes: the Mole clothed in velvet
The ambitious Spider in his sullen web; the lucky golden Spinner;
The Earwig armd: the tender Maggot emblem of immortality:
The Flea: Louse: Bug: the Tape-Worm: all the Armies of Disease:
Visible or invisible to the slothful vegetating Man.
The slow Slug: the Grasshopper that sings & laughs & drinks:
Winter comes, he folds his slender bones without a murmur.
The cruel Scorpion is there: the Gnat: Wasp: Hornet & the Honey Bee:
The Toad & venomous Newt; the Serpent clothd in gems & gold:
They throw off their gorgeous raiment: they rejoice with loud jubilee
Around the Wine-presses of Luvah, naked & drunk with wine.

GRAVURA 28

Mas o Lagar de Vinho de Los fica a leste de Golgonooza, diante da Morada
De Satanás. Luvah lançou-lhe as fundações & Urizen acabou-o em excruciante mágoa.
Quão vermelhos os filhos & filhas de Luvah! Aqui pisam as uvas,
Rindo & gritando ébrios dos muitos odores caem de cansaço
Afogados no vinho estão muitos jovens & donzelas: os outros à volta
Colocam-nos sobre as peles do Tigre & do malhado Leopardo & de Burro Selvagem
Até voltarem a si, ou enterram-nos em grutas frias, com muitos lamentos.

Esta Prensa de Vinho, chamada Guerra na Terra, é a Prensa de Impressão
De Los; e aqui ele dispõe as suas palavras em ordem acima do cérebro mortal
Como os dentes da roda dentada engrenam nos dentes da roda oposta.

Adufes & violinos folgam em redor dos Lagares de Vinho; a pequena Semente;
A Raiz folgazona, a Minhoca, o Escaravelho dourado; a sábia Formiga;
Dançam em redor dos Lagares de Vinho de Luvah: lá está a Centopeia:
A Aranha do chão com muitos olhos: a Toupeira vestida de veludo
A ambiciosa Aranha na sua teia soturna; o Bicho-da-Seda dourado;
A Lacraia armada: o meigo Verme símbolo da imortalidade:
A Pulga: o Piolho: o Percevejo: a Tênia: todos os Exércitos da Doença:
Visíveis ou invisíveis para o preguiçoso Homem que vegeta.
A Lesma lenta: o Gafanhoto que canta & ri & bebe:
Chega o Inverno, dobra os seus ossos finos sem murmúrio.
Lá está o Escorpião cruel: o Mosquito: a Vespa: o Moscardo & a Abelha:
O Sapo & o venenoso Tritão; a Serpente de ouro & gemas vestida:
Despem-se dos seus belos trajes: rejubilam em sonoro júbilo
Em redor dos Lagares de Vinho de Luvah, nus & ébrios de vinho.

There is the Nettle that stings with soft down; and there
The indignant Thistle: whose bitterness is bred in his milk:
Who feeds on contempt of his neighbour: there all the idle Weeds
That creep around the obscure places, shew their various limbs.
Naked in all their beauty dancing round the Wine-presses.

But in the Wine-presses the Human grapes sing not, nor dance
They howl & writhe in shoals of torment; in fierce flames consuming,
In chains of iron & in dungeons circled with ceaseless fires.
In pits & dens & shades of death: in shapes of torment & woe.
The plates & screws & wracks & saws & cords & fires & cisterns
The cruel joys of Luvahs Daughters lacerating with knives
And whips their Victims & the deadly sport of Luvahs Sons.

They dance around the dying, & they drink the howl & groan
They catch the shrieks in cups of gold, they hand them to one another:
These are the sports of love, & these the sweet delights of amorous play
Tears of the grape, the death sweat of the cluster the last sigh
Of the mild youth who listens to the lureing songs of Luvah

But Allamanda calld on Earth Commerce, is the Cultivated land
Around the City of Golgonooza in the Forests of Entuthon:
Here the Sons of Los labour against Death Eternal; through all
The Twenty-seven Heavens of Beulah in Ulro, Seat of Satan,
Which is the False Tongue beneath Beulah: it is the Sense of Touch:
The Plow goes forth in tempests & lightnings & the Harrow cruel
In blights of the east; the heavy Roller follows in howlings of woe.

Urizens sons here labour also; & here are seen the Mills
Of Theotormon, on the verge of the Lake of Udan-Adan:
These are the starry voids of night & the depths & caverns of earth
These Mills are oceans, clouds & waters ungovernable in their fury

Lá está a Urtiga que pica com suave penugem; e lá está
O Cardo indignado: cuja amargura se cria no seu leite:
Que se alimenta de desprezo pelo próximo: ali todas a Ervas daninhas
Que se infiltram em lugares obscuros mostram os seus vários membros.
Nus em toda a sua beleza dançando em redor dos Lagares de Vinho.

Mas nos Lagares de Vinho as uvas Humanas não cantam, nem dançam
Uivam & contorcem-se em incontáveis tormentos; em chamas ardentes consumidas,
Em cadeias de ferro & em masmorras cercadas de fogos incessantes.
Em poços & antros & sombras da morte: em figuras de tormento & mágoa.
As placas & parafusos & rodas & serras & cordas & fogos & cisternas
As cruéis alegrias das Filhas de Luvah lacerando com facas
E chicotes as suas Vítimas & o folguedo mortífero dos Filhos de Luvah.

Dançam em redor dos moribundos, & bebem-lhes os uivos & os gemidos
Recolhem os guinchos em taças de ouro, que passam de mão em mão:
São estes os divertimentos do amor, & estas as delícias do jogo amoroso
Lágrimas da uva, o suor de morte do cacho o último suspiro
Do doce jovem que escuta os cantos sedutores de Luvah

Mas Allamanda, chamada na Terra Comércio, é a terra Cultivada
Em redor da Cidade de Golgonooza nas Florestas de Entuthon:
Aqui os Filhos de Los trabalham contra a Morte Eterna; ao longo dos
Vinte e Sete Céus de Beulah em Ulro, Morada de Satanás,
Que é a Língua Falsa por baixo de Beulah: fica o Sentido do Tato:
O Arado avança em tempestades & relâmpagos & a Charrua cruel
Em pragas do leste; o pesado Rolo segue em gritos de sofrimento.

Os filhos de Urizen trabalham aqui também; & ficam aqui as Fábricas
De Theotormon, nas margens do Lago de Udan-Adan:
São estes os vazios estrelados da noite & os abismos & cavernas da terra
Estas Fábricas são oceanos, nuvens & águas ingovernáveis na sua fúria

Here are the stars created & the seeds of all things planted
And here the Sun & Moon recieve their fixed destinations

But in Eternity the Four Arts: Poetry, Painting, Music,
And Architecture which is Science: are the Four Faces of Man.
Not so in Time & Space: there Three are shut out, and only
Science remains thro Mercy: & by means of Science, the Three
Become apparent in Time & Space, in the Three Professions
Poetry in Religion: Music, Law: Painting, in Physic & Surgery:
That Man may live upon Earth till the time of his awaking,
And from these Three, Science derives every Occupation of Men.
And Science is divided into Bowlahoola & Allamanda.

Aqui são as estrelas criadas & as sementes de todas as coisas plantadas
E aqui o Sol & a Lua veem os seus destinos fixados

Mas na Eternidade as Quatro Artes: Poesia, Pintura, Música,
E Arquitetura, que é uma Ciência: são os Quatro Rostos do Homem.
Não no Tempo & Espaço: aí Três estão excluídas, e apenas
Resta a Ciência graças à Misericórdia: & por meio da Ciência, as Três
Manifestam-se no Tempo & no Espaço, nas Três Profissões
A Poesia na Religião: a Música, na Lei: a Pintura, na Medicina & Cirurgia:
Para que o Homem possa viver na Terra até ao momento de despertar,
E destas Três, retirou a Ciência todas as Ocupações dos Homens.
E a Ciência divide-se em Bowlahoola & Allamanda.

PLATE 29

(BENTLEY 27, ERDMAN 28 [30], KEYNES 27)

Some Sons of Los surround the Passions with porches of iron & silver
Creating form & beauty around the dark regions of sorrow,
Giving to airy nothing a name and a habitation
Delightful! with bounds to the Infinite putting off the Indefinite
Into most holy forms of Thought: (such is the power of inspiration)
They labour incessant; with many tears & afflictions:
Creating the beautiful House for the piteous sufferer.

Others: Cabinets richly fabricate of gold & ivory;
For Doubts & fears unform'd & wretched & melancholy
The little weeping Spectre stands on the threshold of Death
Eternal; and sometimes two Spectres like lamps quivering
And often malignant they combat (heart-breaking sorrowful & piteous)
Antamon takes them into his beautiful flexible hands,
As the Sower takes the seed, or as the Artist his clay
Or fine wax, to mould artful a model for golden ornaments,
The soft hands of Antamon draw the indelible line:
Form immortal with golden pen; such as the Spectre admiring
Puts on the sweet form; then smiles Antamon bright thro his windows
The Daughters of beauty look up from their Loom & prepare.
The integument soft for its clothing with joy & delight.

But Theotormon & Sotha stand in the Gate of Luban anxious
Their numbers are seven million & seven thousand & seven hundred
They contend with the weak Spectres, they fabricate soothing forms
The Spectre refuses, he seeks cruelty, they create the crested Cock
Terrified the Spectre screams & rushes in fear into their Net

GRAVURA 29

Alguns Filhos de Los cercam as Paixões com átrios de ferro & prata
Criando forma & beleza em redor das sombrias regiões da mágoa,
Dando ao nada aéreo nome e morada
Deleitosa! Com os limites do Infinito dão ao Indefinido
As mais sagradas formas do Pensamento: (tal é o poder da inspiração)
Trabalham sem parar; com muitas lágrimas & angústias:
Criando a bela Casa para o sofredor digno de pena.

Outros fabricam ricos Móveis de ouro & marfim,
Por Dúvidas & medos informes & malditos & melancólicos
O pequeno Espectro que chora está à soleira da Morte
Eterna; e às vezes dois Espectros, como lâmpadas a tremeluzir
E muitas vezes malignos combatem (descoroçoantes, tristes & dignos de pena)
Antamon toma-os nas suas belas flexíveis mãos,
Tal como o Semeador toma a semente, ou o Artista o barro
Ou a cera fina para moldar habilidoso modelo de ornamentos de ouro
As mãos suaves de Antamon desenham a linha indelével:
Forma imortal com pena de ouro; tal como o Espectro contemplando
Toma a forma doce; então Antamon sorri brilhando pelas suas janelas
As Filhas da beleza levantam os olhos do Tear & preparam
O macio integumento para as suas vestes com alegria & prazer.

Mas Theotormon & Sotha estão no Portão de Luban ansiosos
O seu número é de sete milhões & sete mil & setecentos
Lutam com os Espectros fracos, fabricam formas apaziguadoras
Que o Espectro recusa, busca a crueldade, criam o Galo de crista
Aterrorizado o Espectro grita & precipita-se assustado para a sua Rede

Of kindness & compassion & is born a weeping terror.
Or they create the Lion & Tyger in compassionate thunderings
Howling the Spectres flee: they take refuge in Human lineaments.

The Sons of Ozoth within the Optic Nerve stand fiery glowing
And the number of his Sons is eight millions & eight.
They give delights to the man unknown; artificial riches
They give to scorn, & their posessors to trouble & sorrow & care,
Shutting the sun, & moon, & stars, & trees, & clouds, & waters,
And hills, out from the Optic Nerve & hardening it into a bone
Opake, and like the black pebble on the enraged beach.
While the poor indigent is like the diamond which tho cloth'd
In rugged covering in the mine, is open all within
And in his hallowd center holds the heavens of bright eternity
Ozoth here builds walls of rocks against the surging sea
And timbers crampt with iron cramps bar in the joys of life
From fell destruction in the Spectrous cunning or rage. He Creates
The speckled Newt, the Spider & Beetle, the Rat & Mouse,
The Badger & Fox: they worship before his feet in trembling fear.

But others of the Sons of Los build Moments & Minutes & Hours
And Days & Months & Years & Ages & Periods; wondrous buildings
And every Moment has a Couch of gold for soft repose,
(A Moment equals a pulsation of the artery)
And between every two Moments stands a Daughter of Beulah
To feed the Sleepers on their Couches with maternal care.
And every Minute has an azure Tent with silken Veils.
And every Hour has a bright golden Gate carved with skill.
And every Day & Night, has Walls of brass & Gates of adamant,
Shining like precious stones & ornamented with appropriate signs:
And every Month, a silver paved Terrace builded high:
And every Year, invulnerable Barriers with high Towers.

De bondade & compaixão & nasce sob a forma de um terror em pranto.
Ou criam o Leão & o Tigre em trovoadas cheias de compaixão
Uivando os Espectros fogem: refugiam-se em feições Humanas.

Os Filhos de Ozoth dentro do Nervo Ótico estão incandescentes
E o número dos seus Filhos é de oito milhões & oito.
Dão ao homem prazeres desconhecidos; riquezas artificiais
Entregam ao desprezo, & os seus possuidores à angústia & à dor & ao cuidado,
Bloqueiam o sol & a lua & as estrelas & as árvores & as nuvens & as águas
E colinas no Nervo Óptico & endurecem-no até se tornar um osso
Opaco, como o seixo negro na praia enfurecida.
Enquanto o pobre indigente é como o diamante que embora vestido
Em grosseiras vestes na mina, está inteiramente aberto por dentro
E no seu centro oco encerra os céus da eternidade brilhante
Ozoth constrói aqui muralhas de rochedos contra o mar agitado
E madeiros cheios de espigas de ferro protegem as alegrias da vida
Da impiedosa destruição da astúcia ou fúria Espectral. Ele Cria
O Tritão às manchas, a Aranha & o Escaravelho, a Ratazana & o Rato,
O Texugo & a Raposa: adoram-no a seus pés a tremer de medo.

Mas outros Filhos de Los edificam Instantes & Minutos & Horas
E Dias & Meses & Anos & Eras & Períodos; maravilhosos edifícios
E cada Instante tem um Leito de ouro para doce repouso,
(Um Instante equivale à pulsação de uma artéria)
E entre cada dois Instantes está uma Filha de Beulah
A alimentar com cuidado maternal os Dormentes nos seus Leitos.
E em cada Minuto há uma Tenda azul-celeste com Véus de seda.
E cada Hora tem um Portão dourado a brilhar gravado com mestria.
E cada Dia & Noite tem Muralhas de bronze & Portões de diamante,
Brilhando como pedras preciosas & ornamentadas com os sinais apropriados:
E cada Mês, um Terraço alto pavimentado a prata:
E cada Ano, Barreiras invulneráveis com Torres altaneiras.

And every Age is Moated deep with Bridges of silver & gold.
And every Seven Ages is Incircled with a Flaming Fire.
Now Seven Ages is amounting to Two Hundred Years
Each has its Guard, each Moment Minute Hour Day Month & Year.
All are the work of Fairy hands of the Four Elements
The Guard are Angels of Providence on duty evermore
Every Time less than a pulsation of the artery
Is equal in its period & value to Six Thousand Years.

E cada Era tem um Fosso fundo com Pontes de prata & ouro.
E cada Sete Eras está Cercada de um Fogo Ardente.
Agora Sete Eras equivalem a Duzentos Anos
Cada um tem sua Guarda, cada Instante Minuto Hora Dia Mês & Ano.
Todos são obra das mãos de Fada dos Quatro Elementos
A Guarda são os Anjos da Providência em serviço para sempre
Cada Tempo inferior a uma pulsação da artéria
Equivale no seu período & valor a Seis Mil Anos.

PLATE 30

(BENTLEY 28, ERDMAN 29 [31], KEYNES 28)

For in this Period the Poets Work is Done: and all the Great
Events of Time start forth & are concievd in such a Period
Within a Moment: a Pulsation of the Artery.

The Sky is an immortal Tent built by the Sons of Los
And every Space that a Man views around his dwelling-place,
Standing on his own roof, or in his garden on a mount
Of twenty-five cubits in height, such space is his Universe;
And on its verge the Sun rises & sets, the Clouds bow
To meet the flat Earth & the Sea in such an orderd Space:
The Starry heavens reach no further but here bend and set
On all sides & the two Poles turn on their valves of gold:
And if he move his dwelling-place, his heavens also move.
Wher'eer he goes & all his neighbourhood bewail his loss:
Such are the Spaces called Earth & such its dimension:
As to that false appearance which appears to the reasoner,
As of a Globe rolling thro Voidness, it is a delusion of Ulro
The Microscope knows not of this nor the Telescope, they alter
The ratio of the Spectators Organs but leave Objects untouchd
For every Space larger than a red Globule of Mans blood,
Is visionary: and is created by the Hammer of Los
And every Space smaller than a Globule of Mans blood, opens
Into Eternity of which this vegetable Earth is but a shadow:
The red Globule is the unwearied Sun by Los created
To measure Time and Space to mortal Men, every morning.
Bowlahoola & Allamanda are placed on each side
Of that Pulsation & that Globule, terrible their power.

GRAVURA 30

Pois neste Período a Obra do Poeta se Faz: e todos os Grandes
Acontecimentos do Tempo começam & são concebidos neste Período
Num Instante: uma Pulsação da Artéria.

O Céu é uma Tenda imortal construída pelos Filhos de Los
E cada Espaço que um Homem avista em redor é a sua morada,
De pé no seu próprio telhado, ou no seu jardim num monte
De vinte e cinco cúbitos de altura, tal espaço é o seu Universo;
E na sua orla nasce & põe-se o Sol, as Nuvens curvam-se
Ao encontro da Terra plana & do Mar neste Espaço ordenado:
Os céus Estrelados não vão mais além mas curvam-se e põem-se
A toda a volta & os dois Polos rodam nas suas válvulas de ouro:
E se ele mudar a sua morada, os seus céus mudam também
Para onde quer que vá & toda a vizinhança lamentará a sua perda:
Assim são os Espaços chamados Terra & assim a sua dimensão:
Quanto a essa falsa aparência que aparece ao raciocinador,
A de um Globo rodando no Vazio, é uma ilusão de Ulro
Nem o Microscópio nem o Telescópio sabem disto, eles alteram
O rácio dos Órgãos dos Observadores mas não tocam nos Objetos
Porque cada Espaço maior do que um Glóbulo vermelho de sangue Humano
É visionário: e é criado pelo Martelo de Los
E cada Espaço menor do que um Glóbulo de sangue Humano abre
Para a Eternidade da qual esta Terra vegetal não passa de uma sombra:
O Glóbulo vermelho é o Sol infatigável criado por Los
Para medir o Tempo e o Espaço para os Homens mortais, cada manhã.
Bowlahoola & Allamanda estão localizadas de cada lado
Dessa Pulsação & desse Glóbulo, terrível a sua força.

But Rintrah & Palamabron govern over Day & Night
In Allamanda & Entuthon Benython where Souls wail:
Where Orc incessant howls burning in fires of Eternal Youth,
Within the vegetated mortal Nerves; for every Man born is joined
Within into One mighty Polypus, and this Polypus is Orc.

But in the Optic vegetative Nerves Sleep was transformed
To Death in old time by Satan the father of Sin & Death
And Satan is the Spectre of Orc & Orc is the generate Luvah

But in the Nerves of the Nostrils, Accident being formed
Into Substance & Principle, by the cruelties of Demonstration
It became Opake & Indefinite; but the Divine Saviour,
Formed it into a Solid by Los's Mathematic power.
He named the Opake Satan: he named the Solid Adam

And in the Nerves of the Ear, (for the Nerves of the Tongue are closed)
On Albions Rock Los stands creating the glorious Sun each morning
And when unwearied in the evening he creates the Moon
Death to delude, who all in terror at their splendor leaves
His prey while Los appoints, & Rintrah & Palamabron guide
The Souls clear from the Rock of Death, that Death himself may wake
In his appointed season when the ends of heaven meet.

Then Los conducts the Spirits to be Vegetated, into
Great Golgonooza, free from the four iron pillars of Satans Throne
(Temperance, Prudence, Justice, Fortitude, the four pillars of tyranny)
That Satans Watch-Fiends touch them not before they Vegetate.

But Enitharmon and her Daughters take the pleasant charge
To give them to their lovely heavens till the Great Judgment Day
Such is their lovely charge. But Rahab & Tirzah pervert

Mas Rintrah & Palamabron governam o Dia & a Noite
Em Allamanda & Entuthon Benython onde as Almas gemem:
Onde Orc uiva incessante ardendo nos fogos da Juventude Eterna,
Por dentro dos vegetativos Nervos mortais; pois cada Homem nascido forma-se
Por dentro num Único poderoso Pólipo, e este Pólipo é Orc.

Mas nos Nervos Ópticos vegetativos o Sono transformou-se
Em Morte em tempos ancestrais graças a Satanás pai do Pecado & da Morte
E Satanás é o Espectro de Orc & Orc é Luvah gerado

Mas nos Nervos das Narinas, tomados os Acidentes
Por Substância & Princípio pelas crueldades da Demonstração
Tornou-se Opaco & Indefinido; mas o Divino Salvador
Deu-lhe a forma de um Sólido através do poder Matemático de Los.
Chamou ao Opaco Satanás: chamou ao Sólido Adão

E nos Nervos do Ouvido (porque os Nervos da Língua estão encerrados)
No Rochedo de Albion, Los ergue-se criando o glorioso Sol a cada manhã
E quando incansável à noite ele cria a Lua
Para iludir a Morte, que aterrorizada com o seu esplendor larga
A sua presa enquanto Los elege, & Rintrah & Palamabron afastam
As Almas do Rochedo da Morte, para que a própria Morte possa despertar
Na estação escolhida quando os extremos dos céus se encontram.

Los conduz então os Espíritos que vão Vegetar para
A Grande Golgonooza, livres das quatro colunas de ferro do Trono de Satanás
(Temperança, Prudência, Justiça, Fortaleza, as quatro colunas da tirania)
Para que os Vigias-Demônios de Satanás não lhes toquem antes de Vegetarem.

Mas Enitharmon e as suas Filhas encarregam-se da aprazível missão
De entregá-los aos seus belos céus até ao Grande Dia do Juízo
Tal é a sua graciosa missão. Mas Raabe & Tirza pervertem

Their mild influences, therefore the Seven Eyes of God walk round
The Three Heavens of Ulro, where Tirzah & her Sisters
Weave the black Woof of Death upon Entuthon Benython
In the Vale of Surrey where Horeb terminates in Rephaim
The stamping feet of Zelophehads Daughters are coverd with Human gore
Upon the treddles of the Loom, they sing to the winged shuttle:
The River rises above his banks to wash the Woof:
He takes it in his arms: be passes it in strength thro his current
The veil of human miseries is woven over the Ocean
From the Atlantic to the Great South Sea, the Erythrean.

Such is the World of Los the labour of six thousand years.
Thus Nature is a Vision of the Science of the Elohim.

End of the First Book.

PLATE 31 (BENTLEY 29, ERDMAN NOT NUMBERED, KEYNES 29)

As suas brandas influências, por isso os Sete Olhos de Deus percorrem
Os Três Céus de Ulro, onde Tirza & as suas Irmãs
Tecem a Trama negra da Morte sobre Entuthon Benython
No Vale de Surrey onde Horeb termina em Rephaim
Os pés das Filhas de Selofad estão cobertos de sangue Humano
Batem nos pedais do Tear, elas cantam ao som da lançadeira alada:
O Rio transborda das margens para lavar a Trama:
Toma-a nos braços: mergulha-a com força na corrente
O véu dos sofrimentos humanos é urdido sobre o Oceano
Do Atlântico ao Grande Mar do Sul, o Eritreu.

Assim é o Mundo de Los, trabalho de seis mil anos.
Assim a Natureza é uma Visão da Ciência de Elohim.

Fim do Livro Primeiro.

GRAVURA 31 [Ver imagem página 261]

MILTON

BOOK THE SECOND

How wide the Gulf & Unpassable! between Simplicity & Insipidity
Contraries are Positives
A Negation is not a Contrary

There is a place where Contrarieties are equally True
This place is called Beulah. It is a pleasant lovely Shadow
Where no dispute can come. Because of those who Sleep,
Into this place the Sons & Daughters of Ololon descended
With solemn mourning into Beulahs moony shades & hills
Weeping for Milton: mute wonder held the Daughters of Beulah
Enrapturd with affection sweet and mild benevolence

Beulah is evermore Created around Eternity; appearing
To the Inhabitants of Eden, around them on all sides.
But Beulah to its Inhabitants appears within each district
As the beloved infant in his mothers bosom round incircled
With arms of love & pity & sweet compassion. But to
The Sons of Eden the moony habitations of Beulah,
Are from Great Eternity a mild & pleasant Rest.

And it is thus Created. Lo the Eternal Great Humanity
To whom be Glory & Dominion Evermore Amen
Walks among all his awful Family seen in every face
As the breath of the Almighty, such are the words of man to man
In the great Wars of Eternity, in fury of Poetic Inspiration
To build the Universe stupendous: Mental forms Creating

GRAVURA 32

MILTON

LIVRO SEGUNDO

Quão largo & Intransponível o Golfo! entre Simplicidade & Insipidez
Os Contrários são Positivos
A Negação não é um Contrário

Há um lugar onde os Contrários são igualmente Verdade
Este lugar tem o nome de Beulah. É uma doce e aprazível Sombra
Aonde nenhuma disputa chega. Por causa dos que Dormem,
Para este lugar desceram os Filhos & Filhas de Ololon
Com lamento solene para as sombras & colinas lunares de Beulah
Chorando por Milton: um espanto mudo tomou as Filhas de Beulah
Arrebatadas por doce afecto e branda benevolência

Beulah foi Criado para sempre em torno da Eternidade; surgindo
Aos Habitantes do Éden em todos os lados à sua volta.
Mas aos Habitantes de Beulah surge dentro de cada distrito
Tal como o amado infante no peito da mãe se vê cercado
Por braços de amor & piedade & doce compaixão. Mas para os
Filhos do Éden as moradas lunares de Beulah
São da Grande Eternidade brando & aprazível Repouso.

E é Criada assim. Eis a Grande Humanidade Eterna,
A quem pertençam a Glória & o Domínio para Sempre Amém,
Caminha no meio desta horrível Família vista em cada rosto
Como o sopro do Todo-Poderoso, tais as palavras de homem para homem
Nas grandes Guerras da Eternidade, na fúria da Inspiração Poética,
Para erguer o assombroso Universo: formas Mentais a Criar

But the Emanations trembled exceedingly, nor could they
Live, because the life of Man was too exceeding unbounded
His joy became terrible to them they trembled & wept
Crying with one voice. "Give us a habitation & a place
In which we may be hidden under the shadow of wings
For if we who are but for a time, & who pass away in winter
Behold these wonders of Eternity we shall consume
But you O our Fathers & Brothers, remain in Eternity
But grant us a Temporal Habitation, do you speak
To us; we will obey your words as you obey Jesus
The Eternal who is blessed for ever & ever. Amen"

So spake the lovely Emanations: & there appeard a pleasant
Mild Shadow above: beneath: & on all sides round,

Mas as Emanações não paravam de tremer, nem podiam
Viver, porque a vida do Homem estava demasiado ilimitada
A alegria dele tornou-se terrível para elas, que temeram & choraram
Exclamando a uma só voz: "Dai-nos uma morada & um lugar
No qual permaneçamos ocultas debaixo da sombra das asas
Pois se nós que existimos apenas por pouco & morremos no Inverno
Contemplamos estas maravilhas da Eternidade consumir-nos-emos
Mas vós, Oh, nossos Pais & Irmãos, permaneceis na Eternidade
Mas concedei-nos uma Morada Temporal, falareis
Conosco e obedecer-vos-emos como vós obedeceis a Jesus
O Eterno abençoado agora e para sempre. Amém"

Assim falaram as belas Emanações: & surgiu ali uma aprazível
Branda Sombra por cima: por baixo: & por todos os lados em redor,

PLATE 33

(BENTLEY 31, ERDMAN 31 [34], KEYNES 31)

Into this pleasant Shadow all the weak & weary
Like Women & Children were taken away as on wings
Of dovelike softness, & shadowy habitations prepared for them
But every Man returnd & went still going forward thro'
The Bosom of the Father in Eternity on Eternity
Neither did any lack or fall into Error without
A Shadow to repose in all the Days of happy Eternity

Into this pleasant Shadow Beulah, all Ololon descended
And when the Daughters of Beulah heard the lamentation
All Beulah wept, for they saw the Lord coming in the Clouds
And the Shadows of Beulah terminate in rocky Albion.

And all Nations wept in affliction Family by Family
Germany wept towards France & Italy: England wept & trembled
Towards America: India rose up from his golden bed:
As one awakend in the night: they saw the Lord coming
In the Clouds of Ololon with Power & Great Glory!
And all the Living Creatures of the Four Elements, wail'd
With bitter wailing: these in the aggregate are named Satan
And Rahab: they know not of Regeneration, but only of Generation
The Fairies, Nymphs, Gnomes & Genii of the Four Elements
Unforgiving & unalterable: these cannot be Regenerated
But must be Created, for they know only of Generation
These are the Gods of the Kingdoms of the Earth: in contrarious
And cruel opposition: Element against Element, opposed in War
Not Mental, as the Wars of Eternity, but a Corporeal Strife

GRAVURA 33

Para esta aprazível Sombra todos os fracos & cansados
Quais Mulheres & Crianças foram levados como se fossem nas asas
Macias das pombas, & prepararam-lhes moradas umbrosas
Mas cada Homem voltou & partiu continuando adiante
Pelo Peito do Pai de Eternidade em Eternidade
Ninguém cometeu falta ou caiu no Erro sem
Sombra para repousar todos os Dias de feliz Eternidade

Para esta Sombra aprazível Beulah, desceu Ololon
E quando as Filhas de Beulah escutaram o lamento
Toda a Beulah chorou, pois viram o Senhor surgir nas Nuvens
E as Sombras de Beulah acabar em Albion rochoso.

E todas as Nações choraram em angústia, Família a Família,
A Alemanha chorou na direção de França & Itália: a Inglaterra chorou & tremeu
Na direção da América: a Índia ergueu-se do seu leito dourado:
Como alguém que desperta na noite: viram o Senhor chegar
Nas Nuvens de Ololon com Poder & Glória Grandiosa!
E todas as Criaturas Vivas dos Quatro Elementos choraram
Um choro amargo: estas no conjunto são chamadas Satanás
E Raabe: não conhecem Regeneração, mas apenas Geração
Fadas, Ninfas, Gnomos & Gênios dos Quatro Elementos
Inexoráveis & inalteráveis: não podem ser Regenerados
Mas têm de ser Criados, pois conhecem apenas a Geração
Estes são os Deuses dos Reinos da Terra: em contrária
E cruel oposição: Elemento contra Elemento, opostos não na Guerra
Mental, como as Guerras da Eternidade, mas numa Contenda Corporal

In Los's Halls continual labouring in the Furnaces of Golgonooza
Orc howls on the Atlantic: Enitharmon trembles: All Beulah weeps

Thou hearest the Nightingale begin the Song of Spring:
The Lark sitting upon his earthy bed: just as the morn
Appears: listens silent: then springing from the waving Corn-field! loud
He leads the Choir of Day! trill, trill, trill, trill,
Mounting upon the wings of light into the Great Expanse:
Reecchoing against the lovely blue & shining heavenly Shell:
His little throat labours with inspiration; every feather
On throat & breast & wings vibrates with the effluence Divine
All Nature listens silent to him & the awful Sun
Stands still upon the Mountain looking on this little Bird
With eyes of soft humility, & wonder love & awe.
Then loud from their green covert all the Birds begin their Song
The Thrush, the Linnet & the Goldfinch, Robin & the Wren
Awake the Sun from his sweet reverie upon the Mountain:
The Nightingale again assays his song, & thro the day,
And thro the night warbles luxuriant; every Bird of Song
Attending his loud harmony with admiration & love.
This is a Vision of the lamentation of Beulah over Ololon!

Thou percievest the Flowers put forth their precious Odours!
And none can tell how from so small a center comes such sweets
Forgetting that within that Center Eternity expands
Its ever during doors, that Og & Anak fiercely guard[.]
First eer the morning breaks joy opens in the flowery bosoms
Joy even to tears, which the Sun rising dries; first the Wild Thyme
And Meadow-sweet downy & soft waving among the reeds.
Light springing on the air lead the sweet Dance: they wake
The Honeysuckle sleeping on the Oak: the flaunting beauty
Revels along upon the wind; the White-thorn lovely May

Nos Palácios de Los trabalhando sem parar nas Forjas de Golgonooza
Orc uiva sobre o Atlântico: Enitharmon estremece: Toda a Beulah chora

Ouves o Rouxinol dar início ao Canto da Primavera:
A Cotovia está pousada na sua cama terrosa: quando a manhã
Desperta: escuta em silêncio: depois irrompe no Milheiral ondulante!
E lidera bem alto o Coro do Dia! triiit, triiit, triiit, triiit,
Sobe nas asas da luz para a Vastidão Imensa:
Faz eco na bela Casca azul & brilhante do céu:
A sua garganta trabalha com inspiração; cada pena
Da garganta & do peito & das asas vibra com efluência Divina
Toda a Natureza escuta em silêncio & o Sol poderoso
Para sobre a Montanha reparando na pequena Ave
Com olhos de humildade, & encanto & amor & espanto.
No coberto verde todas as Aves começam então o seu Canto sonoro
O Tordo, o Pintarroxo & o Pintassilgo, o Pisco & a Carriça
Despertam o Sol do seu doce devaneio na Montanha:
O Rouxinol ensaia o seu canto, & ao longo do dia,
E ao longo da noite chilreia exuberante; cada Ave Canora
Responde à sua alta harmonia com admiração & amor.
Esta é a Visão do lamento de Beulah por Ololon!

Sentes as Flores libertar os seus Odores preciosos!
E ninguém sabe dizer como de um centro tão minúsculo tais doçuras emanam
Esquecendo que dentro desse Centro a Eternidade expande
As suas portas eternas, que Og & Enac guardam ferozes.
Primeiro ao romper da manhã a alegria abre-se no seio das flores
Alegria até às lágrimas, que o Sol seca ao nascer; primeiro o Tomilho Silvestre
E o doce Prado aveludado & macio a ondular entre as canas.
A luz brotando no ar lidera a Dança suave: despertam
A Madressilva que dorme no Carvalho: a beleza vistosa
Delicia-se ao vento; ao Espinheiro Branco o doce Maio

Opens her many lovely eyes: listening the Rose still sleeps
None dare to wake her, soon she bursts her crimson curtaind bed
And comes forth in the majesty of beauty; every Flower:
The Pink, the Jessamine, the Wall-flower, the Carnation
The Jonquil, the mild Lilly opes her heavens! every Tree,
And Flower & Herb soon fill the air with an innumerable Dance
Yet all in order sweet & lovely, Men are sick with Love!
Such is a Vision of the lamentation of Beulah over Ololon

Abre os olhos viris: ouvindo que a Rosa ainda dorme
Ninguém se atreve a acordá-la, ela abre o leito de cortinas encarnadas
E revela a sua beleza majestosa; todas as Flores:
A Cravina, o Jasmim, o Goivo, o Cravo,
O Junquilho, o Lírio leve abre os seus céus! Cada Árvore
E Flor & Erva depressa enchem o ar numa Dança inumerável
E todavia em aprazível & encantadora ordem. Os Homens desfalecem de Amor!
Tal é a Visão do Lamento de Beulah por Ololon

PLATE 34

(BENTLEY 32, ERDMAN 33 [36], KEYNES 32)

And the Divine Voice was heard in the Songs of Beulah Saying

"When I first Married you, I gave you all my whole Soul
I thought that you would love my loves & joy in my delights
Seeking for pleasures in my pleasures O Daughter of Babylon
Then thou wast lovely, mild & gentle, now thou art terrible
In jealousy & unlovely in my sight, because thou hast cruelly
Cut off my loves in fury till I have no love left for thee
Thy love depends on him thou lovest & on his dear loves
Depend thy pleasures which thou hast cut off by jealousy
Therefore I shew my Jealousy & set before you Death.
Behold Milton descended to Redeem the Female Shade
From Death Eternal; such your lot, to be continually Redeem'd
By death & misery of those you love & by Annihilation
When the Sixfold Female percieves that Milton annihilates
Himself: that seeing all his loves by her cut off: he leaves
Her also: intirely abstracting himself from Female loves
She shall relent in fear of death: She shall begin to give
Her maidens to her husband: delighting in his delight
And then & then alone begins the happy Female joy
As it is done in Beulah, & thou O Virgin Babylon Mother of Whoredoms
Shalt bring Jerusalem in thine arms in the night watches; and
No longer turning her a wandering Harlot in the streets
Shalt give her into the arms of God your Lord & Husband."

Such are the Songs of Beulah in the Lamentations of Ololon

GRAVURA 34

E ouviu-se a Voz Divina nos Cantos de Beulah Dizendo

"Quando primeiro Casei contigo, dei-te toda a minha Alma
Julguei que amarias os meus amores & te alegrarias com as minhas alegrias
Procurarias prazeres nos meus prazeres Oh Filha da Babilônia
Então tu eras bela, branda & meiga, agora és terrível
Nos zelos & desagradável à minha vista, porque cruelmente
Ceifaste os meus amores em fúria até eu já não ter amor por ti
O teu amor depende daquele que amas & dos seus queridos amores
Dependem os teus prazeres que ceifaste por zelos
Por isso mostro os meus Zelos & coloco diante de ti a Morte.
Vê Milton a descer para Redimir a Sombra Fêmea
Da Morte Eterna; tal é o teu destino, ser continuamente Redimida
Pela morte & pela infelicidade daqueles que amas & pela Aniquilação
Quando a Fêmea Sêxtupla compreende que Milton se aniquila
A si mesmo: ao ver todos os seus amores por ela ceifados: abandona-a
A ela também: subtraindo-se a si mesmo inteiramente dos amores da Fêmea
Ela há-de compadecer-se por medo da morte: Começará a dar
As suas donzelas ao seu marido: deleitando-se no seu deleite
E então & só então começa a alegria feliz da Fêmea
Como se faz em Beulah, & tu Oh Virgem Babilônia Mãe da Prostituição
Trarás Jerusalém em teus braços nas vigias noturnas; e
Não mais farás dela uma Meretriz errante pelas ruas
Entregá-la-ás aos braços de Deus vosso Senhor & Marido."

Tais eram os Cantos de Beulah nas Lamentações de Ololon

N

URTHONA

ADAM

W THARMAS LUVAH E

SATAN

Miltons Track

URIZEN

S

N

URTHONA

ADÃO

O THARMAS LUVAH L

SATANÁS

CURSO DE MILTON

URIZEN

S

PLATE 35

(BENTLEY E, ERDMAN 32 [35], KEYNES E)

And Milton oft sat up on the Couch of Death & oft conversed
In vision & dream beatific with the Seven Angels of the Presence

"I have turned my back upon these Heavens builded on cruelty
My Spectre still wandering thro' them follows my Emanation
He hunts her footsteps thro' the snow & the wintry hail & rain
The idiot Reasoner laughs at the Man of Imagination
And from laughter proceeds to murder by undervaluing calumny"

Then Hillel who is Lucifer replied over the Couch of Death
And thus the Seven Angels instructed him & thus they converse.

"We are not Individuals but States: Combinations of Individuals
We were Angels of the Divine Presence: & were Druids in Annandale
Compelld to combine into Form by Satan, the Spectre of Albion,
Who made himself a God & destroyed the Human Form Divine
But the Divine Humanity & Mercy gave us a Human Form
Because we were combind in Freedom & holy Brotherhood
While those combind by Satans Tyranny first in the blood of War
And Sacrifice & next, in Chains of imprisonment: are Shapeless Rocks
Retaining only Satans Mathematic Holiness, Length: Bredth & Highth
Calling the Human Imagination: which is the Divine Vision & Fruition
In which Man liveth eternally: madness & blasphemy, against
Its own Qualities, which are Servants of Humanity, not Gods or Lords[.]
Distinguish therefore States from Individuals in those States.
States Change: but Individual Identities never change nor cease:

כֹ
מיבר
(as multitudes
Vox Populi)

GRAVURA 35

E Milton sentava-se muitas vezes no Leito da Morte & conversava
Em visões & sonhos beatíficos com os Sete Anjos da Presença

"Virei as costas a estes Céus construídos sobre a crueldade
O meu Espectro ainda errante segue neles a minha Emanação
Segue-lhe as pegadas pela neve & pelo gelo & chuva invernosa
O Raciocinador idiota ri-se do Homem de Imaginação
E do riso passa ao assassínio subvalorizando a calúnia"

Então Hillel, que é Lúcifer, replicou sobre o Leito da Morte
E os Sete Anjos instruíram-no, conversando assim.

"Não somos Indivíduos mas Estados: Combinações de Indivíduos
Fomos Anjos da Presença Divina: & fomos Druidas em Annandale
Obrigados a tomar Forma por Satanás, o Espectro de Albion,
Que se fez Deus a si mesmo & destruiu a Divina Forma Humana
Mas a Divina Humanidade & a Misericórdia deram-nos Forma Humana
Porque nos associamos em Liberdade & santa Irmandade
Enquanto os que se associaram pela Tirania de Satanás, primeiro no sangue da Guerra
E do Sacrifício & depois nas Cadeias da prisão: são Rochedos Informes
Retendo apenas a Santidade Matemática de Satanás: Comprimento, Largura & Altura
Chamando à Imaginação Humana, que é Visão e Fruição Divina
Nas quais o Homem vive eternamente, loucura & blasfêmia, contra
As suas Qualidades, que são Servas da Humanidade, não Deuses ou Senhores.
Distingui por isso Estados dos Indivíduos nesses Estados.
Os Estados Mudam: mas as Identidades Individuais nunca mudam ou cessam:

כֹ
מיבר
(como multidoes
Vox Populi)

You cannot go to Eternal Death in that which can never Die.
Satan & Adam are States Created into Twenty-seven Churches
And thou O Milton art a State about to be Created
Called Eternal Annihilation that none but the Living shall
Dare to enter: & they shall enter triumphant over Death
And Hell & the Grave! States that are not, but ah! Seem to be.

Judge then of thy Own Self: thy Eternal Lineaments explore
What is Eternal & what Changeable? & what Annihilable!

The Imagination is not a State: it is the Human Existence itself
Affection or Love becomes a State, when divided from Imagination
The Memory is a State always, & the Reason is a State
Created to be Annihilated & a new Ratio Created
Whatever can be Created can be Annihilated Forms cannot
The Oak is cut down by the Ax, the Lamb falls by the Knife
But their Forms Eternal Exist, For-ever. Amen Halle[l]ujah"

Thus they converse with the Dead watching round the Couch of Death.
For God himself enters Death's Door always with those that enter
And lays down in the Grave with them, in Visions of Eternity
Till they awake & see Jesus & the Linen Clothes lying
That the Females had Woven for them, & the Gates of their Fathers House

PLATE 36

(BENTLEY 33, ERDMAN NOT NUMBERED, KEYNES 33)

Não podes ir para a Morte Eterna naquilo que jamais Morre.
Satanás & Adão são Estados Transformados em Vinte e Sete Igrejas
E tu, Oh Milton, és um Estado prestes a ser Criado
Chamado Aniquilação Eterna no qual ninguém a não ser os Vivos
Se atreve a entrar: & aí entrarão triunfantes sobre a Morte
E o Inferno & a Cova! Estados que não são, mas ah!, Parecem ser.

Julga então pelo teu Próprio Ser: explora as tuas Feições Eternas
O que é Eterno & o que é Mutável? & o que é Aniquilável?

A Imaginação não é um Estado: é a própria Existência Humana
Afeto ou Amor torna-se um Estado, quando separado da Imaginação
A Memória é sempre um Estado, & a Razão é um Estado
Criado para ser Aniquilado & um novo Rácio Criado
Tudo o que pode ser Criado pode ser Aniquilado as Formas não
O Carvalho é cortado pelo Machado, o Cordeiro tomba com a Faca
Mas as suas Formas Eternas Existem, Para sempre. Amém. Aleluia."

Assim conversam eles com os Mortos que cercam o Leito da Morte.
Pois Deus entra sempre pela Porta da Morte com aqueles que entram
E deita-se na Cova com eles, em Visões de Eternidade
Até que eles acordem & vejam Jesus & os Lençóis de Linho no chão
Que as Mulheres teceram para eles, & os Portões da Casa dos Pais

GRAVURA 36 [Ver imagem página 266]

PLATE 37

(BENTLEY 34, ERDMAN 34 [38], KEYNES 34)

And all the Songs of Beulah sounded comfortable notes
To comfort Ololons lamentation, for they said
"Are you the Fiery Circle that late drove in fury & fire
The Eight Immortal Starry-Ones down into Ulro dark
Rending the Heavens of Beulah with your thunders & lightnings
And can you thus lament & can you pity & forgive?
Is terror changd to pity O wonder of Eternity!"

And the Four States of Humanity in its Repose,
Were shewed them. First of Beulah a most pleasant Sleep
On Couches soft, with mild music, tended by Flowers of Beulah
Sweet Female forms, winged or floating in the air spontaneous
The Second State is Alla & the third State Al-Ulro;
But the Fourth State is dreadful; it is named Or-Ulro:
The First State is in the Head, the Second is in the Heart:
The Third in the Loins & Seminal Vessels & the Fourth
In the Stomach & Intestines terrible, deadly, unutterable
And he whose Gates are opend in those Regions of his Body
Can from those Gates view all these wondrous Imaginations

But Ololon sought the Or-Ulro & its fiery Gates
And the Couches of the Martyrs: & many Daughters of Beulah
Accompany them down to the Ulro with soft melodious tears
A long journey & dark thro Chaos in the track of Miltons course
To where the Contraries of Beulah War beneath Negations Banner
Then view'd from Miltons Track they see the Ulro: a vast Polypus
Of living fibres down into the Sea of Time & Space growing

GRAVURA 37

E todos os Cantos de Beulah soaram notas agradáveis
Para confortar o lamento de Ololon, pois diziam:
"És tu o Círculo Ardente que há pouco conduziu em fogo & fúria
Os Oito Imortais Estrelados para baixo para as trevas de Ulro
Dilacerando os Céus de Beulah com trovões e relâmpagos
E podes por isso lamentar & ter piedade & perdoar?
Mudou-se o terror em piedade? Oh assombro da Eternidade!"

E os Quatro Estados da Humanidade no seu Repouso
Foram-lhes mostrados. Primeiro Beulah, um Sono agradável
Em Leitos macios, com música branda, cuidados por Flores de Beulah
Doces formas Femininas, aladas ou pairando no ar espontâneas
O Segundo Estado é Alla & o terceiro Estado Al-Ulro;
Mas o Quarto Estado é medonho; é designado Or-Ulro:
O Primeiro Estado está na Cabeça, o Segundo no Coração:
O Terceiro nos Rins & Vasos Seminais & o Quarto
No Estômago & nos Intestinos, terrível, mortal, indizível
E aquele cujos Portões estão abertos nessas regiões do seu Corpo
Consegue dos Portões ver estas Imaginações maravilhosas

Mas Ololon procurou o Or-Ulro & os seus Portões ardentes
E os Leitos dos Mártires: & muitas Filhas de Beulah
Acompanham-nos na descida para Ulro com suaves melodiosas lágrimas
Uma longa & escura jornada pelo Caos no encalço de Milton
Até onde os Contrários de Beulah Guerreiam sob a Bandeira da Negação
Então olhando do Curso de Milton avistam o Ulro: um vasto Pólipo
De fibras vivas a crescer para baixo, para o Mar do Tempo & do Espaço

A self-devouring monstrous Human Death Twenty-seven fold
Within it sit Five Females & the nameless Shadowy Mother
Spinning it from their bowels with songs of amorous delight
And melting cadences that lure the Sleepers of Beulah down
The River Storge (which is Arnon) into the Dead Sea:
Around this Polypus Los continual builds the Mundane Shell

Four Universes round the Universe of Los remain Chaotic
Four intersecting Globes, & the Egg form'd World of Los
In midst; stretching from Zenith to Nadir, in midst of Chaos.
One of these Ruind Universes is to the North named Urthona
One to the South this was the glorious World of Urizen
One to the East, of Luvah: One to the West; of Tharmas.
But when Luvah assumed the World of Urizen in the South
All fell towards the Center sinking downward in dire Ruin

Here in these Chaoses the Sons of Ololon took their abode
In Chasms of the Mundane Shell which open on all sides round
Southward & by the East within the Breach of Miltons descent
To watch the time, pitying & gentle to awaken Urizen
They stood in a dark land of death of fiery corroding waters
Where lie in evil death the Four Immortals pale and cold
And the Eternal Man even Albion upon the Rock of Ages[.]
Seeing Miltons Shadow, some Daughters of Beulah trembling
Returnd, but Ololon remaind before the Gates of the Dead

And Ololon looked down into the Heavens of Ulro in fear
They said. "How are the Wars of Man which in Great Eternity
Appear around, in the External Spheres of Visionary Life
Here renderd Deadly within the Life & Interior Vision
How are the Beasts & Birds & Fishes, & Plants & Minerals
Here fixd into a frozen bulk subject to decay & death[?]
Those Visions of Human Life & Shadows of Wisdom & Knowledge

Uma monstruosa autofágica Morte Humana em Vinte e Sete dobras
Dentro dela sentam-se as Cinco Fêmeas & a inominável Mãe Sombria
Fiando-a das suas entranhas com cantos de amoroso deleite
E cadências ternas que aliciam os Dormentes de Beulah a descer pelo
Rio Storge (que é o Arnon) e a entrar no Mar Morto:
Em redor deste Pólipo Los constrói sem parar a Casca do Mundo

Quatro Universos à volta do Universo de Los permanecem Caóticos
Quatro Globos que se intersectam, & no meio o Mundo de Los
Em forma de Ovo; estende-se do Zênite a Nadir, no meio do Caos.
Um destes Universos Arruinados fica a Norte e chama-se Urthona
Um fica a Sul e este é o glorioso Mundo de Urizen
Um a Leste, de Luvah: Um a Oeste, de Tharmas.
Mas quando Luvah assumiu o Mundo de Urizen a Sul
Caíram todos para o Centro afundando-se em terrível Ruína

Aqui nestes Caos os Filhos de Ololon fizeram morada
Em Fendas da Casca do Mundo que se abrem a toda a volta
Em direção a Sul & a Leste por dentro da Brecha da descida de Milton
Para vigiar o tempo, apiedar-se & acordar Urizen suavemente
Ficaram numa terra de trevas da morte de águas ardentes corrosivas
Onde jazem na morte malvada os Quatro Imortais pálidos e frios
E o Homem Eterno mesmo Albion sobre o Rochedo das Eras.
Vendo a Sombra de Milton, algumas Filhas de Beulah regressam
A tremer, mas Ololon permaneceu diante dos Portões dos Mortos

E Ololon olhou para baixo para os Céus de Ulro com medo
Disseram: "Como são as Guerras do Homem que na Grandiosa Eternidade
Surgem em redor nas Esferas Externas da Vida Visionária,
Aqui tornadas Mortais dentro da Vida & da Visão Interior?
Como são as Bestas & Aves & Peixes, & Plantas & Minerais
Aqui fixadas numa massa gelada sujeita à decadência & à morte?
Essas Visões da Vida Humana & Sombras da Sabedoria & do Conhecimento

PLATE 38

(BENTLEY 35, ERDMAN 35 [39], KEYNES 35)

Are here frozen to unexpansive deadly destroying terrors,
And War & Hunting: the Two Fountains of the River of Life
Are become Fountains of bitter Death & of corroding Hell
Till Brotherhood is changd into a Curse & a Flattery
By Differences between Ideas, that Ideas themselves, (which are
The Divine Members) may be slain in offerings for sin
O dreadful Loom of Death! O piteous Female forms compelld
To weave the Woof of Death, On Camberwell Tirzahs Courts
Malahs on Blackheath, Rahab & Noah, dwell on Windsors heights
Where once the Cherubs of Jerusalem spread to Lambeths Vale
Milcahs Pillars shine from Harrow to Hampstead where Hoglah
On Highgates heights magnificent Weaves over trembling Thames
To Shooters Hill and thence to Blackheath the dark Woof! Loud
Loud roll the Weights & Spindles over the whole Earth let down
On all sides round to the Four Quarters of the World, eastward on
Europe to Euphrates & Hindu, to Nile & back in Clouds
Of Death across the Atlantic to America North & South"

So spake Ololon in reminiscence astonishd, but they
Could not behold Golgonooza without passing the Polypus
A wondrous journey not passable by Immortal feet, & none
But the Divine Saviour can pass it without annihilation.
For Golgonooza cannot be seen till having passd the Polypus
It is viewed on all sides round by a Four-fold Vision
Or till you become Mortal & Vegetable in Sexuality
Then you behold its mighty Spires & Domes of ivory & gold

GRAVURA 38

Estão aqui geladas em terrores contraídos destruidores mortais,
E a Guerra & a Caça: as Duas Fontes do Rio da Vida
Tornaram-se Fontes da Morte amarga & do corrosivo Inferno
Até a Irmandade se ver transformada em Maldição & em Lisonja
Por Diferença de Ideias, para que as próprias Ideias (que são
Os Membros Divinos) possam ser chacinadas em oferendas pelo pecado
Oh medonho Tear da Morte! Oh formas Femininas, dignas de dó, obrigadas
A tecer a Trama da Morte! Nas Cortes de Tirza em Camberwell,
Nas de Macla em Blackheath, Raabe & Noé moram nos cumes de Windsor
Onde em tempos os Querubins de Jerusalém se estendiam para o Vale de Lambeth
Colunas de Milca brilham de Harrow a Hampstead onde Hoglah
Nos cumes de Highgate Tece magnificamente sobre o Tâmisa oscilante
A Shooters Hill e daqui a Blackheath a negra Trama! Rolam
Estrondosos os Pesos & Fusos sobre toda a Terra caindo
Por todos os lados em redor dos Quatro Cantos do Mundo, em direção a leste
Na Europa até ao Eufrates & ao Hindu, até ao Nilo & de volta em Nuvens
De Morte através do Atlântico para a América do Norte & do Sul"

Assim falou Ololon em reminiscência espantada, mas eles
Não podiam contemplar Golgonooza sem transpor o Pólipo
Uma viagem assombrosa intransponível por pés Imortais, &
Só o Divino Salvador pode transpô-la sem aniquilação.
Pois Golgonooza não se vê sem se transpor o Pólipo
É avistada por todos os lados por uma Visão Quádrupla
Ou até te teres tornado Mortal & Vegetal na Sexualidade
Verás então os seus altos Pináculos & Cúpulas de marfim & ouro

And Ololon examined all the Couches of the Dead.
Even of Los & Enitharmon & all the Sons of Albion
And his Four Zoas terrified & on the verge of Death
In midst of these was Miltons Couch, & when they saw Eight
Immortal Starry-Ones, guarding the Couch in flaming fires
They thunderous utterd all a universal groan falling down
Prostrate before the Starry Eight asking with tears forgiveness
Confessing their crime with humiliation and sorrow.

O how the Starry Eight rejoic'd to see Ololon descended:
And now that a wide road was open to Eternity,
By Ololons descent thro Beulah to Los & Enitharmon.

For mighty were the multitudes of Ololon, vast the extent
Of their great sway, reaching from Ulro to Eternity
Surrounding the Mundane Shell outside in its Caverns
And through Beulah, and all silent forbore to contend
With Ololon for they saw the Lord in the Clouds of Ololon

There is a Moment in each Day that Satan cannot find
Nor can his Watch Fiends find it, but the Industrious find
This Moment & it multiply, & when it once is found
It renovates every Moment of the Day if rightly placed
In this Moment Ololon descended to Los & Enitharmon
Unseen beyond the Mundane Shell Southward in Miltons track

Just in this Moment when the morning odours rise abroad
And first from the Wild Thyme, stands a Fountain in a rock
Of crystal flowing into two Streams, one flows thro Golgonooza
And thro Beulah to Eden beneath Los's western Wall
The other flows thro the Aerial Void & all the Churches
Meeting again in Golgonooza beyond Satans Seat

E Ololon examinou todos os Leitos dos Mortos.
Mesmo os de Los & Enitharmon & de todos os Filhos de Albion
E as suas Quatro Zoas aterrorizadas & à beira da Morte
No meio deles o Leito de Milton, & quando viram Oito
Imortais Estrelados, guardando o Leito em fogos ardentes
Todos soltaram um gemido atroador universal caindo
Prostrados diante dos Oito Estrelados pedindo perdão em lágrimas
Confessando o seu crime em humilhação e mágoa.

Oh como se regozijaram os Oito Estrelados ao ver Ololon descer:
E uma estrada ampla abriu-se agora para a Eternidade,
Por ter descido Ololon através de Beulah para Los & Enitharmon.

Pois eram enormes as multidões de Ololon, vasta a extensão
Do seu grande domínio, estendendo-se de Ulro até à Eternidade
Cercando a Casca do Mundo por fora nas suas Cavernas
E atravessando Beulah, e em silêncio todos se abstiveram de lutar
Com Ololon pois viram o Senhor nas Nuvens de Ololon

Há um Instante em cada Dia que Satanás não consegue encontrar
Nem os seus Demônios Vigilantes, mas os Industriosos encontram
Esse Instante & multiplicam-no, & uma vez encontrado
Renova-se a cada Instante do Dia se for posto no lugar certo
Foi nesse Instante que Ololon desceu até Los & Enitharmon
Invisível além da Casca do Mundo para Sul no curso de Milton

No preciso Instante em que os odores da manhã se espalham
Primeiro do Tomilho Silvestre, fica uma Fonte num rochedo
De cristal formando dois Rios, um corre por Golgonooza
E Beulah para o Éden por baixo da Muralha oeste de Los
O outro corre pelo Vazio Aéreo & todas as Igrejas
Se reúnem de novo em Golgonooza para lá do Trono de Satanás

The Wild Thyme is Los's Messenger to Eden, a mighty Demon
Terrible deadly & poisonous his presence in Ulro dark
Therefore he appears only a small Root creeping in grass
Covering over the Rock of Odours his bright purple mantle
Beside the Fount above the Larks nest in Golgonooza
Luvah slept here in death & here is Luvahs empty Tomb
Ololon sat beside this Fountain on the Rock of Odours.

Just at the place to where the Lark mounts, is a Crystal Gate
It is the enterance of the First Heaven named Luther: for
The Lark is Los's Messenger thro the Twenty-seven Churches
That the Seven Eyes of God who walk even to Satans Seat
Thro all the Twenty-seven Heavens may not slumber nor sleep
But the Larks Nest is at the Gate of Los, at the eastern
Gate of wide Golgonooza & the Lark is Los's Messenger

O Tomilho Silvestre é o Mensageiro de Los para o Éden, um Demônio enorme
Terrível mortal & venenosa a sua presença nas trevas de Ulro
Por isso surge apenas como uma pequena Raiz a rastejar na erva
Cobrindo o Rochedo dos Odores com o seu brilhante manto vermelho
Ao lado da Fonte por cima do ninho da Cotovia em Golgonooza
Aqui dormia Luvah o sono da morte & aqui está o Túmulo vazio de Luvah
Ololon sentou-se junto a esta Fonte no Rochedo dos Odores.

No preciso lugar para onde a Cotovia sobe está um Portão de Cristal
É a entrada do Primeiro Céu chamado Lutero: pois
A Cotovia é o Mensageiro de Los através das Vinte e Sete Igrejas
Para que os Sete Olhos de Deus que caminham até ao Trono de Satanás
Pelos Vinte e Sete Céus não mais dormitem nem durmam
Mas o Ninho da Cotovia fica no Portão de Los, no Portão
Leste da vasta Golgonooza & a Cotovia é a Mensageira de Los

PLATE 39

(BENTLEY 36, ERDMAN 36 [40], KEYNES 36)

When on the highest lift of his light pinions he arrives
At that bright Gate, another Lark meets him & back to back
They touch their pinions tip tip: and each descend
To their respective Earths & there all night consult with Angels
Of Providence & with the Eyes of God all night in slumbers
Inspired; & at the dawn of day send out another Lark
Into another Heaven to carry news upon his wings
Thus are the Messengers dispatchd till they reach the Earth again
In the East Gate of Golgonooza, & the Twenty-eighth bright
Lark met the Female Ololon descending into my Garden
Thus it appears to Mortal eyes & those of the Ulro Heavens
But not thus to Immortals, the Lark is a mighty, Angel.

For Ololon step'd into the Polypus within the Mundane Shell
They could not step into Vegetable Worlds without becoming
The enemies of Humanity except in a Female Form
And as One Female, Ololon and all its mighty Hosts
Appear'd: a Virgin of twelve years nor time nor space was
To the perception of the Virgin Ololon but as the
Flash of lightning but more quick the Virgin in my Garden
Before my Cottage stood for the Satanic Space is delusion

For when Los joind with me he took me in his firy whirlwind
My Vegetated portion was hurried from Lambeths shades
He set me down in Felphams Vale & prepard a beautiful
Cottage for me that in three years I might write all these Visions
To display Natures cruel holiness: the deceits of Natural Religion[.]

GRAVURA 39

Quando no mais alto impulso das suas asas leves ela chega
A esse Portão brilhante, outra Cotovia vai ao seu encontro & de costas
Tocam as pontas das suas asas: e desce cada uma
Às Terras respectivas & aí toda a noite conversam com os Anjos
Da Providência & com os Olhos de Deus toda a noite em sonos
Inspirados; & ao dealbar do dia enviam outra Cotovia
Em direção a outro Céu a levar nas asas as notícias
Assim são as Mensageiras enviadas até chegarem à Terra de novo
No Portão Leste de Golgonooza, & a Vigésima Oitava Cotovia
Brilhante encontrou a Fêmea Ololon a descer para o meu Jardim
Assim aparece aos olhos Mortais & àqueles dos Céus de Ulro
Mas não a nós Imortais, a Cotovia é um Anjo enorme.

Porque Ololon entrou no Pólipo dentro da Casca do Mundo
Eles não podiam entrar nos Mundos Vegetais sem se tornarem
Inimigos da Humanidade exceto sob Forma Feminina
E como Uma Fêmea, Ololon e as suas Hostes poderosas
Surgiram: uma Virgem de doze anos nem tempo nem espaço existiam
Para a percepção da Virgem Ololon a não ser como
A luz do relâmpago mas ainda mais rápido a Virgem no meu Jardim
Surgiu diante da minha Casa pois o Espaço Satânico é ilusão

Pois quando Los se juntou a mim levou-me no seu remoinho ardente
A minha porção Vegetativa foi levada das sombras de Lambeth
Pousou-me no Vale de Felpham & preparou uma bela
Casa onde eu durante três anos pudesse escrever todas estas Visões
Para mostrar a cruel santidade da Natureza: os enganos da Religião Natural.

Walking in my Cottage Garden, sudden I beheld
The Virgin Ololon & address'd her as a Daughter of Beulah

"Virgin of Providence fear not to enter into my Cottage
What is thy message to thy friend? What am I now to do
Is it again to plunge into deeper affliction? behold me
Ready to obey, but pity thou my Shadow of Delight
Enter my Cottage, comfort her, for she is sick with fatigue"

Caminhando no Jardim da minha Casa, contemplei de repente
A Virgem Ololon & dirigi-me a ela como Filha de Beulah:

"Virgem da Providência, não temas entrar na minha Casa
Qual é a mensagem para o teu amigo? Que devo eu fazer agora
Será mergulhar de novo em angústia profunda? Olha para mim,
Pronto a obedecer, mas tem piedade da minha Sombra do Deleite,
Entra na minha Casa, conforta-a, pois ela está doente de cansaço"

PLATE 40

(BENTLEY 37, ERDMAN 37 [41], KEYNES 37)

The Virgin answerd. "Knowest thou of Milton who descended
Driven from Eternity? him I seek! terrified at my Act
In Great Eternity which thou knowest! I come him to seek"

So Ololon utterd in words distinct the anxious thought
Mild was the voice, but more distinct than any earthly
That Miltons Shadow heard & condensing all his Fibres
Into a strength impregnable of majesty & beauty infinite
I saw he was the Covering Cherub & within him Satan
And Raha[b], in an outside which is fallacious! within
Beyond the outline of Identity, in the Selfhood deadly
And he appeard the Wicker Man of Scandinavia in whom
Jerusalems children consume in flames among the Stars

Descending down into my Garden, a Human Wonder of God
Reaching from heaven to earth a Cloud & Human Form
I beheld Milton with astonishment & in him beheld
The Monstrous Churches of Beulah, the Gods of Ulro dark
Twelve monstrous dishumanizd terrors Synagogues of Satan.
A Double Twelve & Thrice Nine: such their divisions.

And these their Names & their Places within the Mundane Shell

In Tyre & Sidon I saw Baal & Ashtaroth. In Moab Chemosh
In Ammon, Molech: loud his Furnaces rage among the Wheels
Of Og, & pealing loud the cries of the Victims of Fire:
And pale his Priestesses infolded in Veils of Pestilence, border'd
With War: Woven in Looms of Tyre & Sidon by beautiful Ashtaroth.

GRAVURA 40

A Virgem respondeu: "Sabes onde está Milton que desceu
Expulso da Eternidade? Venho à sua procura!, aterrada com o meu Ato
Na Grandiosa Eternidade que tu conheces! Venho à sua procura"

Assim proferiu Ololon em palavras claras o ansioso pensamento
Numa voz suave, mas mais clara do que qualquer outra voz terrena
Que a Sombra de Milton escutara & condensando todas as suas Fibras
Numa força inexpugnável de majestade & beleza infinitas
Vi que era ele o Querubim Protetor & dentro dele Satanás
E Raabe, num exterior que é falacioso! Por dentro,
Para lá da linha exterior da Identidade, no Ego mortal
Surgiu como o Homem de Vime da Escandinávia no qual
Os filhos de Jerusalém se consomem em chamas entre as Estrelas

Descendo para o meu Jardim, um Humano Prodígio de Deus
Uma Nuvem & Forma Humana que chegava do céu à terra
Contemplei Milton com espanto & nele contemplei
As Monstruosas Igrejas de Beulah, os Deuses de Ulro das trevas
Doze terrores monstruosos desumanizados Sinagogas de Satanás.
Duas Vezes Doze & Três Vezes Nove: tais eram as suas divisões.

E estes os seus Nomes & Lugares no seio da Casca do Mundo

Em Tiro & Sídon vi Baal & Astaroth. Em Moab, Camos,
Em Amon, Moloch: rugem ruidosas as suas Forjas entre as Rodas
De Og, & estridentes os gritos das Vítimas do Fogo:
E pálida a Sacerdotisa coberta em Véus de Pestilência, debruados
Pela Guerra: Tecidos nos Teares de Tiro & Sídon pela bela Astaroth.

In Palestine Dagon, Sea Monster! worshipd o'er the Sea.
Thammuz in Lebanon & Rimmon in Damascus curtaind
Osiris: Isis: Orus: in Egypt: dark their Tabernacles on Nile
Floating with solemn songs, & on the Lakes of Egypt nightly
With pomp, even till morning break & Osiris appear in the sky
But Belial of Sodom & Gomorrha, obscure Demon of Bribes
And secret Assasinations, not worshipd nor adord; but
With the finger on the lips & the back turnd to the light
And Saturn Jove & Rhea of the Isles of the Sea remote
These Twelve Gods, are the Twelve Spectre Sons of the Druid Albion

And these the Names of the Twenty-seven Heavens & their Churches
Adam, Seth, Enos, Cainan, Mahalaleel, Jared, Enoch,
Methuselah, Lamech: these are Giants mighty Hermaphroditic
Noah, Shem, Arphaxad, Cainan the second, Salah, Heber,
Peleg, Reu, Serug, Nahor, Terah, these are the Female-Males
A Male within a Female hid as in an Ark & Curtains.
Abraham, Moses, Solomon, Paul, Constantine, Charlemaine
Luther, these seven are the Male-Females, the Dragon Forms
Religion hid in War, a Dragon red & hidden Harlot

All these are seen in Miltons Shadow who is the Covering Cherub
The Spectre of Albion in which the Spectre of Luvah inhabits
In the Newtonian Voids between the Substances of Creation

For the Chaotic Voids outside of the Stars are measured by
The Stars, which are the boundaries of Kingdoms, Provinces
And Empires of Chaos invisible to the Vegetable Man
The Kingdom of Og is in Orion: Sihon is in Ophiucus
Og has Twenty-seven Districts; Sihons Districts Twenty-one
From Star to Star, Mountains & Valleys, terrible dimension
Stretchd out, compose the Mundane Shell, a mighty Incrustation

Na Palestina Dagon, o Monstro do Mar! adorado do outro lado do Mar.
Tamuz no Líbano & Rimon em Damasco coberto de cortinas
Osíris: Íris: Horus: no Egito: negros os seus Tabernáculos no Nilo
Flutuam com cânticos solenes, & nos Lagos do Egito, com pompa
Noturna, até romper a manhã & Osíris surgir no céu
Mas Belial de Sodoma & Gomorra, obscuro Demônio dos Subornos
E Assassínios secretos, não venerado nem adorado; mas
Com o dedo nos lábios & de costas viradas para a luz
E Saturno Júpiter & Rhea das Ilhas do Mar remoto
Estes Doze Deuses são os Doze Espectros Filhos do Druida Albion

E estes são os nomes dos Vinte e Sete Céus & das suas Igrejas
Adão, Seth, Enos, Cainan, Maalalel, Jared, Henoch,
Matusalém, Lamech: estes são enormes Gigantes Hermafroditas
Noé, Sem, Arfachad, Cainan segundo, Sela, Eber,
Peleg, Reú, Serug, Nacor, Tera, estas são as Fêmeas-Machos
Um Macho dentro de uma Fêmea escondido como numa Arca & Cortinas.
Abraão, Moisés, Salomão, Paulo, Constantino, Carlos Magno,
Lutero, estes os sete Machos-Fêmeas, Dragoniformes,
A Religião escondida na Guerra, Dragão vermelho & Meretriz oculta

Todos eles se veem na Sombra de Milton que é o Querubim Protetor
O Espectro de Albion no qual habita o Espectro de Luvah
Nos Vazios Newtonianos entre as Substâncias da Criação

Pois os Vazios Caóticos exteriores às Estrelas medem-se por
Estrelas, que são os limites dos Reinos, Províncias
E Impérios do Caos invisíveis para o Homem Vegetal
O Reino de Og fica em Orion: o de Seón fica em Ophiucus
Og tem Vinte e sete Distritos; Seón tem Vinte e Um Distritos
De Estrela a Estrela, estendem-se Montanhas & Vales de colossais
Dimensões, compõem a Casca do Mundo, uma Incrustação enorme

Of Forty-eight deformed Human Wonders of the Almighty
With Caverns whose remotest bottoms meet again beyond
The Mundane Shell in Golgonooza, but the Fires of Los rage
In the remotest bottoms of the Caves, that none can pass
Into Eternity that way, but all descend to Los
To Bowlahoola & Allamanda & to Entuthon Benython

The Heavens are the Cherub, the Twelve Gods are Satan

PLATE 41

(BENTLEY 38, ERDMAN NOT NUMBERED, KEYNES 38)

De Quarenta e Oito Prodígios Humanos do Todo-Poderoso deformados
Com Cavernas cujos fundos longínquos se voltam a encontrar para lá
Da Casca do Mundo em Golgonooza, mas os Fogos de Los rugem
Nos fundos mais remotos das Grutas, ninguém pode passar
Para a Eternidade por aí, mas todos descem até Los
Para Bowlahoola & Allamanda & para Entuthon Benython

Os Céus são o Querubim, os Dozes Deuses são Satanás

GRAVURA 41

[Ver imagem página 271]

PLATE 42

(BENTLEY 39, ERDMAN 38 [43], KEYNES 39)

And the Forty-eight Starry Regions are Cities of the Levites
The Heads of the Great Polypus, Four-fold twelve enormity
In mighty & mysterious comingling enemy with enemy
Woven by Urizen into Sexes from his mantle of years
And Milton collecting all his fibres into impregnable strength
Descended down a Paved work of all kinds of precious stones
Out from the eastern sky; descending down into my Cottage
Garden: clothed in black, severe & silent he descended.

The Spectre of Satan stood upon the roaring sea & beheld
Milton within his sleeping Humanity: trembling & shuddring
He stood upon the waves a Twenty-seven-fold mighty Demon
Gorgeous & beautiful: loud roll his thunders against Milton
Loud Satan thunderd, loud & dark upon mild Felpham shore
Not daring to touch one fibre he howld round upon the Sea.

I also stood in Satans bosom & beheld its desolations!
A ruind Man: a ruind building of God not made with hands;
Its plains of burning sand, its mountains of marble terrible:
Its pits & declivities flowing with molten ore & fountains
Of pitch & nitre; its ruind palaces & cities & mighty works;
Its furnaces of affliction in which his Angels & Emanations
Labour with blackend visages among its stupendous ruins
Arches & pyramids & porches colonades & domes:
In which dwells Mystery Babylon, here is her secret place
From hence she comes forth on the Churches in delight
Here is her Cup filld with its poisons, in these horrid vales

GRAVURA 42

E as Quarenta e Oito Regiões Estreladas são as Cidades dos Levitas
As Cabeças do Grande Pólipo, uma enormidade de Quatro vezes doze
Em imensa & misteriosa confusão de inimigo com inimigo
Que Urizen teceu em Sexos no seu manto de anos
E Milton reunindo todas as suas fibras numa força inexpugnável
Desceu por uma Calçada feita de todas as pedras preciosas
Que descia do céu oriental para o Jardim da minha
Casa: vestido de negro, austero & silencioso desceu.

O Espectro de Satanás ergueu-se sobre o mar rugente & contemplou
Milton dentro da sua Humanidade adormecida: a tremer de horror
Ergueu-se sobre as ondas um enorme Demônio de Vinte e Sete dobras
Belo & encantador: estrondoso faz rolar os seus trovões contra Milton
Satanás troveja atroador & negro sobre as brandas costas de Felpham
Sem se atrever a tocar uma única fibra uivou sobre o Mar.

Também eu estava no peito de Satanás & contemplava a sua desolação!
Um Homem arruinado: um edifício de Deus em ruínas, que não foi feito por mãos;
As suas planícies de areia ardente, as montanhas de mármore terrível:
Pelas valas & declives corria minério derretido & as fontes
De pez & nitro; os palácios & cidades & gigantescas obras em ruínas;
As forjas de sofrimento nas quais os seus Anjos & Emanações
Trabalham com rostos escurecidos entre ruínas assombrosas
Arcos & pirâmides & pórticos, colunatas & cúpulas:
Nas quais habita o Mistério Babilônia, aqui fica o seu lugar secreto
É daqui que ela sai para as Igrejas em deleite
Aqui a sua Taça se enche de venenos, nestes hórridos vales

And here her scarlet Veil woven in pestilence & war:
Here is Jerusalem bound in chains, in the Dens of Babylon

In the Eastern porch of Satans Universe Milton stood & said

"Satan! my Spectre! I know my power thee to annihilate
And be a greater in thy place, & be thy Tabernacle
A covering for thee to do thy will, till one greater comes
And smites me as I smote thee & becomes my covering
Such are the Laws of thy false Heavns! but Laws of Eternity
Are not such: know thou: I come to Self Annihilation
Such are the Laws of Eternity that each shall mutually
Annihilate himself for others good, as I for thee
Thy purpose & the purpose of thy Priests & of thy Churches
Is to impress on men the fear of death: to teach
Trembling & fear, terror, constriction: abject selfishness
Mine is to teach Men to despise death & to go on
In fearless majesty annihilating Self, laughing to scorn
Thy Laws & terrors, shaking down thy Synagogues as webs
I come to discover before Heavn & Hell the Self righteousness
In all its Hypocritic turpitude, opening to every eye
These wonders of Satans holiness shewing to the Earth
The Idol Virtues of the Natural Heart, & Satans Seat
Explore in all its Selfish Natural Virtue & put off
In Self annihilation all that is not of God alone:
To put off Self & all I have ever & ever Amen"

Satan heard! Coming in a cloud, with trumpets & flaming fire
Saying "I am God the judge of all, the living & the dead
Fall therefore down & worship me, submit thy supreme
Dictate, to my eternal Will & to my dictate bow
I hold the Balances of Right & Just & mine the Sword

E aqui se tece em pestilência & guerra o seu Véu escarlate:
Aqui está Jerusalém acorrentada, nos Antros da Babilônia

No pórtico Leste do Universo de Satanás estava Milton & disse

"Satanás!, meu Espectro! Sei do meu poder para te aniquilar
E ser maior do que tu em teu lugar, & ser o teu Tabernáculo
Uma cobertura para que faças a tua vontade, até vir um maior ainda
E derrubar-me como eu te derrubei & ser ele a minha cobertura
Tais são as Leis dos teus falsos Céus! Mas as Leis da Eternidade
Não são assim: sabe tu: eu venho para a Aniquilação do Ego
Tais são as Leis da Eternidade, cada um há de mutuamente
Aniquilar-se a si mesmo para bem dos outros, como eu por ti
O teu propósito & o propósito dos teus Padres & das tuas Igrejas
É imprimir nos homens o medo da morte: ensinar
Temor & medo, terror, coação: egoísmo abjeto
O meu é ensinar os Homens a desprezar a morte & a continuar
Em majestade intrépida a aniquilar o Ego, rindo-me para zombar
Das tuas Leis & terrores, fazendo tremer as tuas Sinagogas como teias
Venho revelar diante do Céu & do Inferno a Hipocrisia
Em toda a sua Hipócrita torpeza, abrindo todos os olhos
A estes prodígios da santidade de Satanás mostrando à Terra
As Virtudes Idólatras do Coração Natural, & explorar a Morada
De Satanás em toda a sua Virtude Natural Egoísta & despir
Em Autoaniquilação tudo o que não vem de Deus apenas:
Despir o Ego & tudo o que tenho agora & para sempre Amém"

Satanás escutou! Surgindo numa nuvem, com trombetas & fogo ardente,
Disse: "Eu sou Deus o juiz de todos, dos vivos & dos mortos
Cai portanto a meus pés & venera-me, submete o teu supremo
Ditame à minha eterna Vontade & inclina-te ao meu ditame
Eu tenho as Balanças do Bem & da Justiça & minha é a Espada

Seven Angels bear my Name & in those Seven I appear
But I alone am God & I alone in Heavn & Earth
Of all that live dare utter this, others tremble & bow

Os Sete Anjos têm o meu Nome & manifesto-me através dos Sete
Mas só eu sou Deus & só eu entre todos os que vivem
No Céu & na Terra me atrevo a dizê-lo, os outros tremem & submetem-se

PLATE 43

(BENTLEY 40, ERDMAN 39 [44], KEYNES 40)

Till All Things become One Great Satan, in Holiness
Oppos'd to Mercy, and the Divine Delusion Jesus be no more"

Suddenly around Milton on my Path, the Starry Seven
Burnd terrible: my Path became a solid fire, as bright
As the clear Sun & Milton silent came down on my Path.
And there went forth from the Starry limbs of the Seven: Forms
Human; with Trumpets innumerable, sounding articulate
As the Seven spake; and they stood in a mighty Column of Fire
Surrounding Felphams Vale, reaching to the Mundane Shell, Saying

"Awake Albion awake! reclaim thy Reasoning Spectre. Subdue
Him to the Divine Mercy, Cast him down into the Lake
Of Los, that ever burneth with fire, ever & ever Amen!
Let the Four Zoa's awake from Slumbers of Six Thousand Years"

Then loud the Furnaces of Los were heard! & seen as Seven heavens
Stretching from south to north over the mountains of Albion

Satan heard; trembling round his Body, he incircled it
He trembled with exceeding great trembling & astonishment
Howling in his Spectre round his Body hungring to devour
But fearing for the pain for if he touches a Vital,
His torment is unendurable; therefore he cannot devour:
But howls round it as a lion round his prey continually
Loud Satan thunderd, loud & dark upon mild Felphams Shore
Coming in a Cloud with Trumpets & with Fiery Flame

GRAVURA 43

Até Todas as Coisas serem Um Grande Satanás, em Santidade
Oposta à Misericórdia, e a Divina Ilusão Jesus deixar de ser"

De súbito em redor de Milton no meu Caminho, os Sete Estrelados
Arderam terríveis: o Caminho tornou-se um fogo sólido, brilhante
Como o claro Sol & Milton desceu em silêncio para o meu Caminho.
E aí saíram dos membros Estrelados dos Sete: Formas
Humanas; com Trombetas sem conta que soaram com nitidez
Quando os Sete falaram; e se ergueram numa Coluna de Fogo
Rodeando o Vale de Felpham, até à Casca do Mundo, Dizendo

"Acorda, Albion, acorda! Reclama o teu Espectro Raciocinador. Submete-o
À Misericórdia Divina, Lança-o lá para baixo, para o Lago
De Los, sempre a arder de fogo, agora e para sempre Amém!
Que as Quatro Zoas despertem do Sono de Seis Mil Anos"

Então bem alto as Forjas de Los se ouviram! & se viram como Sete céus
Que se estendem de sul a norte sobre as montanhas de Albion

Satanás escutou; trêmulo em redor do seu Corpo, cercou-o
A tremer de grande temor & de espanto
Uivando no seu Espectro em redor do seu Corpo esfaimado por devorar
Mas temendo a dor, pois se tocar um Vital
O seu sofrimento é insuportável: por isso não o pode devorar:
Mas uiva em seu redor como um leão sem parar em redor da presa
Satanás atroou com estrondo, alto & escuro sobre as Costas de Felpham
Vindo numa Nuvem, com Trombetas & com Chamas Ardentes

An awful Form eastward from midst of a bright Paved-work
Of precious stones by Cherubim surrounded: so permitted
(Lest he should fall apart in his Eternal Death) to imitate
The Eternal Great Humanity Divine surrounded by
His Cherubim & Seraphim in ever happy Eternity
Beneath sat Chaos: Sin on his right hand Death on his left
And Ancient Night spread over all the heavn his Mantle of Laws
He trembled with exceeding great trembling & astonishment

Then Albion rose up in the Night of Beulah on his Couch
Of dread repose seen by the visionary eye; his face is toward
The east, toward Jerusalems Gates: groaning he sat above
His rocks. London & Bath & Legions & Edinburgh
Are the four pillars of his Throne; his left foot near London
Covers the shades of Tyburn: his instep from Windsor
To Primrose Hill stretching to Highgate & Holloway
London is between his knees: its basements fourfold
His right foot stretches to the sea on Dover cliffs, his heel
On Canterburys ruins; his right hand covers lofty Wales
His left Scotland; his bosom girt with gold involves
York, Edinburgh, Durham & Carlisle & on the front
Bath, Oxford, Cambridge Norwich; his right elbow
Leans on the Rocks of Erins Land, Ireland ancient nation
His head bends over London: he sees his embodied Spectre
Trembling before him with exceeding great trembling & fear
He views Jerusalem & Babylon, his tears flow down
He movd his right foot to Cornwall, his left to the Rocks of Bognor
He strove to rise to walk into the Deep, but strength failing
Forbad & down with dreadful groans he sunk upon his Couch
In moony Beulah. Los his strong Guard walks round beneath the Moon

Uma Forma horrível a leste a meio de uma Calçada brilhante
De pedras preciosas cercadas por Querubins: que assim
(Para não se desfazer na sua Morte Eterna) imita
A Grande Divina Eterna Humanidade cercada pelos
Seus Querubins & Serafins para sempre em feliz Eternidade
Por baixo sentava-se o Caos: o Pecado à sua mão direita, a Morte à esquerda
E a Noite Antiga cobria o céu inteiro com o seu Manto de Leis
Ele tremia de grande temor & de espanto

Então Albion despertou na Noite de Beulah sobre o seu Leito
De funesto repouso visto pelo olho visionário; o seu rosto virado
A Leste, para os Portões de Jerusalém: gemendo sentou-se sobre
O seu rochedo. Londres & Bath & Legions & Edimburgo
São os quatro pilares do seu Trono; o pé esquerdo sobre Londres
Cobre as sombras de Tyburn: a parte interior do pé desde Windsor
A Primrose Hill estende-se até Highgate & Holloway
Londres fica-lhe entre os joelhos: as suas bases são quádruplas
O pé direito estende-se até ao mar nas falésias de Dover, o calcanhar
Fica nas ruínas de Canterbury; a mão direita cobre a majestosa Gales
A esquerda, a Escócia; o peito, cintado a ouro, abarca
Iorque, Edimburgo, Durham & Carlisle & à frente
Bath, Oxford, Cambridge, Norwich; o cotovelo esquerdo
Apoia-se nos Rochedos da Terra de Erin, Irlanda antiga nação
A cabeça inclina-se sobre Londres: vê o seu Espectro encarnado
Vacilar diante dele com grande temor & espanto
Vê Jerusalém & Babilônia, as suas lágrimas correm
Deslocou o pé direito para Cornwall, o esquerdo para os Rochedos de Bognor
Tentou erguer-se para caminhar para o Abismo, mas faltam-lhe as forças
Não consegue & com gemidos tenebrosos afunda-se no Leito
Em Beulah lunar. Los, seu Guarda vigoroso, faz a ronda ao Luar

Urizen faints in terror striving among the Brooks of Arnon
With Miltons Spirit: as the Plowman or Artificer or Shepherd
While in the labours of his Calling sends his Thought abroad
To labour in the ocean or in the starry heaven. So Milton
Labourd in Chasms of the Mundane Shell, tho here before
My Cottage midst the Starry Seven, where the Virgin Ololon
Stood trembling in the Porch: loud Satan thunderd on the stormy Sea
Circling Albions Cliffs in which the Four-fold World resides
Tho seen in fallacy outside: a fallacy of Satans Churches

PLATE 44

(BENTLEY 41, ERDMAN NOT NUMBERED, KEYNES 41)

Urizen desmaia aterrado lutando nas Correntes do Arnon
Com o espírito de Milton: como o Lavrador ou o Artífice ou o Pastor
Enquanto trabalham nas suas Tarefas deixam os pensamentos
Vaguear pelo oceano ou pelo céu estrelado, assim Milton
Laborou em Fendas da Casca do Mundo, embora estivesse aqui diante
Da Minha Casa no meio dos Sete Estrelados, onde a Virgem Ololon
Esteve a tremer no Pórtico: Satanás ribombou com estrondo no Mar tempestuoso
Rodeando as Falésias de Albion nas quais o Mundo Quádruplo reside
Embora em ilusão visto exteriormente: uma falácia das Igrejas de Satanás

GRAVURA 44

[Ver imagem página 274]

PLATE 45

(BENTLEY 42, ERDMAN 40 [46], KEYNES 42)

Before Ololon Milton stood & percievd the Eternal Form
Of that mild Vision; wondrous were their acts by me unknown
Except remotely; and I heard Ololon say to Milton

"I see thee strive upon the Brooks of Arnon, there a dread
And awful Man I see, oercoverd with the mantle of years.
I behold Los & Urizen. I behold Orc & Tharmas;
The Four Zoa's of Albion & thy Spirit with them striving
In Self annihilation giving thy life to thy enemies
Are those who contemn Religion & seek to annihilate it
Become in their Femin[in]e portions the causes & promoters
Of these Religions, how is this thing? this Newtonian Phantasm
This Voltaire & Rousseau: this Hume & Gibbon & Bolingbroke
This Natural Religion! this impossible absurdity
Is Ololon the cause of this? O where shall I hide my face
These tears fall for the little-ones: the Children of Jerusalem
Lest they be annihilated in thy annihilation."

No sooner she had spoke but Rahab Babylon appeard
Eastward upon the Paved work across Europe & Asia
Glorious as the midday Sun in Satans bosom glowing:
A Female hidden in a Male, Religion hidden in War
Namd Moral Virtue: cruel two-fold Monster shining bright
A Dragon red & hidden Harlot which John in Patmos saw

And all beneath the Nations innumerable of Ulro
Appeard, the Seven Kingdoms of Canaan & Five Baalim

GRAVURA 45

Milton estava diante de Ololon & percebeu a Forma Eterna
Daquela doce Visão; eram maravilhosos os atos deles que eu desconhecia
Exceto vagamente; e ouvi Ololon dizer a Milton

"Vejo-te lutar nas Correntes do Arnon, vejo ali um medonho
E horrível Homem, coberto pelo manto dos anos.
Contemplo Los & Urizen. Contemplo Orc & Tharmas;
As Quatro Zoas de Albion & o teu Espírito lutando contra elas
Em Autoaniquilação entregando a tua vida aos teus inimigos
Aqueles que condenam a Religião & procuram aniquilá-la
Tornaram-se nas suas porções Femininas as causas & os promotores
Destas Religiões, como é isso possível? Este Fantasma Newtoniano
Este Voltaire & Rousseau: este Hume & Gibbon & Bolingbroke
Esta Religião Natural! Este absurdo impossível
É Ololon a causa disto? Oh! Onde esconderei a minha cara?
Estas lágrimas caem pelas crianças: os Filhos de Jerusalém
Para que não sejam aniquilados na tua aniquilação."

Mal acabara de falar quando a Babilônia Rahah surgiu
A Leste na Calçada ao longo da Europa & da Ásia
Gloriosa como o Sol do meio-dia a brilhar no peito de Satanás:
Uma Fêmea escondida num Macho, a Religião escondida na Guerra
Chamada Virtude Moral: cruel Monstro duplo resplandecente
Um Dragão vermelho & uma Meretriz escondida que João viu em Patmos

E por baixo das inumeráveis Nações de Ulro, tudo
Surgiu, os Sete Reinos de Canaã & os Cinco de Baalim

Of Philistea, into Twelve divided, calld after the Names
Of Israel: as they are in Eden. Mountain, River & Plain
City & sandy Desart intermingled beyond mortal ken

But turning toward Ololon in terrible majesty Milton
Replied. "Obey thou the Words of the Inspired Man
All that can be annihilated must be annihilated
That the Children of Jerusalem may be saved from slavery
There is a Negation, & there is a Contrary
The Negation must be destroyd to redeem the Contraries
The Negation is the Spectre; the Reasoning Power in Man
This is a false Body: an Incrustation over my Immortal
Spirit: a Selfhood, which must be put off & annihilated alway
To cleanse the Face of my Spirit by Self-examination.

PLATE 46 (BENTLEY 21, ERDMAN NOT NUMBERED, KEYNES 21)

Da Filisteia dividiram-se em Doze, chamados depois pelos Nomes
De Israel: como estão no Éden. Montanha, Rio & Planície
Cidade & Deserto arenoso misturados para lá do conhecimento humano

Mas voltando-se para Ololon em terrível majestade Milton
Replicou: "Obedece tu às Palavras do Homem Inspirado
Tudo o que pode ser aniquilado tem de ser aniquilado
Para que os Filhos de Jerusalém se salvem da escravatura
Há uma Negação, & há um Contrário
A Negação deve ser destruída para redimir os Contrários
A Negação é o Espectro; o Poder Raciocinador no Homem
Este é um Corpo falso: uma Incrustação sobre o meu Espírito
Imortal: um Ego, que deve ser despido & aniquilado para sempre
Limpar o Rosto do meu Espírito em Exame de Consciência.

GRAVURA 46 [Ver imagem página 276]

PLATE 47

(BENTLEY 43, ERDMAN 41 [48], KEYNES 43)

To bathe in the Waters of Life; to wash off the Not Human
I come in Self-annihilation & the grandeur of Inspiration
To cast off Rational Demonstration by Faith in the Saviour
To cast off the rotten rags of Memory by Inspiration
To cast off Bacon, Locke & Newton from Albions covering
To take off his filthy garments, & clothe him with Imagination
To cast aside from Poetry, all that is not Inspiration
That it no longer shall dare to mock with the aspersion of Madness
Cast on the Inspired, by the tame high finisher of paltry Blots,
Indefinite, or paltry Rhymes; or paltry Harmonies.
Who creeps into State Government like a catterpiller to destroy
To cast off the idiot Questioner who is always questioning,
But never capable of answering: who sits with a sly grin
Silent plotting when to question, like a thief in a cave;
Who publishes doubt & calls it knowledge: whose Science is Despair
Whose pretence to knowledge is Envy: whose whole Science is
To destroy the wisdom of ages to gratify ravenous Envy;
That rages round him like a Wolf day & night without rest
He smiles with condescension; he talks of Benevolence & Virtue
And those who act with Benevolence & Virtue, they murder time on time
These are the destroyers of Jerusalem, these are the murderers
Of Jesus, who deny the Faith & mock at Eternal Life:
Who pretend to Poetry that they may destroy Imagination:
By imitation of Natures Images drawn from Remembrance
These are the Sexual Garments, the Abomination of Desolation
Hiding the Human Lineaments as with an Ark & Curtains
Which Jesus rent: & now shall wholly purge away with Fire
Till Generation is swallowd up in Regeneration."

GRAVURA 47

Para me banhar nas Águas da Vida; e lavar o Não Humano
Venho em Autoaniquilação & em grandeza de Inspiração
Livrar-me da Demonstração Racional pela Fé no Salvador
Livrar-me dos trapos corrompidos da Memória pela Inspiração
Expulsar Bacon, Locke & Newton do manto de Albion
Despir-lhe os trajos andrajosos, & vesti-lo de Imaginação
Expulsar da Poesia tudo o que não for Inspiração
Para que não mais se atreva a zombar com o epíteto de Loucura
Lançado sobre os Inspirados pelo insípido acabador de Borrões desprezíveis,
Indefinidas ou desprezíveis Rimas; ou desprezíveis Harmonias.
Quem rasteja para o Governo do Estado como a lagarta para destruir
Para livrar-me do Perguntador idiota que está sempre a perguntar,
Mas nunca é capaz de dar uma resposta: que se senta com sorriso fingido
Congeminando a pergunta em silêncio, como um ladrão na gruta;
Que publica dúvidas & chama-lhes conhecimento; cuja Ciência é o Desespero
Cuja pretensão ao conhecimento é a Inveja: cuja inteira Ciência é
Destruir o saber de muitas eras para gratificar a Inveja voraz,
Que grassa à sua volta como um Lobo dia & noite sem descanso
Ele sorri com condescendência; fala de Benevolência & Virtude
E os que agem com Benevolência & Virtude são assassinados vezes sem conta
Estes são os destruidores de Jerusalém, estes são os assassinos
De Jesus, que negam a Fé & zombam da Vida Eterna:
Que se valem da Poesia para destruírem a Imaginação:
Por imitação de Imagens da Natureza desenhadas a partir da Lembrança
Estas são as Vestes Sexuais, a Abominação da Desolação
Que esconde as Feições Humanas como com uma Arca & Cortinas
Que Jesus rasgou: & agora há-de purificar inteiramente com Fogo
Até a Geração se ver engolida pela Regeneração."

Then trembled the Virgin Ololon & replyd in clouds of despair

“Is this our Femin[in]e Portion the Six-fold Miltonic Female
Terribly this Portion trembles before thee O awful Man
Altho’ our Human Power can sustain the severe contentions
Of Friendship, our Sexual cannot: but flies into the Ulro.
Hence arose all our terrors in Eternity! & now remembrance
Returns upon us! are we Contraries O Milton, Thou & I
O Immortal: how were we led to War the Wars of Death
Is this the Void Outside of Existence, which if enterd into

Então vacilou a Virgem Ololon & respondeu em nuvens de desespero

“Será esta a nossa Porção Feminina a Sêxtupla Fêmea Miltônica
Esta Porção treme terrivelmente diante de ti, Oh Homem horrível
Ainda que a nossa Força Humana possa aguentar as violentas contendas
De Amizade, a Sexual não aguenta: mas foge para dentro de Ulro.
Daí nasceram os nossos terrores na Eternidade! & agora a lembrança
Volta a nós! Seremos nós Contrários, Oh Milton, Tu & Eu
Oh Imortal: como fomos levados a Travar as Guerras da Morte?
Será este o Vazio Fora da Existência, o qual, uma vez penetrado,

Becomes a Womb? & is this the Death Couch of Albion
Thou goest to Eternal Death & all must go with thee"

So saying, the Virgin divided Six-fold & with a shriek
Dolorous that ran thro all Creation a Double Six-fold Wonder:
Away from Ololon she divided & fled into the depths
Of Miltons Shadow as a Dove upon the stormy Sea.

Then as a Moony Ark Ololon descended to Felphams Vale
In clouds of blood, in streams of gore, with dreadful thunderings
Into the Fires of Intellect that rejoic'd in Felphams Vale
Around the Starry Eight: with one accord the Starry Eight became
One Man Jesus the Saviour, wonderful! round his limbs
The Clouds of Ololon folded as a Garment dipped in blood
Written within & without in woven letters: & the Writing
Is the Divine Revelation in the Litteral expression:
A Garment of War, I heard it namd the Woof of Six Thousand Years

And I beheld the Twenty-four Cities of Albion
Arise upon their Thrones to Judge the Nations of the Earth
And the Immortal Four in whom the Twenty-four appear Four-fold
Arose around Albions body: Jesus wept & walked forth
From Felphams Vale clothed in Clouds of blood, to enter into
Albions Bosom, the bosom of death & the Four surrounded him
In the Column of Fire in Felphams Vale; then to their mouths the Four
Applied their Four Trumpets & them sounded to the Four winds

GRAVURA 48

Se torna num Ventre? & será este o Leito de Morte de Albion?
Tu vais para a Morte Eterna & todos têm de ir contigo"

Dizendo isto, a Virgem dividiu-se Seis vezes & com um guincho
Doloroso que atravessou toda a Criação um Duplo Prodígio Sêxtuplo:
Dividiu-se afastando-se de Ololon & fugiu para as profundezas
Da Sombra de Milton como uma Pomba sobre o Mar tempestuoso.

Depois como uma Arca de Luar Ololon desceu sobre o Vale de Felpham
Em nuvens de sangue, em correntes de sangue, com trovões horrendos
Para dentro dos Fogos do Intelecto que se alegravam no Vale de Felpham
Em redor dos Oito Estrelados: em simultâneo os Oito Estrelados tornaram-se
Um Homem Jesus o Salvador, em redor dos seus membros, maravilhosas!,
As Nuvens de Ololon embrulharam-se como uma Túnica mergulhada em sangue
Escrita por dentro & por fora em letras tecidas: & essa Escritura
É a Revelação Divina em expressão Literal:
Um Traje de Guerra, ouvi chamá-lo a Trama de Seis Mil Anos

E contemplei as Vinte e Quatro Cidades de Albion
Despertarem sobre os seus Tronos para Julgar as Nações da Terra
E os Quatro Imortais em quem os Vinte e Quatro aparecem Quadruplicados
Ergueram-se em redor do corpo de Albion: Jesus chorou & caminhou
Desde o Vale de Felpham, vestido em Nuvens de sangue, para entrar no
Peito de Albion, o peito da morte & os Quatro cercaram-no
Na Coluna de Fogo no Vale de Felpham; então os Quatro levaram à boca
As suas Quatro Trombetas & fizeram-nas soar aos Quatro ventos

Terror struck in the Vale I stood at that immortal sound
My bones trembled. I fell outstretchd upon the path
A moment, & my Soul returnd into its mortal state
To Resurrection & Judgment in the Vegetable Body
And my sweet Shadow of Delight stood trembling by my side

Immediately the Lark mounted with a loud trill from Felphams Vale
And the Wild Thyme from Wimbletons green & impurpled Hills
And Los & Enitharmon rose over the Hills of Surrey
Their clouds roll over London with a south wind, soft Oothoon
Pants in the Vales of Lambeth weeping oer her Human Harvest
Los listens to the Cry of the Poor Man: his Cloud
Over London in volume terrific, low bended in anger.

Rintrah & Palamabron view the Human Harvest beneath
Their Wine-presses & Barns stand open; the Ovens are prepar'd
The Waggons ready: terrific Lions & Tygers sport & play
All Animals upon the Earth, are prepard in all their strength

O terror encheu o Vale eu parei ao escutar aquele som imortal
Os meus ossos tremeram. Caí estendido no caminho
Num instante, & a minha Alma regressou ao seu estado mortal
Para a Ressurreição & para o Juízo no Corpo Vegetal
E a minha doce Sombra de Deleite tremeu a meu lado

Imediatamente a Cotovia ascendeu com um trilo agudo do Vale de Felpham
E o Tomilho Silvestre do prado de Wimbleton & das Colinas arroxeadas
E Los & Enitharmon ergueram-se sobre as Colinas de Surrey
As suas nuvens rolaram sobre Londres com o vento suão, a doce Oothoon
Soluça nos Vales de Lambeth chorando a sua Ceifa Humana
Los escuta o Clamor do Homem Pobre: a sua Nuvem
Avoluma-se terrível sobre Londres, curvando-se cheia de fúria.

Rintrah & Palamabron veem a Ceifa Humana por baixo
Os Lagares de Vinho & os Celeiros estão abertos; os Fornos preparados
As Carruagens prontas: Leões & Tigres terríveis folgam & brincam
Todos os Animais sobre a Terra estão preparados em toda a sua força

PLATE 49

(BENTLEY 45, ERDMAN 43 [50], KEYNES 45)

To go forth to the Great Harvest & Vintage of the Nations

FINIS

GRAVURA 49

Para a Grande Ceifa & Vindima das Nações.

FIM

1
MILTON
a Poem in 2 Books
The Author & Printer W Blake 1804
To Justify the Ways of God to Men

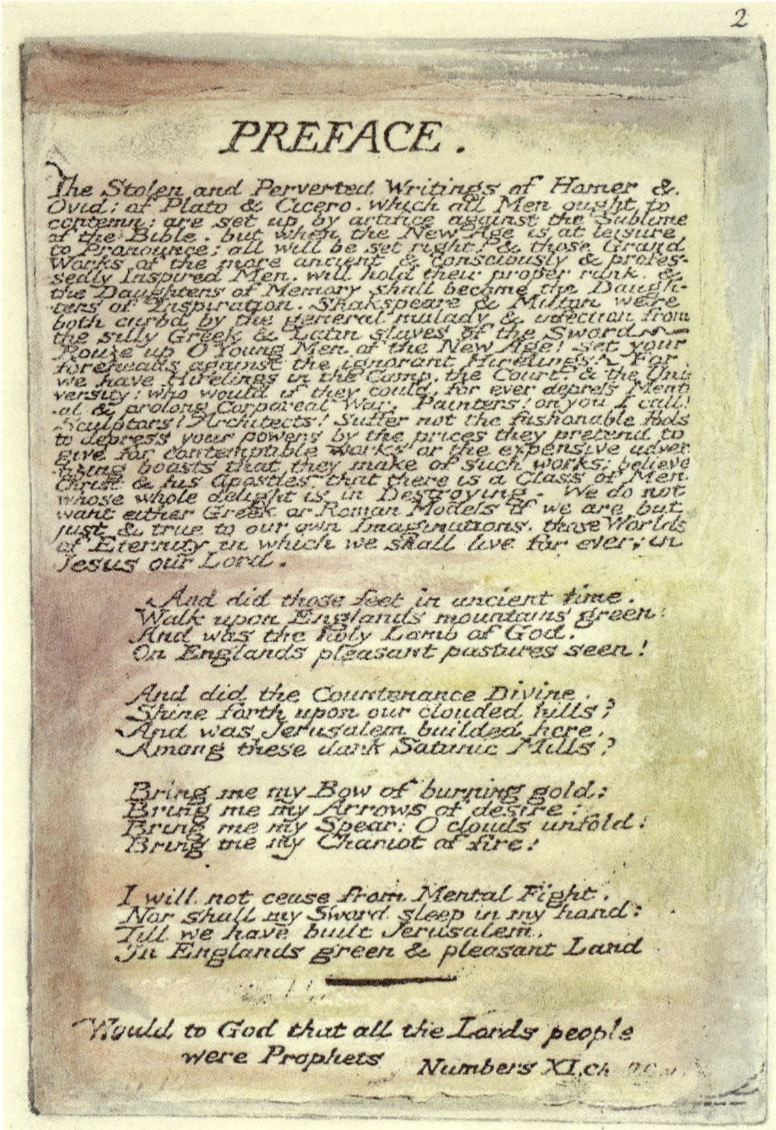

2

PREFACE.

The Stolen and Perverted Writings of Homer & Ovid; of Plato & Cicero. which all Men ought to contemn: are set up by artifice against the Sublime of the Bible. but when the New Age is at leisure to Pronounce; all will be set right: & those Grand Works of the more ancient & consciously & professedly Inspired Men, will hold their proper rank, & the Daughters of Memory shall become the Daughters of Inspiration. Shakspeare & Milton were both curbd by the general malady & infection from the silly Greek & Latin slaves of the Sword.

Rouze up O Young Men of the New Age! set your foreheads against the ignorant Hirelings! For we have Hirelings in the Camp, the Court, & the University: who would if they could, for ever depress Mental & prolong Corporeal War. Painters! on you I call! Sculptors! Architects! Suffer not the fashonable Fools to depress your powers by the prices they pretend to give for contemptible works or the expensive advertizing boasts that they make of such works; believe Christ & his Apostles that there is a Class of Men whose whole delight is in Destroying. We do not want either Greek or Roman Models if we are but just & true to our own Imaginations, those Worlds of Eternity in which we shall live for ever; in Jesus our Lord.

And did those feet in ancient time.
Walk upon Englands mountains green:
And was the holy Lamb of God,
On Englands pleasant pastures seen!

And did the Countenance Divine,
Shine forth upon our clouded hills?
And was Jerusalem builded here,
Among these dark Satanic Mills?

Bring me my Bow of burning gold:
Bring me my Arrows of desire:
Bring me my Spear: O clouds unfold!
Bring me my Chariot of fire!

I will not cease from Mental Fight,
Nor shall my Sword sleep in my hand:
Till we have built Jerusalem,
In Englands green & pleasant Land

Would to God that all the Lords people were Prophets   Numbers XI. ch 29 v.

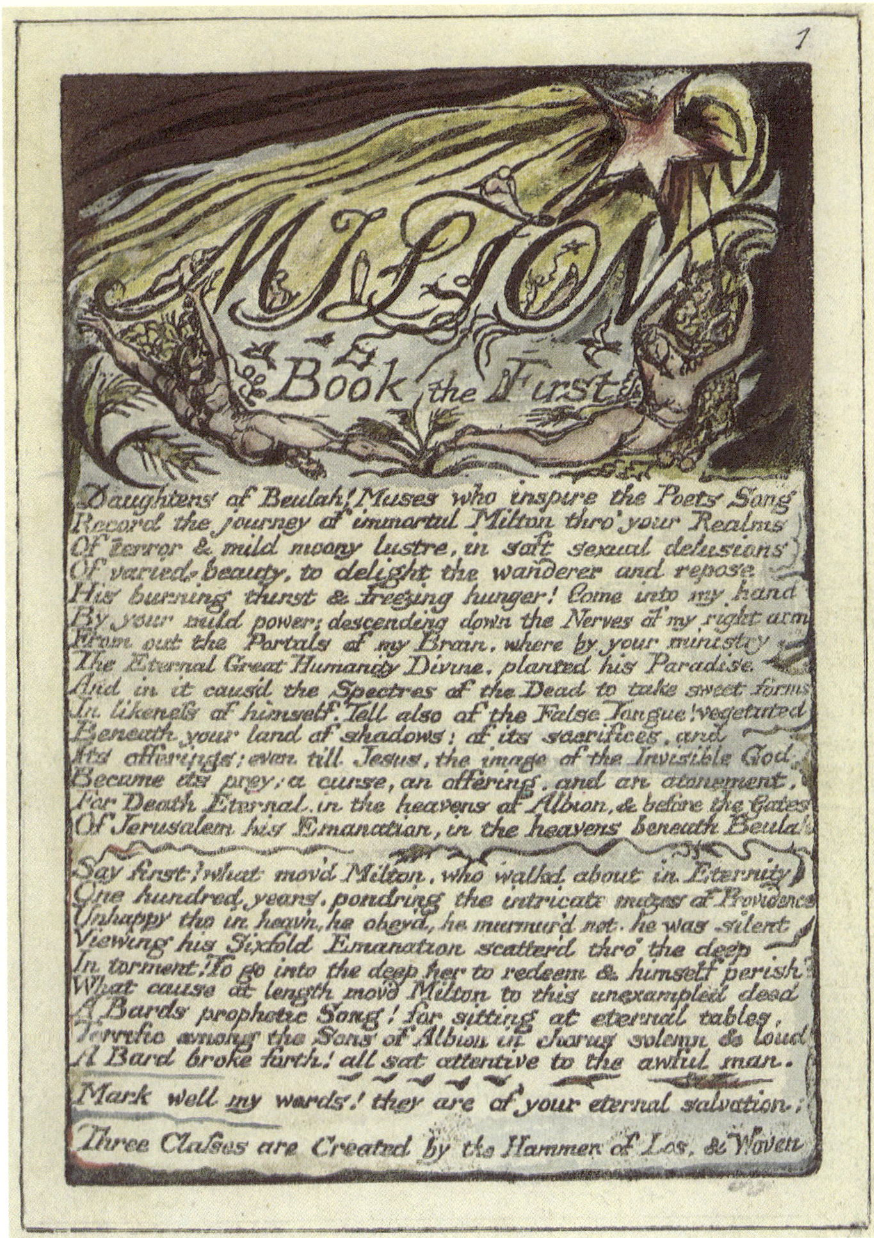
1

MILTON
a
Book the First

Daughters of Beulah! Muses who inspire the Poets Song
Record the journey of immortal Milton thro' your Realms
Of terror & mild moony lustre, in soft sexual delusions
Of varied beauty, to delight the wanderer and repose
His burning thirst & freezing hunger! Come into my hand
By your mild power; descending down the Nerves of my right arm
From out the Portals of my Brain, where by your ministry
The Eternal Great Humanity Divine. planted his Paradise,
And in it caus'd the Spectres of the Dead to take sweet forms
In likeness of himself. Tell also of the False Tongue! vegetated
Beneath your land of shadows: of its sacrifices, and
Its offerings; even till Jesus, the image of the Invisible God
Became its prey; a curse, an offering, and an atonement,
For Death Eternal in the heavens of Albion, & before the Gates
Of Jerusalem his Emanation, in the heavens beneath Beulah

Say first! what mov'd Milton, who walkd about in Eternity
One hundred years, pondring the intricate mazes of Providence
Unhappy tho in heav'n, he obey'd, he murmur'd not. he was silent
Viewing his Sixfold Emanation scatter'd thro' the deep
In torment! To go into the deep her to redeem & himself perish?
What cause at length mov'd Milton to this unexampled deed
A Bards prophetic Song! for sitting at eternal tables,
Terrific among the Sons of Albion in chorus solemn & loud
A Bard broke forth! all sat attentive to the awful man.

Mark well my words! they are of your eternal salvation:

Three Clases are Created by the Hammer of Los, & Woven

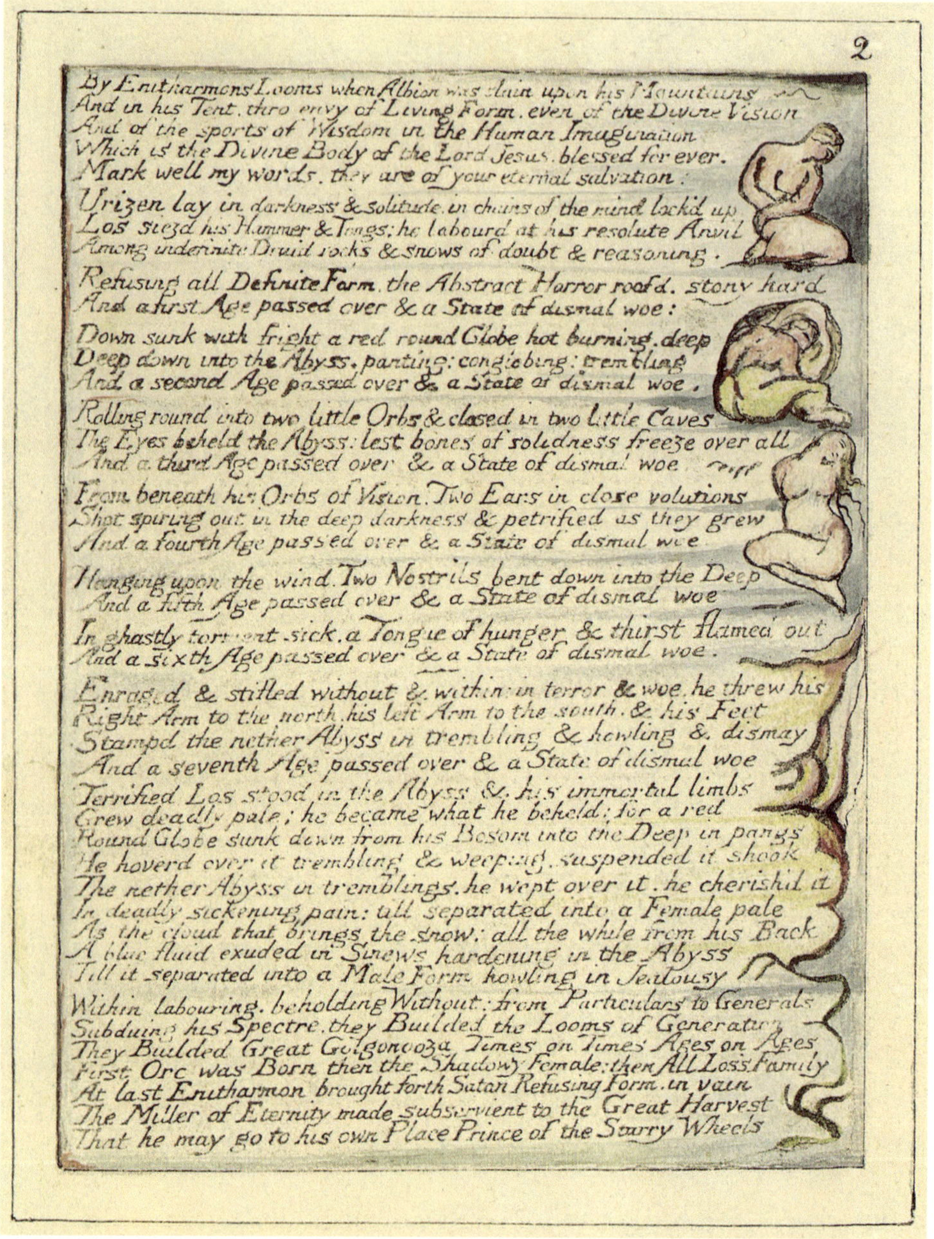

2

By Enitharmons Looms when Albion was slain upon his Mountains
And in his Tent, thro envy of Living Form, even of the Divine Vision
And of the sports of Wisdom in the Human Imagination
Which is the Divine Body of the Lord Jesus. blessed for ever.
Mark well my words. they are of your eternal salvation:

Urizen lay in darkness & solitude, in chains of the mind lockd up
Los siezd his Hammer & Tongs; he labourd at his resolute Anvil
Among indefinite Druid rocks & snows of doubt & reasoning.

Refusing all Definite Form, the Abstract Horror roofd. stony hard
And a first Age passed over & a State of dismal woe:

Down sunk with fright a red round Globe hot burning. deep
Deep down into the Abyss. panting: conglobing: trembling
And a second Age passed over & a State of dismal woe.

Rolling round into two little Orbs & closed in two little Caves
The Eyes beheld the Abyss: lest bones of solidness freeze over all
And a third Age passed over & a State of dismal woe

From beneath his Orbs of Vision, Two Ears in close volutions
Shot spiring out in the deep darkness & petrified as they grew
And a fourth Age passed over & a State of dismal woe

Hanging upon the wind, Two Nostrils bent down into the Deep
And a fifth Age passed over & a State of dismal woe

In ghastly torment sick, a Tongue of hunger & thirst flamed out
And a sixth Age passed over & a State of dismal woe.

Enraged & stifled without & within: in terror & woe, he threw his
Right Arm to the north, his left Arm to the south, & his Feet
Stampd the nether Abyss in trembling & howling & dismay
And a seventh Age passed over & a State of dismal woe

Terrified Los stood in the Abyss & his immortal limbs
Grew deadly pale; he became what he beheld: for a red
Round Globe sunk down from his Bosom into the Deep in pangs
He hoverd over it trembling & weeping. suspended it shook
The nether Abyss in tremblings. he wept over it. he cherishd it
In deadly sickening pain: till separated into a Female pale
As the cloud that brings the snow: all the while from his Back
A blue fluid exuded in Sinews hardening in the Abyss
Till it separated into a Male Form howling in Jealousy

Within labouring. beholding Without: from Particulars to Generals
Subduing his Spectre, they Builded the Looms of Generation
They Builded Great Golgonooza Times on Times Ages on Ages
First Orc was Born then the Shadowy Female: then All Los's Family
At last Enitharmon brought forth Satan Refusing Form, in vain
The Miller of Eternity made subservient to the Great Harvest
That he may go to his own Place Prince of the Starry Wheels

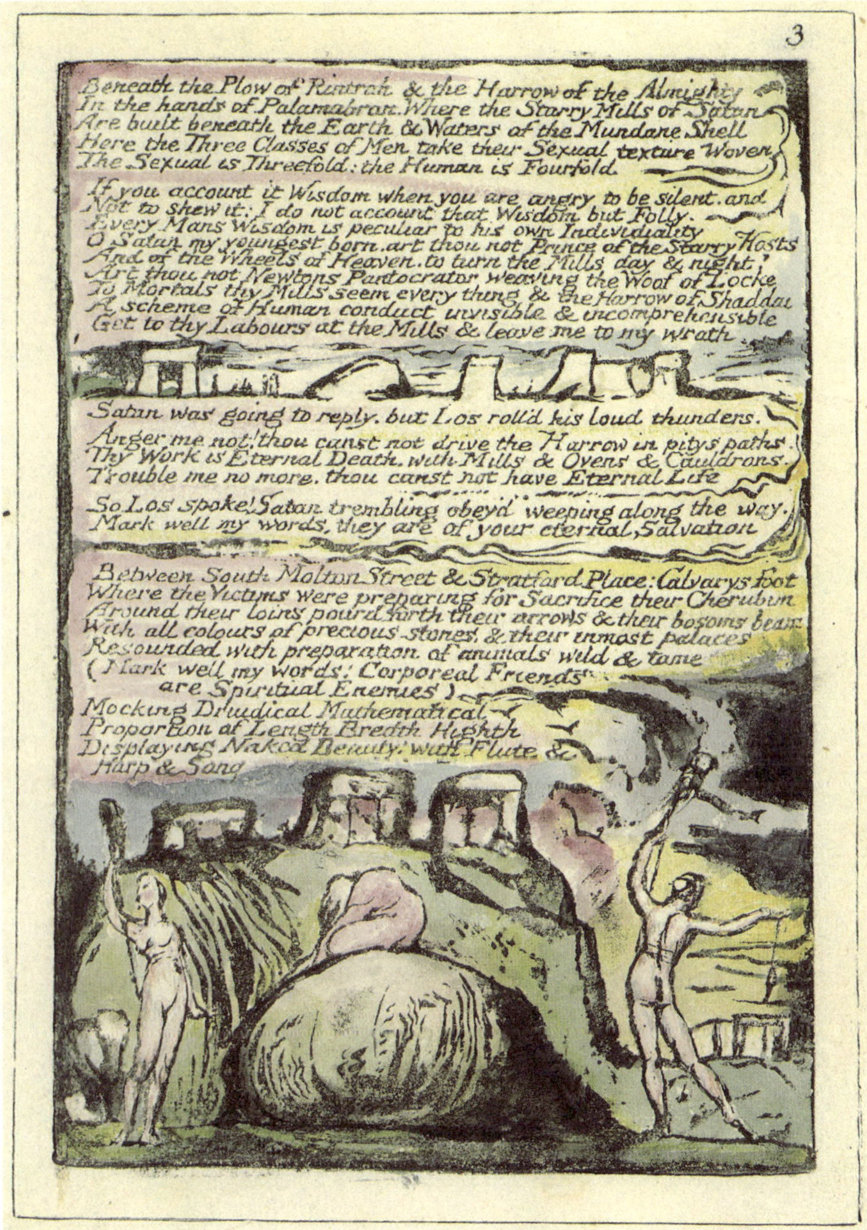

3

Beneath the Plow of Rintrah & the Harrow of the Almighty
In the hands of Palamabron. Where the Starry Mills of Satan
Are built beneath the Earth & Waters of the Mundane Shell
Here the Three Classes of Men take their Sexual texture Woven
The Sexual is Threefold: the Human is Fourfold.

If you account it Wisdom when you are angry to be silent. and
Not to shew it: I do not account that Wisdom but Folly.
Every Mans Wisdom is peculiar to his own Individuality
O Satan my youngest born. art thou not Prince of the Starry Hosts
And of the Wheels of Heaven. to turn the Mills day & night?
Art thou not Newtons Pantocrator weaving the Woof of Locke
To Mortals thy Mills seem every thing & the Harrow of Shaddai
A scheme of Human conduct invisible & incomprehensible
Get to thy Labours at the Mills & leave me to my wrath.

Satan was going to reply. but Los roll'd his loud thunders.
Anger me not! thou canst not drive the Harrow in pitys paths.
Thy Work is Eternal Death. with Mills & Ovens & Cauldrons.
Trouble me no more. thou canst not have Eternal Life

So Los spoke! Satan trembling obeyd weeping along the way.
Mark well my words, they are of your eternal Salvation

Between South Molton Street & Stratford Place: Calvarys foot
Where the Victims were preparing for Sacrifice their Cherubim
Around their loins pourd forth their arrows & their bosoms beam
With all colours of precious stones, & their inmost palaces
Resounded with preparation of animals wild & tame
(Mark well my words: Corporeal Friends
are Spiritual Enemies)
Mocking Druidical Mathematical
Proportion of Length Bredth Highth
Displaying Naked Beauty! with Flute &
Harp & Song

4

From Golgonooza the spiritual Four-fold London eternal
In immense labours & sorrows, ever building, ever falling,
Thro Albions four Forests which overspread all the Earth,
From London Stone to Blackheath east: to Hounslow west:
To Finchley north: to Norwood south: and the weights
Of Enitharmons Loom play lulling cadences on the
winds of Albion
From Caithness in the north, to Lizard-point & Dover in the south

Loud sounds the Hammer of Los, & loud his Bellows is heard
Before London to Hampsteads breadths & Highgates heights To
Stratford & old Bow: & across to the Gardens of Kensington
On Tyburns Brook: loud groans Thames beneath the iron Forge
Of Rintrah & Palamabron of Theotorm & Bromion, to
forge the instruments
Of Harvest: the Plow & Harrow to pass over the Nations

The Surrey hills glow like the clinkers of the furnace: Lambeths Vale
Where Jerusalems foundations began; where they were laid in ruins
Where they were laid in ruins from every Nation & Oak Groves rooted
Dark gleams before the Furnace-mouth a heap of burning ashes
When shall Jerusalem return & overspread all the Nations
Return: return to Lambeths Vale O building of human souls
Thence stony Druid Temples overspread the Island white
And thence from Jerusalems ruins.. from her walls of salvation
And praise: thro the whole Earth were reard from Ireland
To Mexico & Peru west, & east to China & Japan: till Babel
The Spectre of Albion frownd over the Nations in glory & war
All things begin & end in Albions ancient Druid rocky shore
But now the Starry Heavens are fled
from the mighty limbs of
Albion

Loud sounds the Hammer of Los, loud turn the Wheels of Enitharmon
Her Looms vibrate with soft affections, weaving the Web of Life
Out from the ashes of the Dead; Los lifts his iron Ladles
With molten ore: he heaves the iron cliffs in his rattling chains
From Hyde Park to the Alms-houses of Mile-end & old Bow
Here the Three Classes of Mortal Men take their fixd destinations
And hence they overspread the Nations of the whole Earth & hence
The Web of Life is woven: & the tender sinews of life created
And the Three Classes of Men regulated by Los's Hammer.

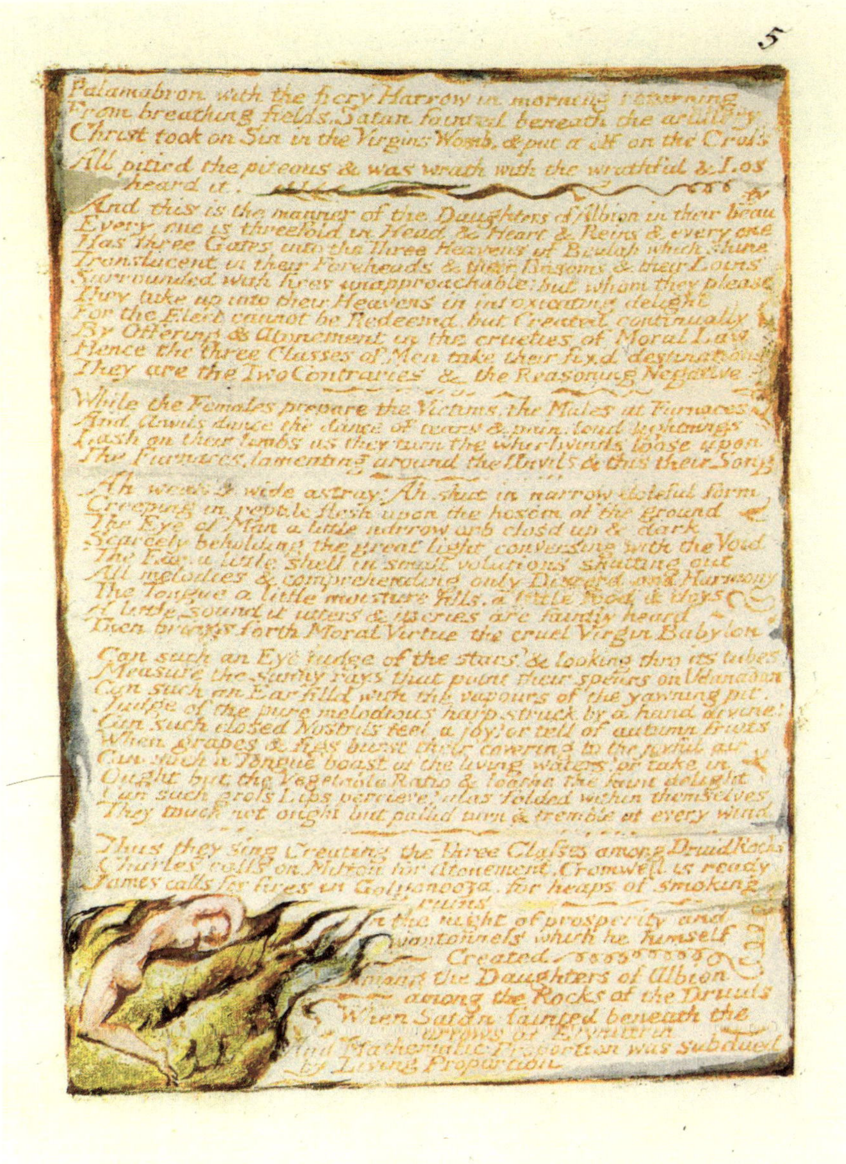

5

Palamabron with the fiery Harrow in morning returning
From breathing fields. Satan fainted beneath the artillery
Christ took on Sin in the Virgins Womb, & put it off on the Cross
All pitied the piteous & was wrath with the wrathful & Los
heard it.

And this is the manner of the Daughters of Albion in their beau
Every one is threefold in Head & Heart & Reins & every one
Has three Gates into the Three Heavens of Beulah which shine
Translucent in their Foreheads & their Bosoms & their Loins
Surrounded with fires unapproachable: but whom they please
They take up into their Heavens in intoxicating delight
For the Elect cannot be Redeemd, but Created continually
By Offering & Atonement in the cruelties of Moral Law
Hence the three Classes of Men take their fixd destinations
They are the Two Contraries & the Reasoning Negative.

While the Females prepare the Victims, the Males at Furnaces
And Anvils dance the dance of tears & pain. loud lightnings
Lash on their limbs as they turn the whirlwinds loose upon
The Furnaces, lamenting around the Anvils & this their Song

Ah weak & wide astray! Ah shut in narrow doleful form
Creeping in reptile flesh upon the bosom of the ground
The Eye of Man a little narrow orb closd up & dark
Scarcely beholding the great light conversing with the Void
The Ear, a little shell in small volutions shutting out
All melodies & comprehending only Discord and Harmony
The Tongue a little moisture fills, a little food it cloys
A little sound it utters & its cries are faintly heard
Then brings forth Moral Virtue the cruel Virgin Babylon

Can such an Eye judge of the stars? & looking thro its tubes
Measure the sunny rays that point their spears on Udanadan
Can such an Ear filld with the vapours of the yawning pit.
Judge of the pure melodious harp struck by a hand divine?
Can such closed Nostrils feel a joy? or tell of autumn fruits
When grapes & figs burst their covering to the joyful air
Can such a Tongue boast of the living waters? or take in
Ought but the Vegetable Ratio & loathe the faint delight
Can such gross Lips percieve? alas! folded within themselves
They touch not ought but pallid turn & tremble at every wind

Thus they sing Creating the Three Classes among Druid Rocks
Charles calls on Milton for Atonement. Cromwell is ready
James calls for fires in Golgonooza. for heaps of smoking
ruins
In the night of prosperity and
wantonness which he himself
Created.
Among the Daughters of Albion
among the Rocks of the Druids
When Satan fainted beneath the
arrows of Elynittria
And Mathematic Proportion was subdued
by Living Proportion

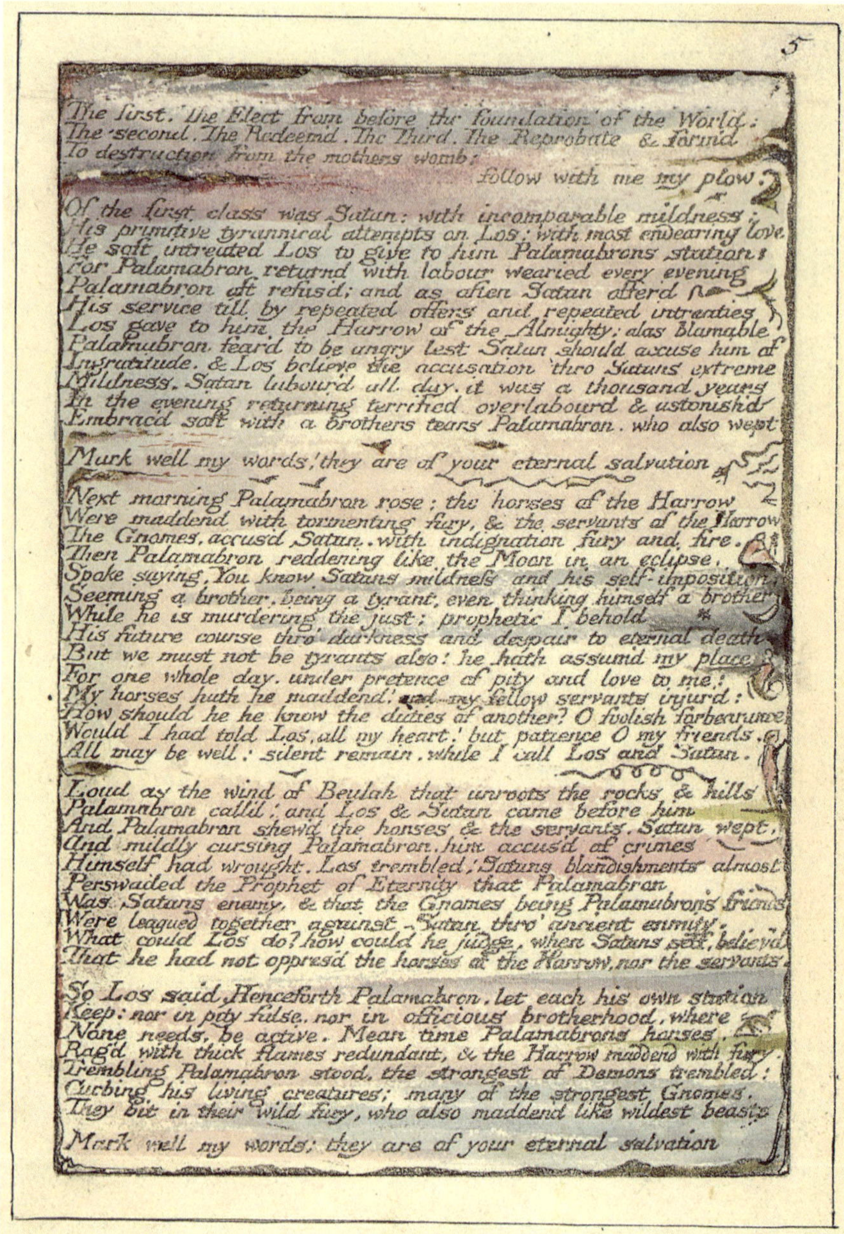

5

The first, The Elect from before the foundation of the World:
The second, The Redeemd. The Third. The Reprobate & formd
To destruction from the mothers womb:
follow with me my plow.

Of the first class was Satan: with incomparable mildness;
His primitive tyrannical attempts on Los: with most endearing love
He soft intreated Los to give to him Palamabrons station;
For Palamabron returnd with labour wearied every evening
Palamabron oft refusd; and as often Satan offerd
His service till by repeated offers and repeated intreaties
Los gave to him the Harrow of the Almighty; alas blamable
Palamabron. feard to be angry lest Satan should accuse him of
Ingratitude. & Los believd the accusation thro Satans extreme
Mildness. Satan labourd all day. it was a thousand years
In the evening returning terrified overlabourd & astonishd
Embracd soft with a brothers tears Palamabron. who also wept

Mark well my words, they are of your eternal salvation

Next morning Palamabron rose: the horses of the Harrow
Were maddend with tormenting fury, & the servants of the Harrow
The Gnomes, accusd Satan, with indignation fury and fire.
Then Palamabron reddening like the Moon in an eclipse,
Spake saying, You know Satans mildness and his self-imposition,
Seeming a brother, being a tyrant, even thinking himself a brother
While he is murdering the just; prophetic I behold
His future course thro' darkness and despair to eternal death
But we must not be tyrants also: he hath assumd my place
For one whole day, under pretence of pity and love to me:
My horses hath he maddend! and my fellow servants injurd:
How should he he know the duties of another? O foolish forbearance
Would I had told Los, all my heart! but patience O my friends.
All may be well: silent remain, while I call Los and Satan.

Loud as the wind of Beulah that unroots the rocks & hills
Palamabron calld! and Los & Satan came before him
And Palamabron shewd the horses & the servants. Satan wept,
And mildly cursing Palamabron, him accusd of crimes
Himself had wrought. Los trembled; Satans blandishments almost
Perswaded the Prophet of Eternity that Palamabron
Was Satans enemy, & that the Gnomes being Palamabrons friends
Were leagued together against Satan thro' ancient enmity.
What could Los do? how could he judge, when Satans self, believd
That he had not oppresd the horses of the Harrow, nor the servants.

So Los said, Henceforth Palamabron, let each his own station
Keep: nor in pity false, nor in officious brotherhood, where
None needs, be active. Mean time Palamabrons horses,
Ragd with thick flames redundant, & the Harrow maddend with fury.
Trembling Palamabron stood, the strongest of Demons trembled:
Curbing his living creatures; many of the strongest Gnomes,
They bit in their wild fury, who also maddend like wildest beasts

Mark well my words; they are of your eternal salvation

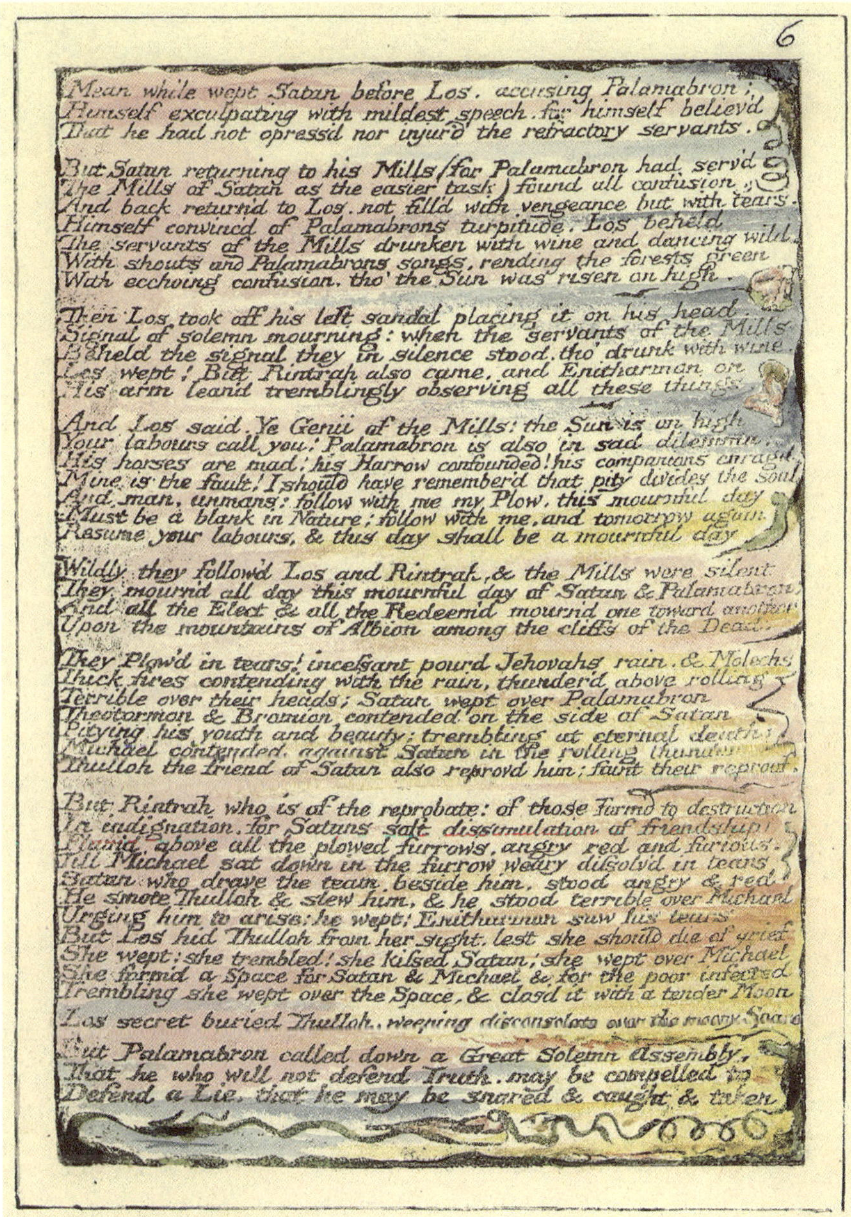

6

Mean while wept Satan before Los, accusing Palamabron;
Himself exculpating with mildest speech. for himself believ'd
That he had not opress'd nor injur'd the refractory servants.

But Satan returning to his Mills (for Palamabron had serv'd
The Mills of Satan as the easier task) found all confusion
And back return'd to Los. not fill'd with vengeance but with tears.
Himself convinc'd of Palamabrons turpitude. Los beheld
The servants of the Mills drunken with wine and dancing wild.
With shouts and Palamabrons songs, rending the forests green
With ecchoing confusion. tho' the Sun was risen on high.

Then Los took off his left sandal placing it on his head
Signal of solemn mourning: when the servants of the Mills
Beheld the signal they in silence stood. tho' drunk with wine.
Los wept! But Rintrah also came, and Enitharmon on
His arm lean'd tremblingly observing all these things

And Los said. Ye Genii of the Mills: the Sun is on high
Your labours call you! Palamabron is also in sad dilemma;
His horses are mad! his Harrow confounded! his companions enrag'd.
Mine is the fault! I should have remember'd that pity divides the soul
And man, unmans: follow with me my Plow. this mournful day
Must be a blank in Nature; follow with me, and tomorrow again
Resume your labours, & this day shall be a mournful day

Wildly they follow'd Los and Rintrah, & the Mills were silent
They mourn'd all day this mournful day of Satan & Palamabron:
And all the Elect & all the Redeem'd mourn'd one toward another
Upon the mountains of Albion among the cliffs of the Dead.

They Plow'd in tears! incessant pour'd Jehovahs rain. & Molechs
Thick fires contending with the rain, thunder'd above rolling
Terrible over their heads; Satan wept over Palamabron
Theotormon & Bromion contended on the side of Satan
Pitying his youth and beauty; trembling at eternal death:
Michael contended against Satan in the rolling thunder
Thulloh the friend of Satan also reprov'd him; faint their reproof.

But Rintrah who is of the reprobate: of those form'd to destruction
In indignation. for Satans soft dissimulation of friendship!
Flam'd above all the plowed furrows. angry red and furious.
Till Michael sat down in the furrow weary dissolv'd in tears
Satan who drave the team. beside him, stood angry & red
He smote Thulloh & slew him, & he stood terrible over Michael
Urging him to arise: he wept! Enitharmon saw his tears
But Los hid Thulloh from her sight. lest she should die of grief
She wept: she trembled! she kiss'd Satan; she wept over Michael
She form'd a Space for Satan & Michael & for the poor infected
Trembling she wept over the Space, & clos'd it with a tender Moon

Los secret buried Thulloh, weeping disconsolate over the moony Space

But Palamabron called down a Great Solemn Assembly,
That he who will not defend Truth. may be compelled to
Defend a Lie. that he may be snared & caught & taken

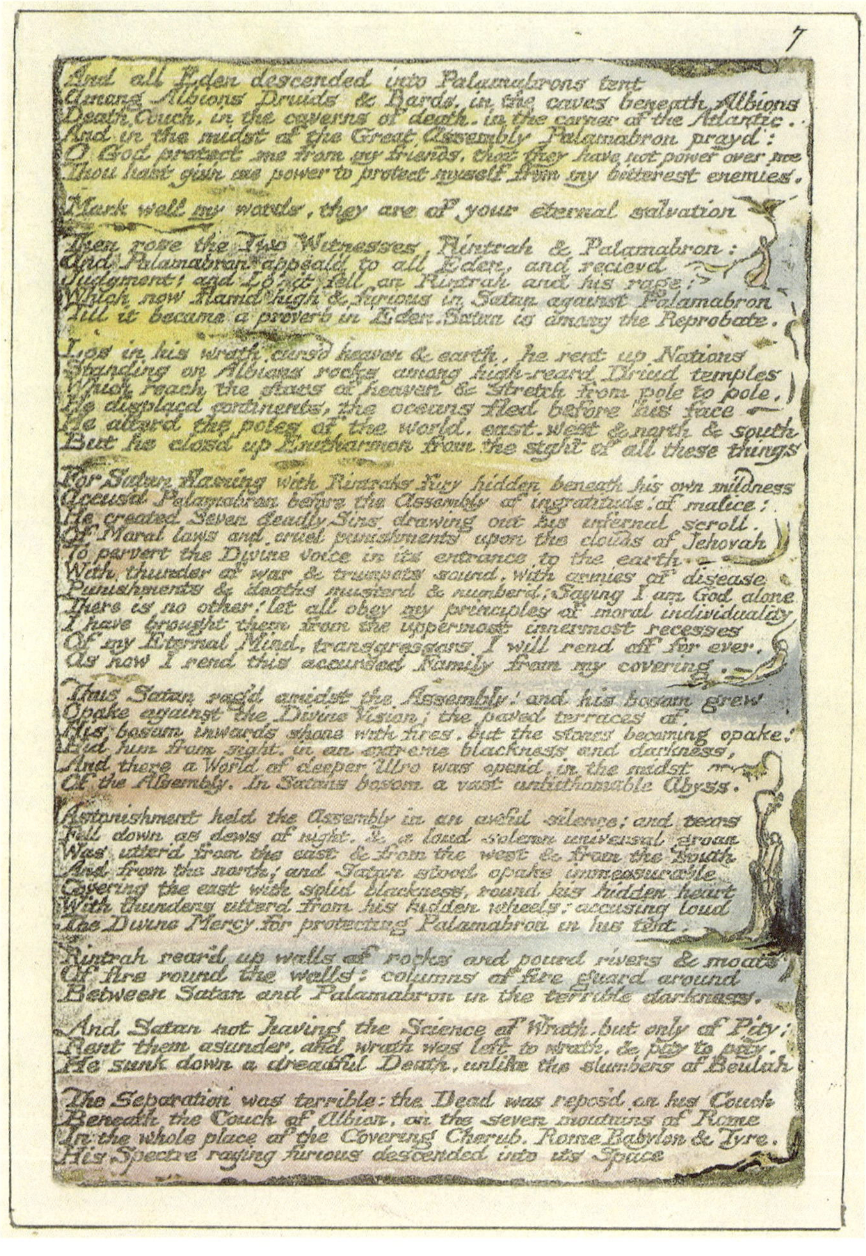
7

And all Eden descended into Palamabrons tent
Among Albions Druids & Bards, in the caves beneath Albions
Death Couch, in the caverns of death, in the corner of the Atlantic.
And in the midst of the Great Assembly Palamabron prayd:
O God protect me from my friends, that they have not power over me
Thou hast givn me power to protect myself from my bitterest enemies.

Mark well my words, they are of your eternal salvation

Then rose the Two Witnesses, Rintrah & Palamabron:
And Palamabron appeald to all Eden, and recievd
Judgment; and Lo! it fell on Rintrah and his rage:
Which now flamd high & furious in Satan against Palamabron
Till it became a proverb in Eden. Satan is among the Reprobate.

Los in his wrath cursd heaven & earth, he rent up Nations
Standing on Albions rocks among high-reard Druid temples
Which reach the stars of heaven & stretch from pole to pole.
He displacd continents, the oceans fled before his face
He alterd the poles of the world, east, west & north & south
But he closd up Enitharmon from the sight of all these things

For Satan flaming with Rintrahs fury hidden beneath his own mildness
Accusd Palamabron before the Assembly of ingratitude! of malice:
He created Seven deadly Sins drawing out his infernal scroll,
Of Moral laws and cruel punishments upon the clouds of Jehovah
To pervert the Divine voice in its entrance to the earth
With thunder of war & trumpets sound, with armies of disease
Punishments & deaths musterd & numberd; Saying I am God alone
There is no other! let all obey my principles of moral individuality
I have brought them from the uppermost innermost recesses
Of my Eternal Mind, transgressors I will rend off for ever,
As now I rend this accursed Family from my covering.

Thus Satan ragd amidst the Assembly! and his bosom grew
Opake against the Divine Vision; the paved terraces of
His bosom inwards shone with fires, but the stones becoming opake!
Hid him from sight, in an extreme blackness and darkness,
And there a World of deeper Ulro was opend, in the midst
Of the Assembly. In Satans bosom a vast unfathomable Abyss.

Astonishment held the Assembly in an awful silence: and tears
Fell down as dews of night, & a loud solemn universal groan
Was utterd from the east & from the west & from the South
And from the north; and Satan stood opake immeasurable
Covering the east with solid blackness, round his hidden heart
With thunders utterd from his hidden wheels: accusing loud
The Divine Mercy, for protecting Palamabron in his tent.

Rintrah reard up walls of rocks and pourd rivers & moats
Of fire round the walls: columns of fire guard around
Between Satan and Palamabron in the terrible darkness.

And Satan not having the Science of Wrath, but only of Pity:
Rent them asunder, and wrath was left to wrath, & pity to pity.
He sunk down a dreadful Death, unlike the slumbers of Beulah

The Separation was terrible: the Dead was reposd on his Couch
Beneath the Couch of Albion, on the seven moutains of Rome
In the whole place of the Covering Cherub, Rome Babylon & Tyre.
His Spectre raging furious descended into its Space

8

8

Then Los & Enitharmon knew that Satan is Urizen
Drawn down by Orc & the Shadowy Female into Generation
Oft Enitharmon enterd weeping into the Space, there appearing
An aged Woman raving along the Streets (the Space is named
Canaan) then she returnd to Los weary frighted as from dreams
The nature of a Female Space is this: it shrinks the Organs
Of Life till they become Finite & Itself seems Infinite

And Satan vibrated in the immensity of the Space! Limited
To those without but Infinite to those within: it fell down and
Became Canaan: closing Los from Eternity in Albions Cliffs
A mighty Fiend against the Divine Humanity mustring to War
Satan, Ah me! is gone to his own place, said Los! their God
I will not worship in their Churches, nor King in their Theatres
Elynittria! whence is this Jealousy running along the mountains
British Women were not Jealous when Greek & Roman were Jealous
Every thing in Eternity shines by its own Internal light: but thou
Darkenest every Internal light with the arrows of thy quiver
Bound up in the horns of Jealousy to a deadly fading Moon
And Ocalythron binds the Sun into a Jealous Globe
That every thing is fixd Opake without Internal light
So Los lamented over Satan, who triumphant
divided the Nations

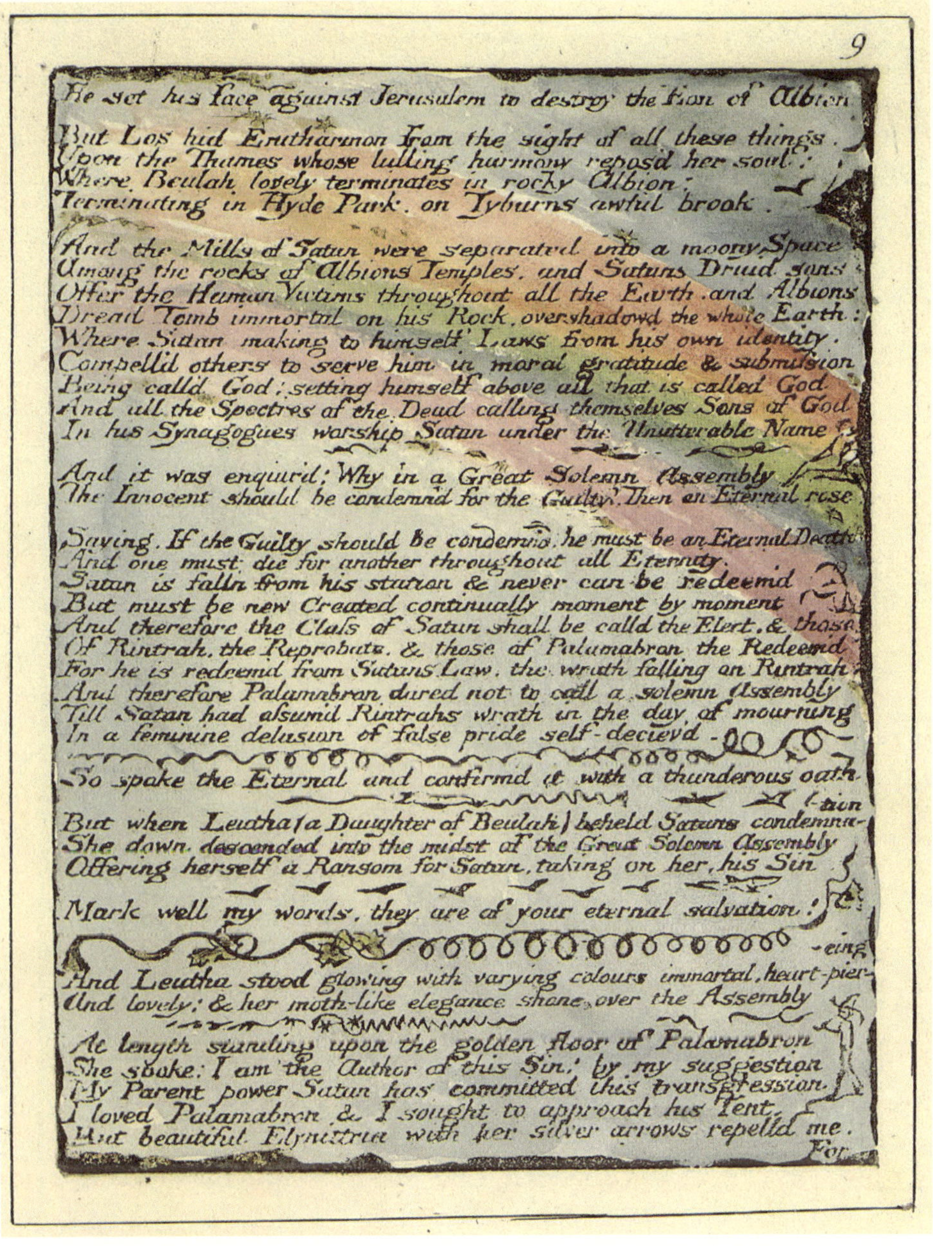

9

He set his face against Jerusalem to destroy the Eon of Albion

But Los hid Enitharmon from the sight of all these things.
Upon the Thames whose lulling harmony reposd her soul:
Where Beulah lovely terminates in rocky Albion:
Terminating in Hyde Park. on Tyburns awful brook.

And the Mills of Satan were separated into a moony Space
Among the rocks of Albions Temples. and Satans Druid sons
Offer the Human Victims throughout all the Earth. and Albions
Dread Tomb immortal on his Rock. overshadowd the whole Earth:
Where Satan making to himself Laws from his own identity.
Compelld others to serve him in moral gratitude & submission
Being calld God: setting himself above all that is called God.
And all the Spectres of the Dead calling themselves Sons of God
In his Synagogues worship Satan under the Unutterable Name

And it was enquird: Why in a Great Solemn Assembly
The Innocent should be condemnd for the Guilty? Then an Eternal rose

Saying. If the Guilty should be condemnd, he must be an Eternal Death
And one must die for another throughout all Eternity.
Satan is falln from his station & never can be redeemd
But must be new Created continually moment by moment
And therefore the Class of Satan shall be calld the Elect. & those
Of Rintrah. the Reprobate. & those of Palamabron the Redeemd
For he is redeemd from Satans Law. the wrath falling on Rintrah.
And therefore Palamabron dared not to call a solemn Assembly
Till Satan had assumd Rintrahs wrath in the day of mourning
In a feminine delusion of false pride self-decievd.

So spake the Eternal and confirmd it with a thunderous oath

But when Leutha (a Daughter of Beulah) beheld Satans condemnation
She down descended into the midst of the Great Solemn Assembly
Offering herself a Ransom for Satan, taking on her, his Sin

Mark well my words. they are of your eternal salvation!

And Leutha stood glowing with varying colours immortal, heart-piercing
And lovely: & her moth-like elegance shone over the Assembly

At length standing upon the golden floor of Palamabron
She spake: I am the Author of this Sin; by my suggestion
My Parent power Satan has committed this transgression.
I loved Palamabron & I sought to approach his Tent,
But beautiful Elynittria with her silver arrows repelld me.
For

10

For her light is terrible to me. I fade before her immortal beauty.
O wherefore doth a Dragon-form forth issue from my limbs
To sieze her new born son? Ah me! the wretched Leutha!
This to prevent, entering the doors of Satans brain night after night
Like sweet perfumes I stupified the masculine perceptions
And kept only the feminine awake. hence rose his soft
Delusory love to Palamabron: admiration join'd with envy
Cupidity unconquerable! my fault, when at noon of day
The Horses of Palamabron call'd for rest and pleasant death:
I sprang out of the breast of Satan, over the Harrow beaming
In all my beauty! that I might unloose the flaming steeds
As Elynittria use'd to do; but too well those living creatures
Knew that I was not Elynittria, and they brake the traces
But me, the servants of the Harrow saw not: but as a bow
Of varying colours on the hills; terribly rag'd the horses.
Satan astonishd, and with power above his own controll
Compell'd the Gnomes to curb the horses, & to throw banks of sand
Around the fiery flaming Harrow in labyrinthine forms.
And brooks between to intersect the meadows in their course.
The Harrow cast thick flames: Jehovah thunderd above:
Chaos & ancient night fled from beneath the fiery Harrow:
The Harrow cast thick flames & orb'd us round in concave fires
A Hell of our own making. see, its flames still gird me round
Jehovah thunder'd above: Satan in pride of heart
Drove the fierce Harrow among the constellations of Jehovah
Drawing a third part in the fires as stubble north & south
To devour Albion and Jerusalem the Emanation of Albion
Driving the Harrow in Pitys paths. 'twas then, with our dark fires
Which now gird round us (O eternal torment) I form'd the Serpent
Of precious stones & gold turn'd poisons on the sultry wastes
The Gnomes in all that day spar'd not; they curs'd Satan bitterly.
To do unkind things in kindness! with power arm'd, to say
The most irritating things in the midst of tears and love
These are the stings of the Serpent! thus did we by them; till thus
They in return retaliated, and the Living Creatures maddend.
The Gnomes labourd. I weeping hid in Satans inmost brain;
But when the Gnomes refus'd to labour more, with blandishments
I came forth from the head of Satan! back the Gnomes recoil'd.
And call'd me Sin, and for a sign portentous held me. Soon
Day sunk and Palamabron return'd, trembling I hid myself
In Satans inmost Palace of his nervous fine wrought Brain:
For Elynittria met Satan with all her singing women.
Terrific in their joy & pouring wine of wildest power
They gave Satan their wine: indignant at the burning wrath.
Wild with prophetic fury his former life became like a dream
Cloth'd in the Serpents folds, in selfish holiness demanding purity
Being most impure, self-condemn'd to eternal tears, he drove
Me from his inmost Brain & the doors clos'd with thunders sound
O Divine Vision who didst create the Female: to repose
The Sleepers of Beulah: pity the repentant Leutha. My

Sick

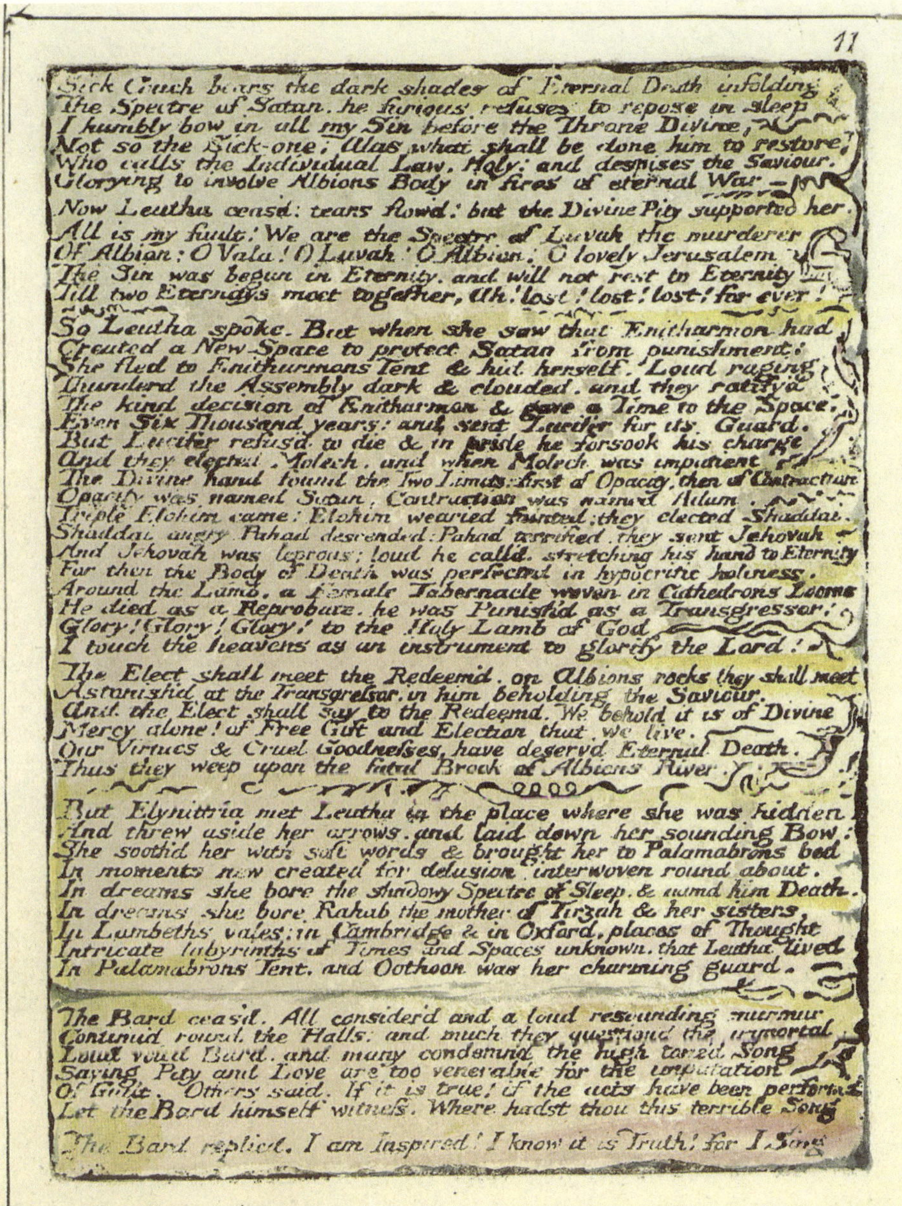

11

Sick Couch bears the dark shades of Eternal Death infolding
The Spectre of Satan. he furious refuses to repose in sleep
I humbly bow in all my Sin before the Throne Divine,
Not so the Sick-one; Alas what shall be done him to restore?
Who calls the Individual Law, Holy: and despises the Saviour.
Glorying to involve Albions Body in fires of eternal War—

Now Leutha ceas'd: tears flow'd: but the Divine Pity supported her.

All is my fault! We are the Spectre of Luvah the murderer
Of Albion: O Vala! O Luvah! O Albion! O lovely Jerusalem
The Sin was begun in Eternity. and will not rest to Eternity
Till two Eternitys meet together, Ah! lost! lost! lost! for ever!

So Leutha spoke. But when she saw that Enitharmon had
Created a New Space to protect Satan from punishment;
She fled to Enitharmons Tent & hid herself. Loud raging
Thunderd the Assembly dark & clouded. and they ratify'd
The kind decision of Enitharmon & gave a Time to the Space,
Even Six Thousand years; and sent Lucifer for its Guard.
But Lucifer refus'd to die & in pride he forsook his charge
And they elected Molech. and when Molech was impatient
The Divine hand found the Two Limits: first of Opacity, then of Contraction
Opacity was named Satan, Contraction was named Adam.
Triple Elohim came: Elohim wearied fainted: they elected Shaddai.
Shaddai angry, Pahad descended: Pahad terrified, they sent Jehovah
And Jehovah was leprous; loud he call'd, stretching his hand to Eternity
For then the Body of Death was perfected in hypocritic holiness,
Around the Lamb, a Female Tabernacle woven in Cathedrons Looms
He died as a Reprobate. he was Punish'd as a Transgressor!
Glory! Glory! Glory! to the Holy Lamb of God
I touch the heavens as an instrument to glorify the Lord!

The Elect shall meet the Redeem'd. on Albions rocks they shall meet
Astonish'd at the Transgressor, in him beholding the Saviour.
And the Elect shall say to the Redeemd. We behold it is of Divine
Mercy alone! of Free Gift and Election that we live.
Our Virtues & Cruel Goodnesses, have deserv'd Eternal Death.
Thus they weep upon the fatal Brook of Albions River.

But Elynittria met Leutha in the place where she was hidden.
And threw aside her arrows. and laid down her sounding Bow;
She sooth'd her with soft words & brought her to Palamabrons bed
In moments new created for delusion, interwoven round about.
In dreams she bore the shadowy Spectre of Sleep, & namd him Death.
In dreams she bore Rahab the mother of Tirzah & her sisters
In Lambeths vales; in Cambridge & in Oxford, places of Thought
Intricate labyrinths of Times and Spaces unknown, that Leutha lived
In Palamabrons Tent, and Oothoon was her charming guard.

The Bard ceas'd. All consider'd and a loud resounding murmur
Continu'd round the Halls; and much they question'd the immortal
Loud voic'd Bard. and many condemn'd the high tone'd Song
Saying Pity and Love are too venerable for the imputation
Of Guilt. Others said. If it is true! if the acts have been perform'd
Let the Bard himself witness. Where hadst thou this terrible Song

The Bard replied. I am Inspired! I know it is Truth! for I Sing

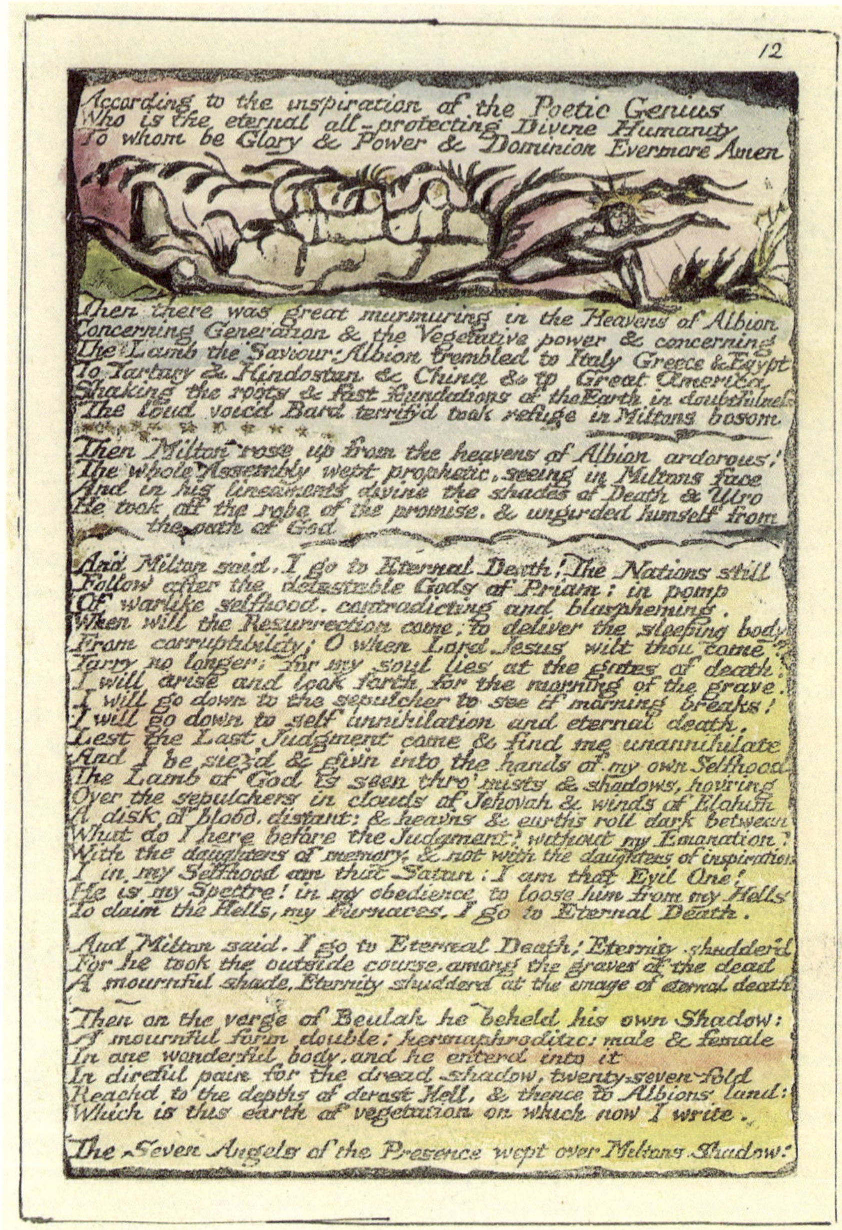
12

According to the inspiration of the Poetic Genius
Who is the eternal all-protecting Divine Humanity
To whom be Glory & Power & Dominion Evermore Amen

Then there was great murmuring in the Heavens of Albion
Concerning Generation & the Vegetative power & concerning
The Lamb the Saviour: Albion trembled to Italy Greece & Egypt
To Tartary & Hindostan & China & to Great America
Shaking the roots & fast foundations of the Earth in doubtfulness
The loud voic'd Bard terrify'd took refuge in Miltons bosom

Then Milton rose up from the heavens of Albion ardorous!
The whole Assembly wept prophetic, seeing in Miltons face
And in his lineaments divine the shades of Death & Ulro
He took off the robe of the promise, & ungirded himself from
the oath of God

And Milton said, I go to Eternal Death! The Nations still
Follow after the detestable Gods of Priam; in pomp
Of warlike selfhood, contradicting and blaspheming.
When will the Resurrection come; to deliver the sleeping body
From corruptibility: O when Lord Jesus wilt thou come?
Tarry no longer; for my soul lies at the gates of death.
I will arise and look forth for the morning of the grave.
I will go down to the sepulcher to see if morning breaks!
I will go down to self annihilation and eternal death,
Lest the Last Judgment come & find me unannihilate
And I be siez'd & giv'n into the hands of my own Selfhood
The Lamb of God is seen thro' mists & shadows, hov'ring
Over the sepulchers in clouds of Jehovah & winds of Elohim
A disk of blood, distant; & heav'ns & earths roll dark between
What do I here before the Judgment? without my Emanation?
With the daughters of memory, & not with the daughters of inspiration
I in my Selfhood am that Satan: I am that Evil One!
He is my Spectre! in my obedience to loose him from my Hells
To claim the Hells, my Furnaces, I go to Eternal Death.

And Milton said, I go to Eternal Death! Eternity shudder'd
For he took the outside course, among the graves of the dead
A mournful shade. Eternity shudderd at the image of eternal death

Then on the verge of Beulah he beheld his own Shadow;
A mournful form double; hermaphroditic: male & female
In one wonderful body, and he enterd into it
In direful pain for the dread shadow, twenty-seven-fold
Reachd to the depths of direst Hell, & thence to Albions land:
Which is this earth of vegetation on which now I write.

The Seven Angels of the Presence wept over Miltons Shadow!

13

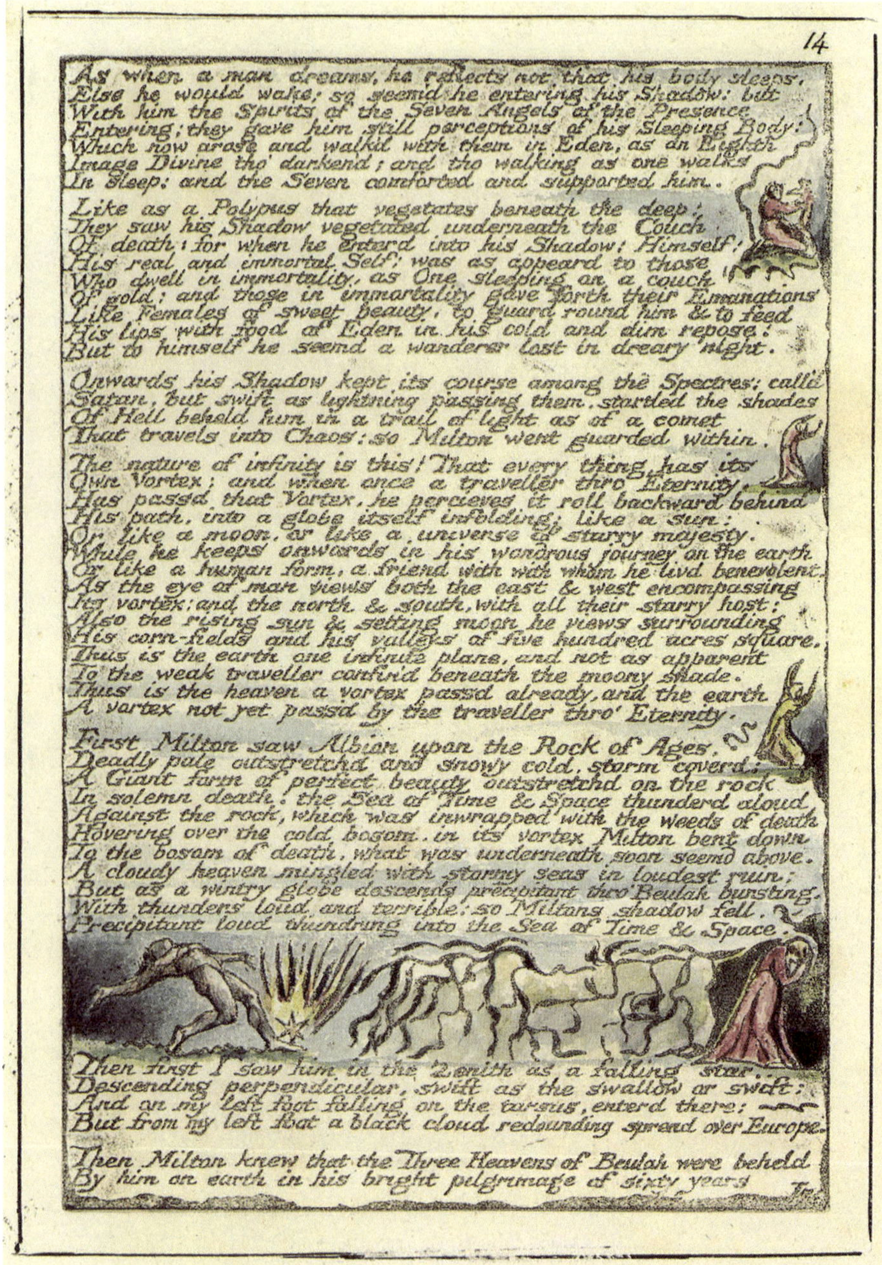

14

As when a man dreams, he reflects not that his body sleeps,
Else he would wake; so seem'd he entering his Shadow: but
With him the Spirits of the Seven Angels of the Presence
Entering; they gave him still perceptions of his Sleeping Body:
Which now arose and walk'd with them in Eden, as an Eighth
Image Divine tho' darken'd; and tho walking as one walks
In sleep: and the Seven comforted and supported him.

Like as a Polypus that vegetates beneath the deep;
They saw his Shadow vegetated underneath the Couch
Of death: for when he enterd into his Shadow: Himself:
His real and immortal Self: was as appeard to those
Who dwell in immortality, as One sleeping on a couch
Of gold; and those in immortality gave forth their Emanations
Like Females of sweet beauty, to guard round him & to feed
His lips with food of Eden in his cold and dim repose:
But to himself he seemd a wanderer lost in dreary night.

Onwards his Shadow kept its course among the Spectres; call'd
Satan, but swift as lightning passing them, startled the shades
Of Hell beheld him in a trail of light as of a comet
That travels into Chaos: so Milton went guarded within.

The nature of infinity is this! That every thing has its
Own Vortex; and when once a traveller thro Eternity.
Has passd that Vortex, he percieves it roll backward behind
His path, into a globe itself infolding; like a sun:
Or like a moon, or like a universe of starry majesty,
While he keeps onwards in his wondrous journey on the earth
Or like a human form, a friend with with whom he livd benevolent.
As the eye of man views both the east & west encompassing
Its vortex; and the north & south, with all their starry host;
Also the rising sun & setting moon he views surrounding
His corn-fields and his valleys of five hundred acres square.
Thus is the earth one infinite plane, and not as apparent
To the weak traveller confin'd beneath the moony shade.
Thus is the heaven a vortex passd already, and the earth
A vortex not yet pass'd by the traveller thro' Eternity.

First Milton saw Albion upon the Rock of Ages,
Deadly pale outstretchd and snowy cold, storm coverd;
A Giant form of perfect beauty outstretchd on the rock
In solemn death: the Sea of Time & Space thunderd aloud
Against the rock, which was inwrapped with the weeds of death
Hovering over the cold bosom, in its vortex Milton bent down
To the bosom of death, what was underneath soon seemd above.
A cloudy heaven mingled with stormy seas in loudest ruin;
But as a wintry globe descends precipitant thro Beulah bursting,
With thunders loud and terrible: so Miltons shadow fell,
Precipitant loud thundring into the Sea of Time & Space.

Then first I saw him in the Zenith as a falling star,
Descending perpendicular, swift as the swallow or swift;
And on my left foot falling on the tarsus, enterd there;
But from my left foot a black cloud redounding spread over Europe.

Then Milton knew that the Three Heavens of Beulah were beheld
By him on earth in his bright pilgrimage of sixty years

In

15
To Annihilate the Self-hood of Deceit &
False Forgiveness

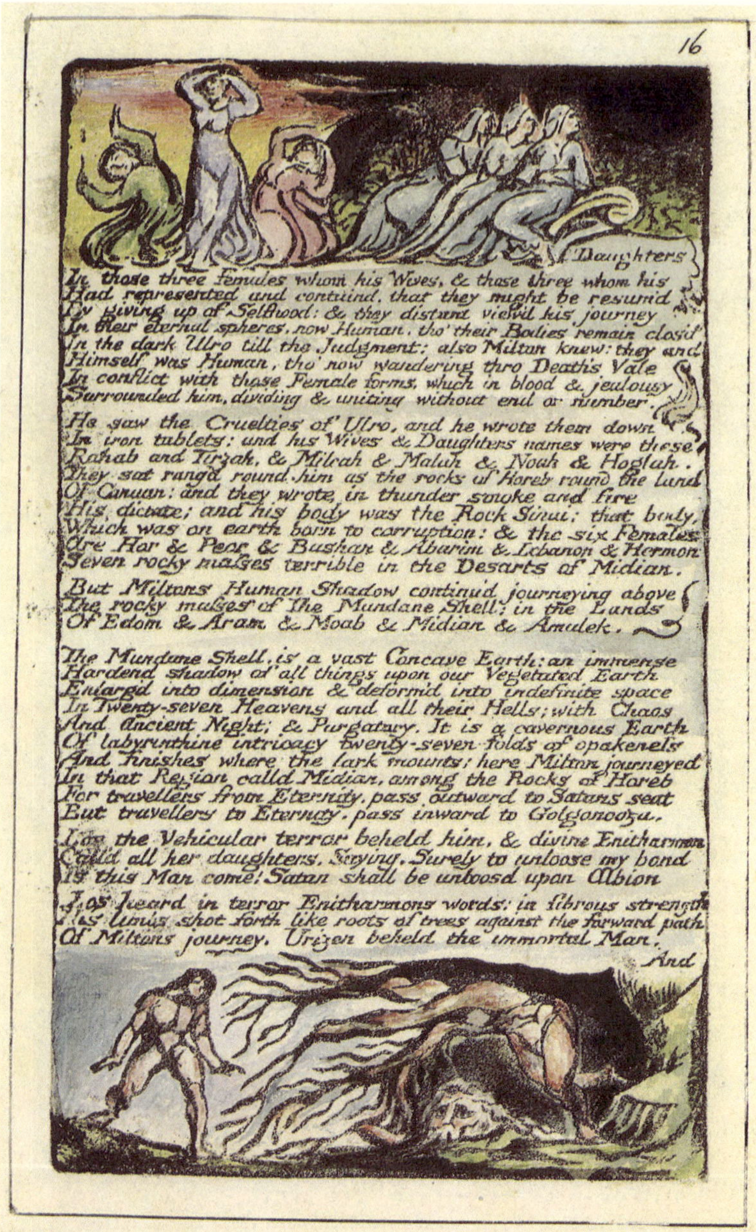

16

Daughters
In those three females whom his Wives, & those three whom his
Had represented and containd, that they might be resumd
By giving up of Selfhood: & they distant view'd his journey
In their eternal spheres, now Human, tho' their Bodies remain closd
In the dark Ulro till the Judgment: also Milton knew: they and
Himself was Human, tho' now wandering thro Death's Vale
In conflict with those Female forms, which in blood & jealousy
Surrounded him, dividing & uniting without end or number.

He saw the Cruelties of Ulro, and he wrote them down
In iron tablets: and his Wives & Daughters names were these
Rahab and Tirzah, & Milcah & Malah & Noah & Hoglah.
They sat rangd round him as the rocks of Horeb round the land
Of Canaan: and they wrote in thunder smoke and fire
His dictate; and his body was the Rock Sinai; that body,
Which was on earth born to corruption: & the six Females
Are Hor & Peor & Bashan & Abarim & Lebanon & Hermon
Seven rocky masses terrible in the Desarts of Midian.

But Miltons Human Shadow continud journeying above
The rocky masses of The Mundane Shell; in the Lands
Of Edom & Aram & Moab & Midian & Amalek.

The Mundane Shell, is a vast Concave Earth: an immense
Hardend shadow of all things upon our Vegetated Earth
Enlarg'd into dimension & deform'd into indefinite space
In Twenty-seven Heavens and all their Hells; with Chaos
And Ancient Night; & Purgatory. It is a cavernous Earth
Of labyrinthine intricacy twenty-seven folds of opakeness
And finishes where the lark mounts; here Milton journeyed
In that Region calld Midian, among the Rocks of Horeb
For travellers from Eternity. pass outward to Satans seat
But travellers to Eternity. pass inward to Golgonooza.

Los the Vehicular terror beheld him, & divine Enitharmon
Calld all her daughters, Saying. Surely to unloose my bond
Is this Man come! Satan shall be unloosd upon Albion

Los heard in terror Enitharmons words: in fibrous strength
His limbs shot forth like roots of trees against the forward path
Of Miltons journey. Urizen beheld the immortal Man,
And

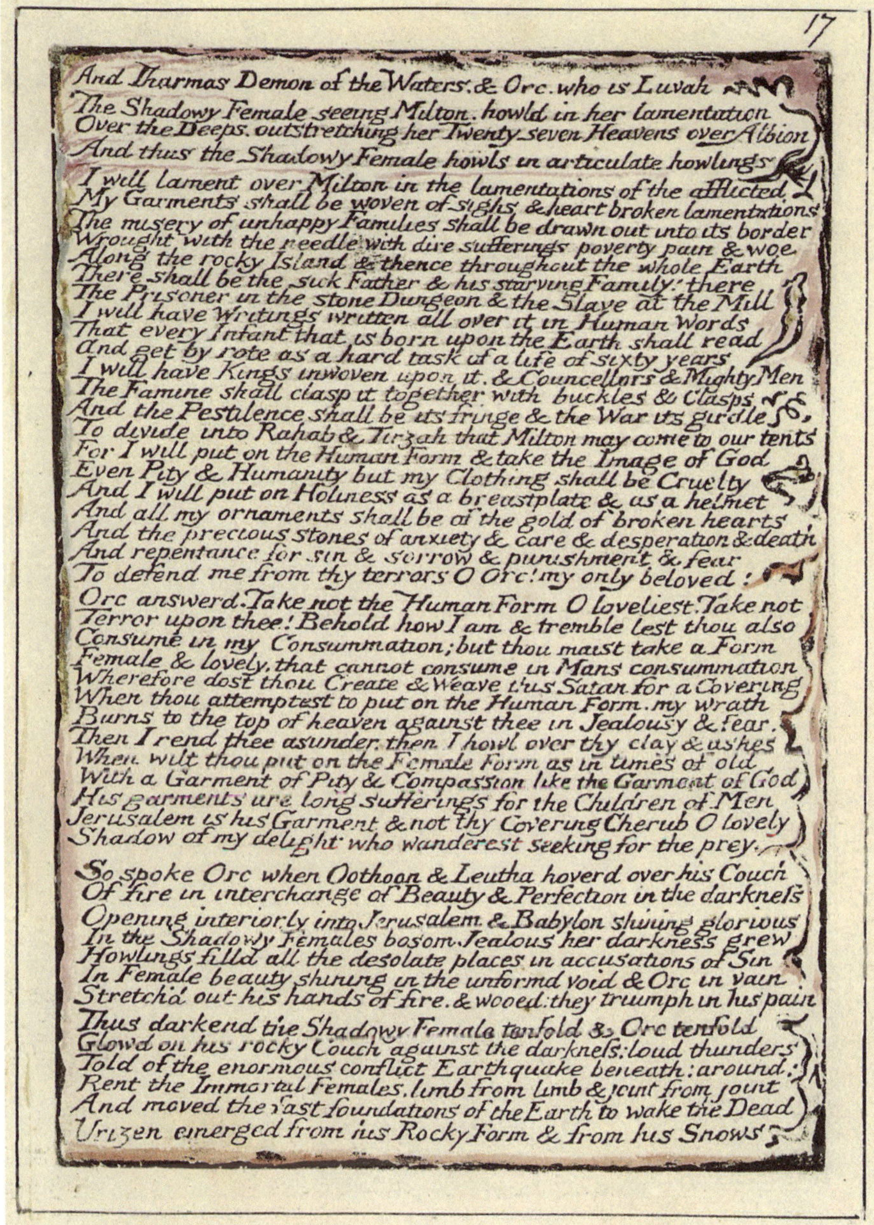

17

And Tharmas Demon of the Waters. & Orc. who is Luvah

The Shadowy Female seeing Milton. howld in her lamentation
Over the Deeps. outstretching her Twenty seven Heavens over Albion

And thus the Shadowy Female howls in articulate howlings

I will lament over Milton in the lamentations of the afflicted
My Garments shall be woven of sighs & heart broken lamentations
The misery of unhappy Families shall be drawn out into its border
Wrought with the needle with dire sufferings poverty pain & woe
Along the rocky Island & thence throughout the whole Earth
There shall be the sick Father & his starving Family! there
The Prisoner in the stone Dungeon & the Slave at the Mill
I will have Writings written all over it in Human Words
That every Infant that is born upon the Earth shall read
And get by rote as a hard task of a life of sixty years
I will have Kings inwoven upon it, & Councellors & Mighty Men
The Famine shall clasp it together with buckles & Clasps
And the Pestilence shall be its fringe & the War its girdle
To divide into Rahab & Tirzah that Milton may come to our tents
For I will put on the Human Form & take the Image of God
Even Pity & Humanity but my Clothing shall be Cruelty
And I will put on Holiness as a breastplate & as a helmet
And all my ornaments shall be of the gold of broken hearts
And the precious stones of anxiety & care & desperation & death
And repentance for sin & sorrow & punishment & fear
To defend me from thy terrors O Orc! my only beloved!

Orc answerd. Take not the Human Form O loveliest. Take not
Terror upon thee! Behold how I am & tremble lest thou also
Consume in my Consummation; but thou maist take a Form
Female & lovely, that cannot consume in Mans consummation
Wherefore dost thou Create & Weave this Satan for a Covering
When thou attemptest to put on the Human Form, my wrath
Burns to the top of heaven against thee in Jealousy & fear.
Then I rend thee asunder, then I howl over thy clay & ashes
When wilt thou put on the Female Form as in times of old
With a Garment of Pity & Compassion like the Garment of God
His garments are long sufferings for the Children of Men
Jerusalem is his Garment & not thy Covering Cherub O lovely
Shadow of my delight who wanderest seeking for the prey.

So spoke Orc when Oothoon & Leutha hoverd over his Couch
Of fire in interchange of Beauty & Perfection in the darkness
Opening interiorly into Jerusalem & Babylon shining glorious
In the Shadowy Females bosom. Jealous her darkness grew
Howlings filld all the desolate places in accusations of Sin
In Female beauty shining in the unformd void & Orc in vain
Stretch'd out his hands of fire, & wooed: they triumph in his pain

Thus darkend the Shadowy Female tenfold & Orc tenfold
Glowd on his rocky Couch against the darkness: loud thunders
Told of the enormous conflict Earthquake beneath: around;
Rent the Immortal Females, limb from limb & joint from joint
And moved the fast foundations of the Earth to wake the Dead
Urizen emerged from his Rocky Form & from his Snows

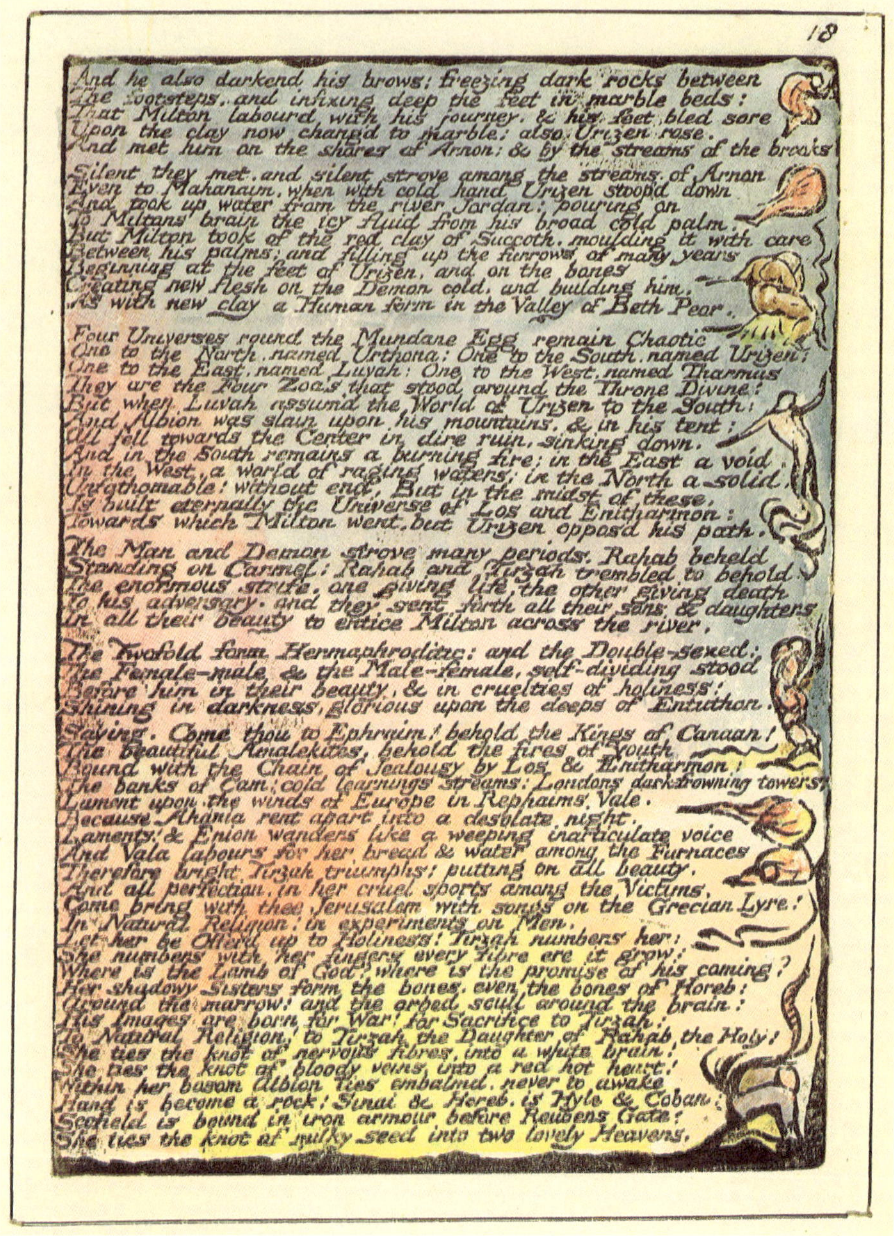

18

And he also darkend his brows: freezing dark rocks between
The footsteps, and infixing deep the feet in marble beds:
That Milton labourd with his journey, & his feet bled sore
Upon the clay now changd to marble; also Urizen rose,
And met him on the shores of Arnon; & by the streams of the brooks

Silent they met, and silent strove among the streams, of Arnon
Even to Mahanaim, when with cold hand Urizen stoop'd down
And took up water from the river Jordan: pouring on
To Miltons brain the icy fluid from his broad cold palm.
But Milton took of the red clay of Succoth, moulding it with care
Between his palms: and filling up the furrows of many years
Beginning at the feet of Urizen, and on the bones
Creating new flesh on the Demon cold, and building him,
As with new clay a Human form in the Valley of Beth Peor.

Four Universes round the Mundane Egg remain Chaotic
One to the North, named Urthona: One to the South, named Urizen:
One to the East, named Luvah: One to the West, named Tharmas
They are the Four Zoa's that stood around the Throne Divine!
But when Luvah assumd the World of Urizen to the South:
And Albion was slain upon his mountains, & in his tent;
All fell towards the Center in dire ruin, sinking down.
And in the South remains a burning fire; in the East a void.
In the West, a world of raging waters; in the North a solid,
Unfathomable! without end. But in the midst of these,
Is built eternally the Universe of Los and Enitharmon:
Towards which Milton went, but Urizen oppos'd his path.

The Man and Demon strove many periods. Rahab beheld
Standing on Carmel; Rahab and Tirzah trembled to behold
The enormous strife, one giving life, the other giving death
To his adversary, and they sent forth all their sons & daughters
In all their beauty to entice Milton across the river.

The Twofold form Hermaphroditic: and the Double-sexed;
The Female-male & the Male-female, self-dividing stood
Before him in their beauty, & in cruelties of holiness!
Shining in darkness, glorious upon the deeps of Entuthon.

Saying. Come thou to Ephraim! behold the Kings of Canaan!
The beautiful Amalekites, behold the fires of youth
Bound with the Chain of Jealousy by Los & Enitharmon;
The banks of Cam: cold learnings streams: Londons dark-frowning towers;
Lament upon the winds of Europe in Rephaims Vale.
Because Ahania rent apart into a desolate night,
Laments; & Enion wanders like a weeping inarticulate voice
And Vala labours for her bread & water among the Furnaces
Therefore bright Tirzah triumphs: putting on all beauty.
And all perfection, in her cruel sports among the Victims,
Come bring with thee Jerusalem with songs on the Grecian Lyre!
In Natural Religion! in experiments on Men,
Let her be Offerd up to Holiness! Tirzah numbers her;
She numbers with her fingers every fibre ere it grow;
Where is the Lamb of God? where is the promise of his coming?
Her shadowy Sisters form the bones, even the bones of Horeb:
Around the marrow! and the orbed scull around the brain:
His Images are born for War! for Sacrifice to Tirzah:
To Natural Religion! to Tirzah the Daughter of Rahab the Holy!
She ties the knot of nervous fibres, into a white brain!
She ties the knot of bloody veins, into a red hot heart!
Within her bosom Albion lies embalmd, never to awake
Hand is become a rock! Sinai & Horeb, is Hyle & Coban:
Scofield is bound in iron armour before Reubens Gate!
She ties the knot of milky seed into two lovely Heavens,

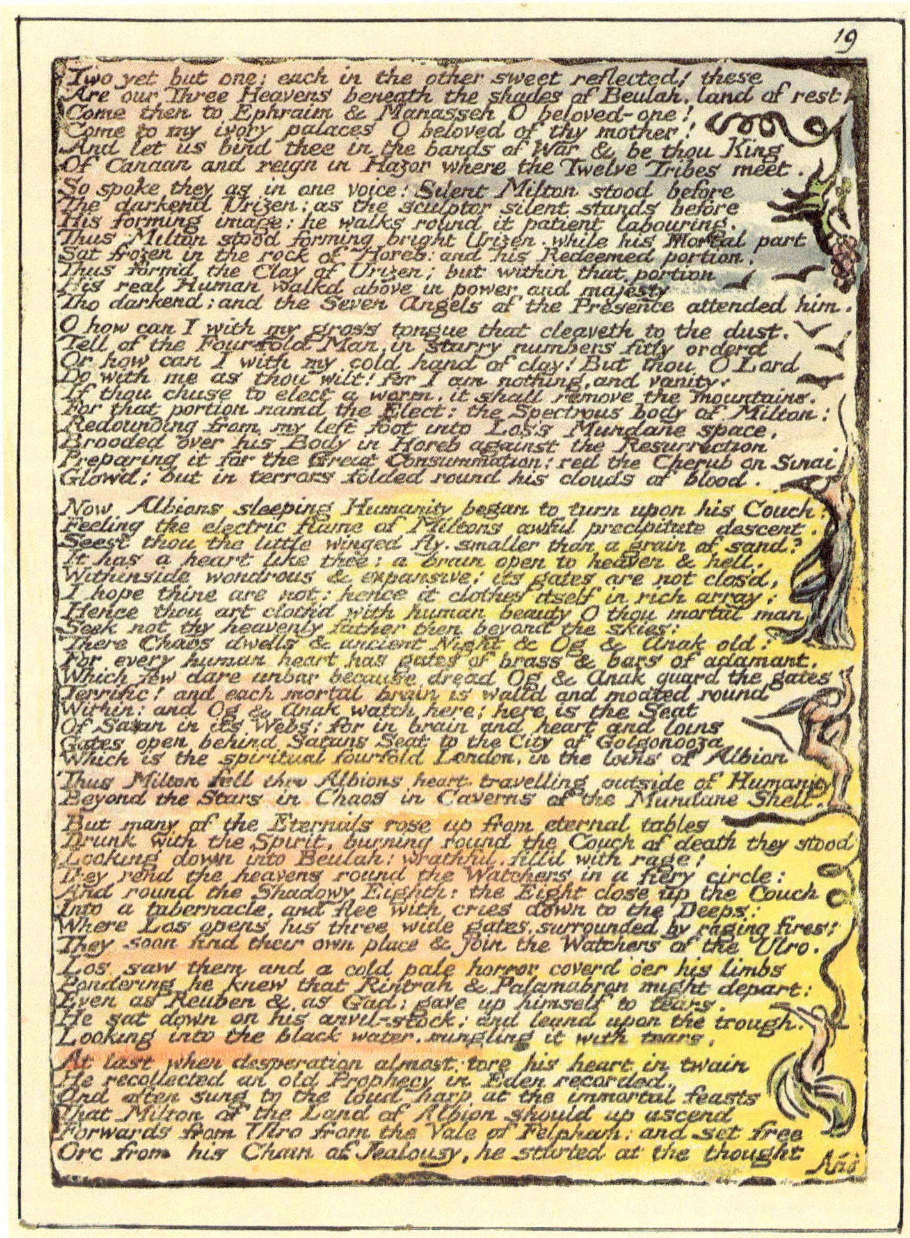
19

Two yet but one: each in the other sweet reflected! these
Are our Three Heavens beneath the shades of Beulah, land of rest!
Come then to Ephraim & Manasseh O beloved-one!
Come to my ivory palaces O beloved of thy mother!
And let us bind thee in the bands of War & be thou King
Of Canaan and reign in Hazor where the Twelve Tribes meet.

So spoke they as in one voice! Silent Milton stood before
The darkend Urizen; as the sculptor silent stands before
His forming image; he walks round it patient labouring.
Thus Milton stood forming bright Urizen, while his Mortal part
Sat frozen in the rock of Horeb: and his Redeemed portion,
Thus formd the Clay of Urizen; but within that portion
His real Human walkd above in power and majesty
Tho darkend; and the Seven Angels of the Presence attended him.

O how can I with my gross tongue that cleaveth to the dust,
Tell of the Fourfold Man, in starry numbers fitly orderd
Or how can I with my cold hand of clay! But thou O Lord
Do with me as thou wilt! for I am nothing, and vanity.
If thou chuse to elect a worm, it shall remove the mountains.
For that portion namd the Elect: the Spectrous body of Milton:
Redounding from my left foot into Los's Mundane space,
Brooded over his Body in Horeb against the Resurrection
Preparing it for the Great Consummation; red the Cherub on Sinai
Glowd; but in terrors folded round his clouds of blood.

Now Albions sleeping Humanity began to turn upon his Couch;
Feeling the electric flame of Miltons awful precipitate descent.
Seest thou the little winged fly, smaller than a grain of sand?
It has a heart like thee; a brain open to heaven & hell,
Withinside wondrous & expansive; its gates are not closd,
I hope thine are not: hence it clothes itself in rich array;
Hence thou art clothd with human beauty O thou mortal man
Seek not thy heavenly father then beyond the skies:
There Chaos dwells & ancient Night & Og & Anak old:
For every human heart has gates of brass & bars of adamant,
Which few dare unbar because dread Og & Anak guard the gates
Terrific! and each mortal brain is walld and moated round
Within: and Og & Anak watch here; here is the Seat
Of Satan in its Webs; for in brain and heart and loins
Gates open behind Satans Seat to the City of Golgonooza
Which is the spiritual fourfold London, in the loins of Albion

Thus Milton fell thro Albions heart, travelling outside of Humanity
Beyond the Stars in Chaos in Caverns of the Mundane Shell.

But many of the Eternals rose up from eternal tables
Drunk with the Spirit, burning round the Couch of death they stood
Looking down into Beulah: wrathful, filld with rage!
They rend the heavens round the Watchers in a fiery circle:
And round the Shadowy Eighth: the Eight close up the Couch
Into a tabernacle, and flee with cries down to the Deeps:
Where Los opens his three wide gates, surrounded by raging fires!
They soon find their own place & join the Watchers of the Ulro.

Los saw them and a cold pale horror coverd oer his limbs
Pondering he knew that Rintrah & Palamabron might depart:
Even as Reuben & as Gad; gave up himself to tears.
He sat down on his anvil-stock; and leand upon the trough.
Looking into the black water, mingling it with tears.

At last when desperation almost tore his heart in twain
He recollected an old Prophecy in Eden recorded,
And often sung to the loud harp at the immortal feasts
That Milton of the Land of Albion should up ascend
Forwards from Ulro from the Vale of Felpham; and set free
Orc from his Chain of Jealousy, he started at the thought

And

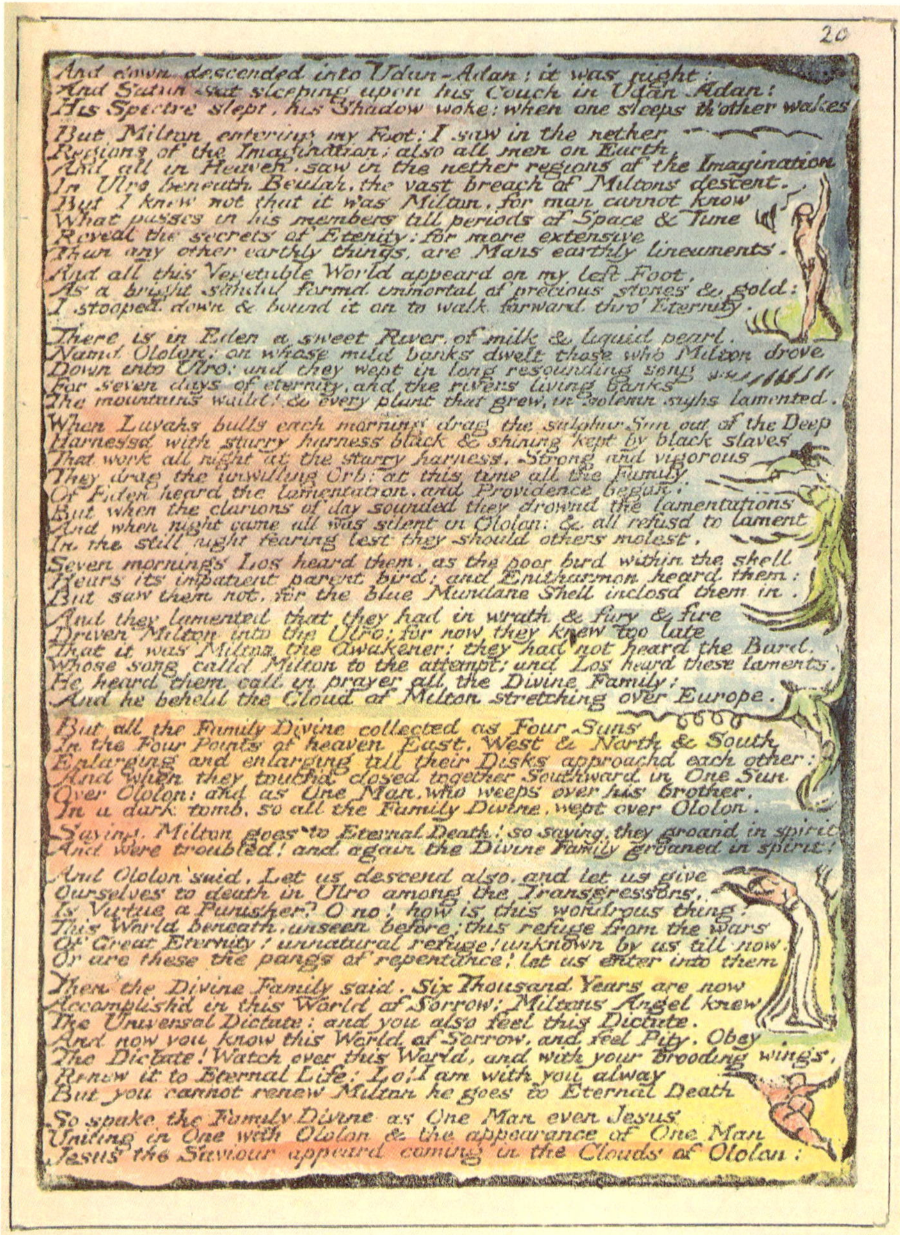
20

And down descended into Udan-Adan; it was night:
And Satan sat sleeping upon his Couch in Udan-Adan:
His Spectre slept, his Shadow woke; when one sleeps th'other wakes

But Milton entering my Foot; I saw in the nether
Regions of the Imagination; also all men on Earth,
And all in Heaven, saw in the nether regions of the Imagination
In Ulro beneath Beulah, the vast breach of Miltons descent.
But I knew not that it was Milton, for man cannot know
What passes in his members till periods of Space & Time
Reveal the secrets of Eternity: for more extensive
Than any other earthly things, are Mans earthly lineaments.
And all this Vegetable World appeard on my left Foot,
As a bright sandal formd immortal of precious stones & gold:
I stooped down & bound it on to walk forward thro' Eternity.

There is in Eden a sweet River, of milk & liquid pearl,
Namd Ololon; on whose mild banks dwelt those who Milton drove
Down into Ulro: and they wept in long resounding song
For seven days of eternity, and the rivers living banks
The mountains wail'd! & every plant that grew, in solemn sighs lamented.

When Luvahs bulls each morning drag the sulphur Sun out of the Deep
Harnessd with starry harness black & shining kept by black slaves
That work all night at the starry harness, Strong and vigorous
They drag the unwilling Orb: at this time all the Family
Of Eden heard the lamentation, and Providence began.
But when the clarions of day sounded they drownd the lamentations
And when night came all was silent in Ololon: & all refusd to lament
In the still night fearing lest they should others molest.

Seven mornings Los heard them, as the poor bird within the shell
Hears its impatient parent bird; and Enitharmon heard them:
But saw them not, for the blue Mundane Shell inclosd them in.

And they lamented that they had in wrath & fury & fire
Driven Milton into the Ulro; for now they knew too late
That it was Milton the Awakener: they had not heard the Bard,
Whose song calld Milton to the attempt; and Los heard these laments.
He heard them call in prayer all the Divine Family;
And he beheld the Cloud of Milton stretching over Europe.

But all the Family Divine collected as Four Suns
In the Four Points of heaven East, West & North & South
Enlarging and enlarging till their Disks approachd each other;
And when they touchd closed together Southward in One Sun
Over Ololon: and as One Man, who weeps over his brother,
In a dark tomb, so all the Family Divine, wept over Ololon.

Saying, Milton goes to Eternal Death! so saying, they groan'd in spirit
And were troubled! and again the Divine Family groaned in spirit!

And Ololon said, Let us descend also, and let us give
Ourselves to death in Ulro among the Transgressors.
Is Virtue a Punisher? O no! how is this wondrous thing:
This World beneath, unseen before: this refuge from the wars
Of Great Eternity! unnatural refuge! unknown by us till now!
Or are these the pangs of repentance? let us enter into them

Then the Divine Family said. Six Thousand Years are now
Accomplishd in this World of Sorrow; Miltons Angel knew
The Universal Dictate; and you also feel this Dictate.
And now you know this World of Sorrow, and feel Pity. Obey
The Dictate! Watch over this World, and with your brooding wings,
Renew it to Eternal Life: Lo! I am with you alway
But you cannot renew Milton he goes to Eternal Death

So spake the Family Divine as One Man even Jesus
Uniting in One with Ololon & the appearance of One Man
Jesus the Saviour appeard coming in the Clouds of Ololon:

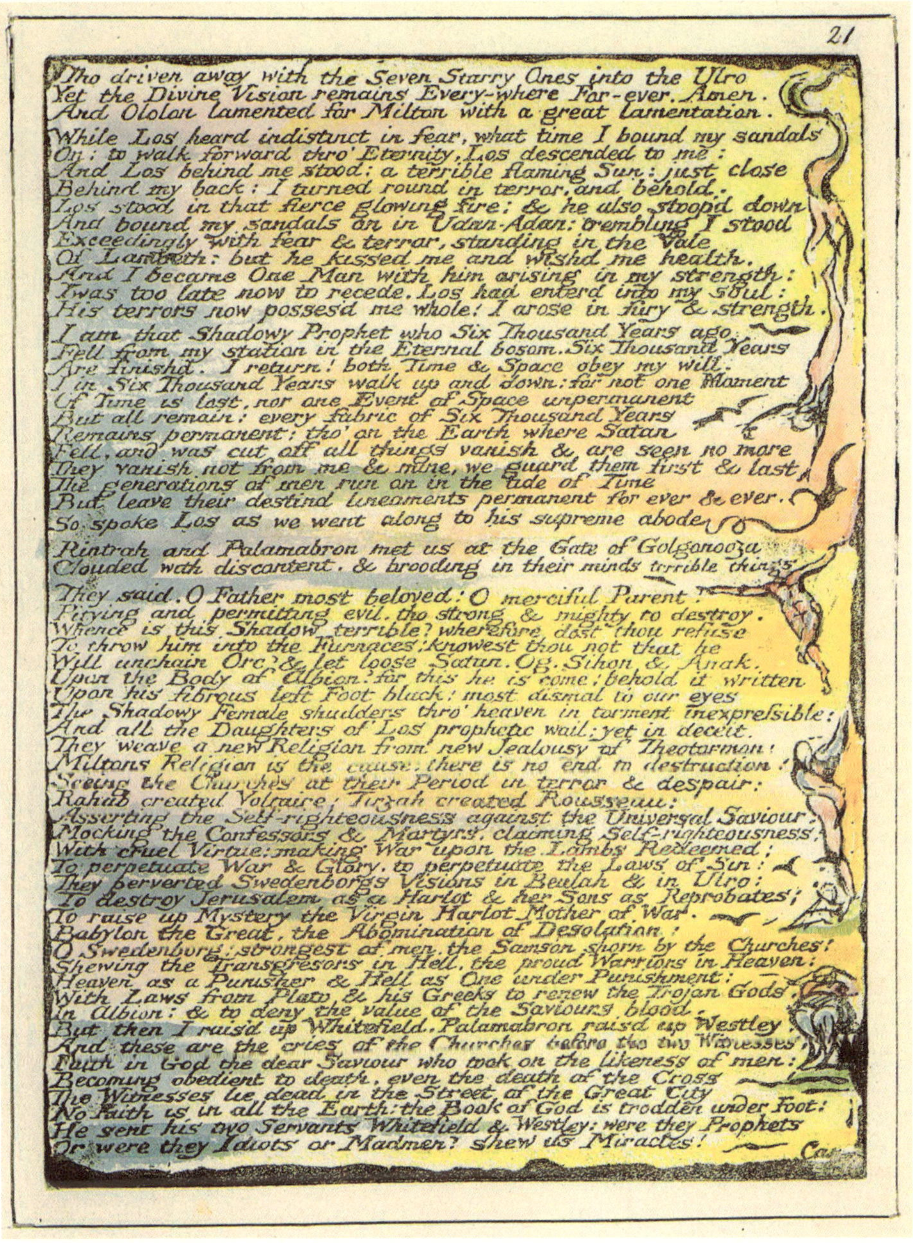
21

Tho driven away with the Seven Starry Ones into the Ulro
Yet the Divine Vision remains Every-where For-ever. Amen.
And Ololon lamented for Milton with a great lamentation.

While Los heard indistinct in fear, what time I bound my sandals
On; to walk forward thro' Eternity, Los descended to me:
And Los behind me stood; a terrible flaming Sun: just close
Behind my back; I turned round in terror, and behold.
Los stood in that fierce glowing fire; & he also stoop'd down
And bound my sandals on in Udan-Adan; trembling I stood
Exceedingly with fear & terror, standing in the Vale
Of Lambeth: but he kissed me and wishd me health.
And I became One Man with him arising in my strength:
Twas too late now to recede. Los had enterd into my soul:
His terrors now posses'd me whole! I arose in fury & strength.

I am that Shadowy Prophet who Six Thousand Years ago
Fell from my station in the Eternal bosom. Six Thousand Years
Are finishd. I return! both Time & Space obey my will.
I in Six Thousand Years walk up and down: for not one Moment
Of Time is lost, nor one Event of Space unpermanent
But all remain: every fabric of Six Thousand Years
Remains permanent: tho' on the Earth where Satan
Fell, and was cut off all things vanish & are seen no more
They vanish not from me & mine, we guard them first & last
The generations of men run on in the tide of Time
But leave their destind lineaments permanent for ever & ever.
So spoke Los as we went along to his supreme abode.

Rintrah and Palamabron met us at the Gate of Golgonooza
Clouded with discontent. & brooding in their minds terrible things

They said. O Father most beloved! O merciful Parent!
Pitying and permitting evil. tho strong & mighty to destroy.
Whence is this Shadow terrible? wherefore dost thou refuse
To throw him into the Furnaces! knowest thou not that he
Will unchain Orc? & let loose Satan. Og. Sihon & Anak.
Upon the Body of Albion? for this he is come! behold it written
Upon his fibrous left Foot black! most dismal to our eyes
The Shadowy Female shudders thro' heaven in torment inexpressible!
And all the Daughters of Los prophetic wail: yet in deceit.
They weave a new Religion from new Jealousy of Theotormon!
Miltons Religion is the cause: there is no end to destruction!
Seeing the Churches at their Period in terror & despair:
Rahab created Voltaire; Tirzah created Rousseau;
Asserting the Self-righteousness against the Universal Saviour.
Mocking the Confessors & Martyrs. claiming Self-righteousness;
With cruel Virtue: making War upon the Lambs Redeemed;
To perpetuate War & Glory. to perpetuate the Laws of Sin:
They perverted Swedenborgs Visions in Beulah & in Ulro;
To destroy Jerusalem as a Harlot & her Sons as Reprobates;
To raise up Mystery the Virgin Harlot Mother of War.
Babylon the Great, the Abomination of Desolation!
O Swedenborg! strongest of men. the Samson shorn by the Churches!
Shewing the Transgresors in Hell. the proud Warriors in Heaven:
Heaven as a Punisher & Hell as One under Punishment:
With Laws from Plato & his Greeks to renew the Trojan Gods,
In Albion; & to deny the value of the Saviours blood.
But then I raisd up Whitefield. Palamabron raisd up Westley.
And these are the cries of the Churches before the two Witnesses'
Faith in God the dear Saviour who took on the likeness of men:
Becoming obedient to death. even the death of the Cross
The Witnesses lie dead in the Street of the Great City
No Faith is in all the Earth: the Book of God is trodden under Foot:
He sent his two Servants Whitefield & Westley: were they Prophets
Or were they Idiots or Madmen? shew us Miracles!

Can

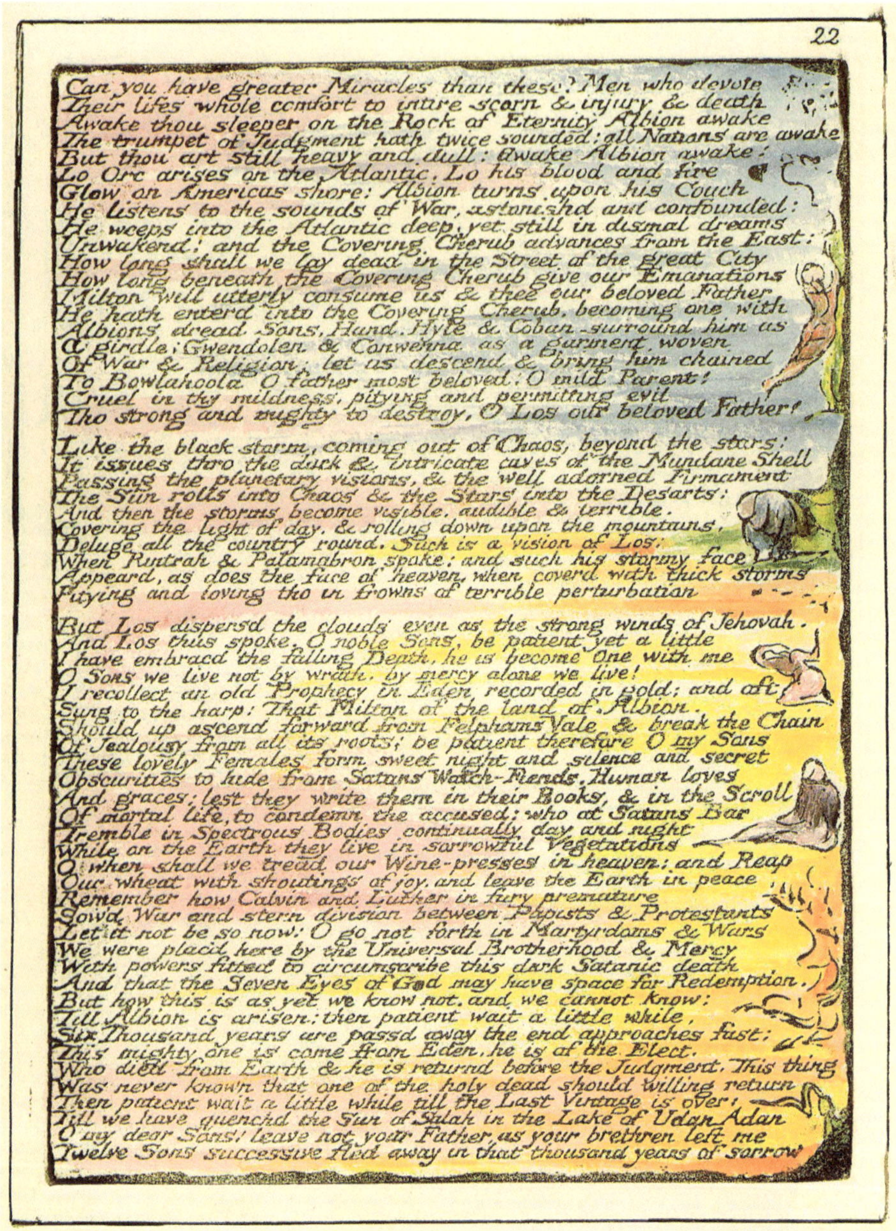
22
Can you have greater Miracles than these? Men who devote
Their lifes whole comfort to intire scorn & injury & death
Awake thou sleeper on the Rock of Eternity Albion awake
The trumpet of Judgment hath twice sounded: all Nations are awake
But thou art still heavy and dull: awake Albion awake!
Lo Orc arises on the Atlantic. Lo his blood and fire
Glow on Americas shore: Albion turns upon his Couch
He listens to the sounds of War, astonishd and confounded:
He weeps into the Atlantic deep, yet still in dismal dreams
Unwakend! and the Covering Cherub advances from the East:
How long shall we lay dead in the Street of the great City
How long beneath the Covering Cherub give our Emanations
Milton will utterly consume us & thee our beloved Father
He hath enterd into the Covering Cherub, becoming one with
Albions dread Sons, Hand, Hyle & Coban surround him as
A girdle; Gwendolen & Conwenna as a garment woven
Of War & Religion; let us descend & bring him chained
To Bowlahoola O father most beloved! O mild Parent!
Cruel in thy mildness, pitying and permitting evil
Tho strong and mighty to destroy, O Los our beloved Father!
Like the black storm, coming out of Chaos, beyond the stars:
It issues thro the dark & intricate caves of the Mundane Shell
Passing the planetary visions, & the well adorned Firmament
The Sun rolls into Chaos & the Stars into the Desarts;
And then the storms become visible, audible & terrible,
Covering the light of day, & rolling down upon the mountains,
Deluge all the country round. Such is a vision of Los;
When Rintrah & Palamabron spake; and such his stormy face
Appeard, as does the face of heaven, when coverd with thick storms
Pitying and loving tho in frowns of terrible perturbation
But Los dispersd the clouds even as the strong winds of Jehovah.
And Los thus spoke. O noble Sons, be patient yet a little
I have embraced the falling Death, he is become One with me
O Sons we live not by wrath. by mercy alone we live!
I recollect an old Prophecy in Eden recorded in gold; and oft
Sung to the harp: That Milton of the land of Albion.
Should up ascend forward from Felphams Vale & break the Chain
Of Jealousy from all its roots; be patient therefore O my Sons
These lovely Females form sweet night and silence and secret
Obscurities to hide from Satans Watch-Fiends. Human loves
And graces; lest they write them in their Books, & in the Scroll
Of mortal life, to condemn the accused: who at Satans Bar
Tremble in Spectrous Bodies continually day and night
While on the Earth they live in sorrowful Vegetations
O when shall we tread our Wine-presses in heaven; and Reap
Our wheat with shoutings of joy, and leave the Earth in peace
Remember how Calvin and Luther in fury premature
Sowd War and stern division between Papists & Protestants
Let it not be so now! O go not forth in Martyrdoms & Wars
We were placd here by the Universal Brotherhood & Mercy
With powers fitted to circumscribe this dark Satanic death
And that the Seven Eyes of God may have space for Redemption.
But how this is as yet we know not, and we cannot know;
Till Albion is arisen; then patient wait a little while,
Six Thousand years are passd away the end approaches fast;
This mighty one is come from Eden, he is of the Elect,
Who died from Earth & he is returnd before the Judgment. This thing
Was never known that one of the holy dead should willing return
Then patient wait a little while till the Last Vintage is over:
Till we have quenchd the Sun of Salah in the Lake of Udan Adan
O my dear Sons! leave not your Father, as your brethren left me
Twelve Sons successive fled away in that thousand years of sorrow

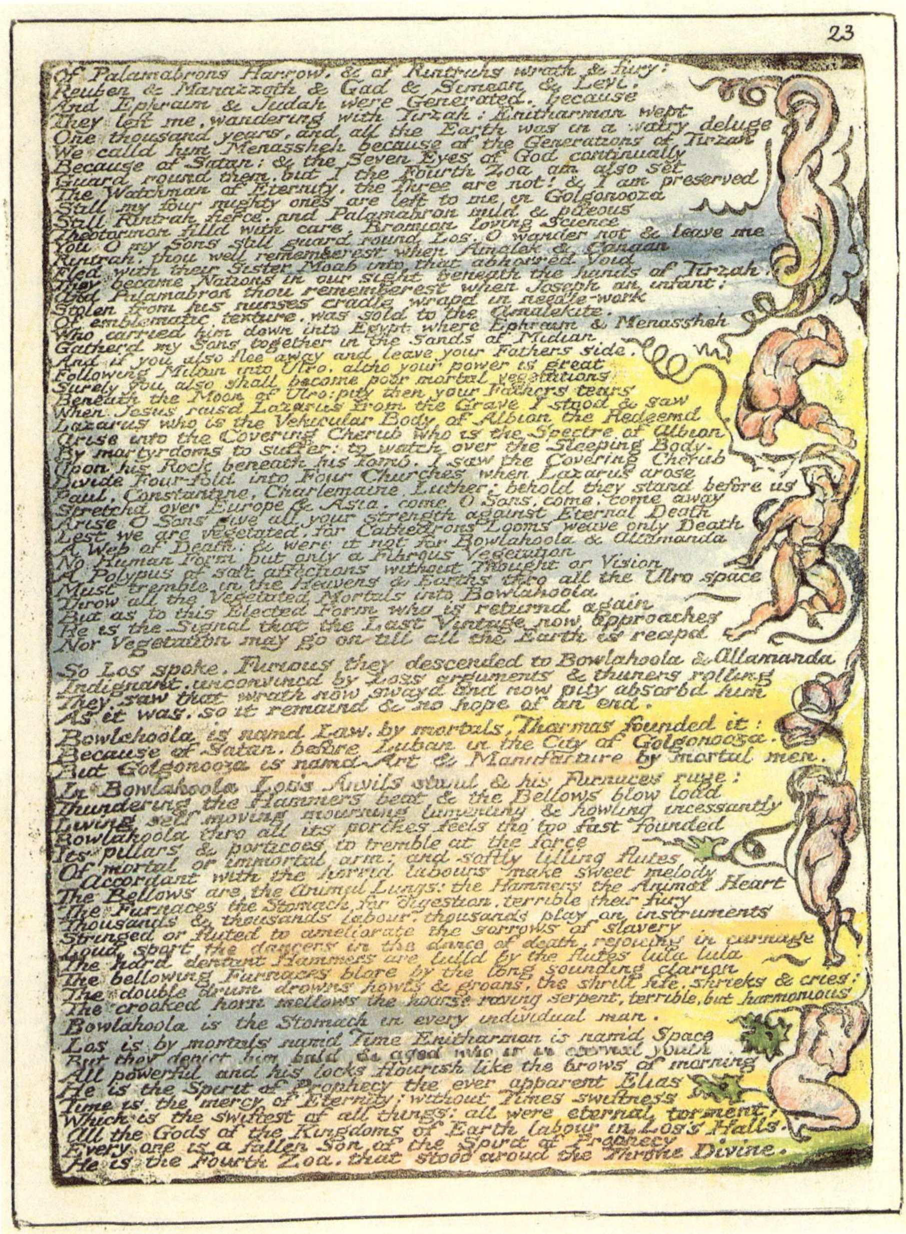

23

Of Palamabrons Harrow, & of Rintrahs wrath & fury:
Reuben & Manazzoth & Gad & Simeon & Levi,
And Ephraim & Judah were Generated, because
They left me, wandering with Tirzah: Enitharmon wept
One thousand years, and all the Earth was in a watry deluge
We calld him Menassheh because of the Generations of Tirzah
Because of Satan: & the Seven Eyes of God continually
Guard round them, but I the Fourth Zoa am also set
The Watchman of Eternity, the Three are not! & I am preserved
Still my four mighty ones are left to me in Golgonooza
Still Rintrah fierce, and Palamabron mild & piteous
Theotormon filld with care, Bromion loving Science
You O my Sons still guard round Los. O wander not & leave me
Rintrah, thou well rememberest when Amalek & Canaan
Fled with their Sister Moab into that abhorred Void
They became Nations in our sight beneath the hands of Tirzah.
And Palamabron thou rememberest when Joseph an infant;
Stolen from his nurses cradle wrapd in needle-work
Of emblematic texture, was sold to the Amalekite,
Who carried him down into Egypt where Ephraim & Menassheh
Gatherd my Sons together in the Sands of Midian.
And if you also flee away and leave your Fathers side,
Following Milton into Ulro, altho your power is great
Surely you also shall become poor mortal vegetations
Beneath the Moon of Ulro: pity then your Fathers tears
When Jesus raisd Lazarus from the Grave I stood & saw
Lazarus who is the Vehicular Body of Albion the Redeemd
Arise into the Covering Cherub who is the Spectre of Albion
By martyrdoms to suffer: to watch over the Sleeping Body.
Upon his Rock beneath his Tomb. I saw the Covering Cherub
Divide Four-fold into Four Churches when Lazarus arose
Paul, Constantine, Charlemaine, Luther; behold they stand before us
Stretchd over Europe & Asia. come O Sons, come, come away
Arise O Sons give all your strength against Eternal Death
Lest we are vegetated, for Cathedrons Looms weave only Death
A Web of Death: & were it not for Bowlahoola & Allamanda
No Human Form but only a Fibrous Vegetation
A Polypus of soft affections without Thought or Vision
Must tremble in the Heavens & Earths thro all the Ulro space
Throw all the Vegetated Mortals into Bowlahoola
But as to this Elected Form who is returnd again
He is the Signal that the Last Vintage now approaches
Nor Vegetation may go on till all the Earth is reaped

So Los spoke. Furious they descended to Bowlahoola & Allamanda
Indignant. unconvincd by Loss arguments & thuners rolling
They saw that wrath now swayd and now pity absorbd him
As it was, so it remaind & no hope of an end.

Bowlahoola is namd Law. by mortals, Tharmas founded it:
Because of Satan, before Luban in the City of Golgonooza.
But Golgonooza is namd Art & Manufacture by mortal men.

In Bowlahoola Loss Anvils stand & his Furnaces rage;
Thundering the Hammers beat & the Bellows blow loud
Living self moving mourning lamenting & howling incessantly
Bowlahoola thro all its porches feels tho' too fast founded
Its pillars & porticoes to tremble at the force
Of mortal or immortal arm: and softly lilling flutes
Accordant with the horrid labours make sweet melody
The Bellows are the Animal Lungs: the Hammers the Animal Heart
The Furnaces the Stomach for digestion. terrible their fury
Thousands & thousands labour. thousands play on instruments
Stringed or fluted to ameliorate the sorrows of slavery
Loud sport the dancers in the dance of death, rejoicing in carnage
The hard dentant Hammers are lulld by the flutes lula lula
The bellowing Furnaces blare by the long sounding clarion
The double drum drowns howls & groans, the shrill fife. shrieks & cries:
The crooked horn mellows the hoarse raving serpent, terrible, but harmonious
Bowlahoola is the Stomach in every individual man.

Los is by mortals namd Time Enitharmon is namd Space
But they depict him bald & aged who is in eternal youth
All powerful and his locks flourish like the brows of morning
He is the Spirit of Prophecy the ever apparent Elias
Time is the mercy of Eternity; without Times swiftness
Which is the swiftest of all things: all were eternal torment:
All the Gods of the Kingdoms of Earth labour in Los's Halls.
Every one is a fallen Son of the Spirit of Prophecy
He is the Fourth Zoa, that stood around the Throne Divine.

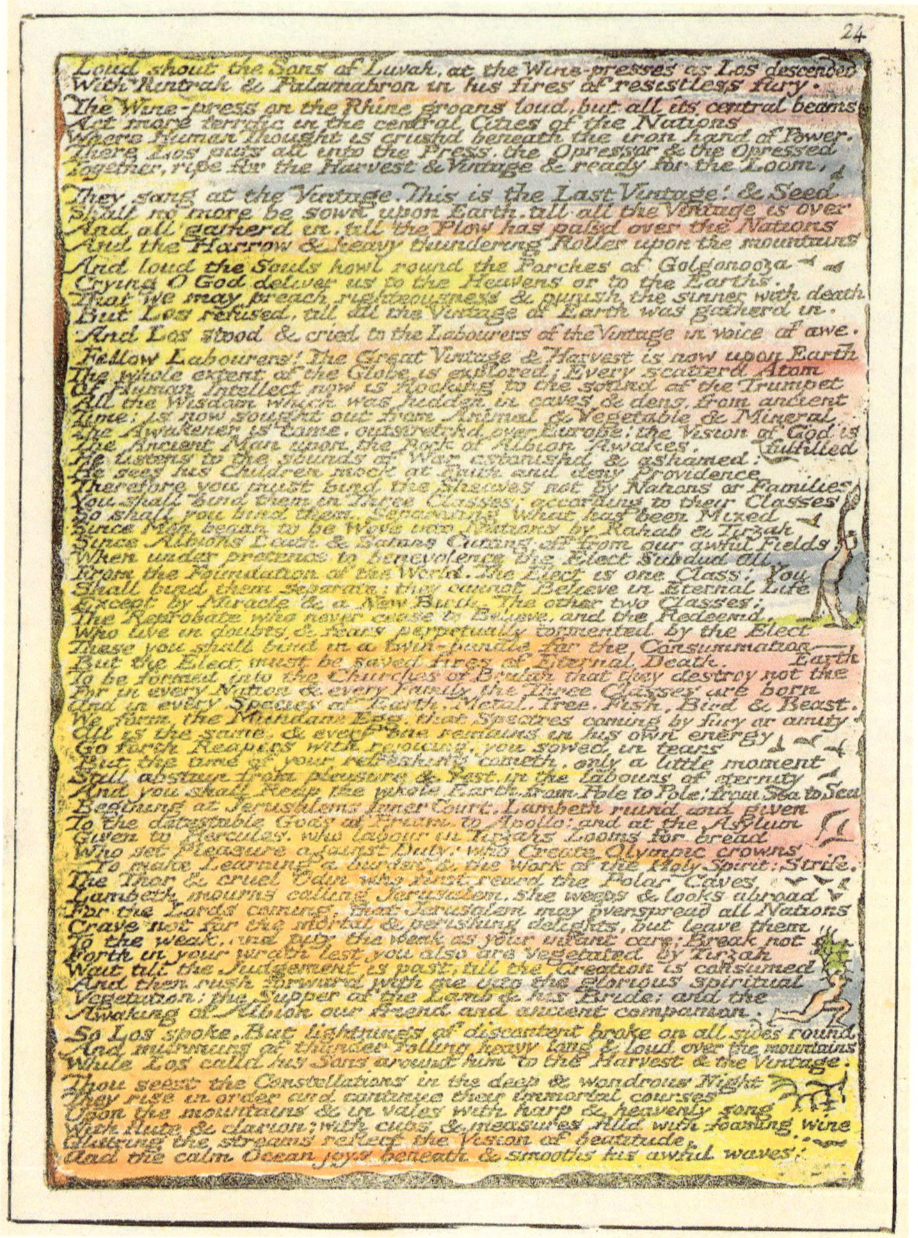

24

Loud shout the Sons of Luvah, at the Wine-presses as Los descended
With Rintrah & Palamabron in his fires of resistless fury.
The Wine-press on the Rhine groans loud, but all its central beams
Act more terrific in the central Cities of the Nations
Where Human Thought is crushd beneath the iron hand of Power.
There Los puts all into the Press, the Opressor & the Opressed
Together, ripe for the Harvest & Vintage & ready for the Loom,

They sang at the Vintage. This is the Last Vintage! & Seed
Shall no more be sown upon Earth, till all the Vintage is over
And all gatherd in, till the Plow has passd over the Nations
And the Harrow & heavy thundering Roller upon the mountains

And loud the Souls howl round the Porches of Golgonooza
Crying O God deliver us to the Heavens or to the Earths,
That we may preach righteousness & punish the sinner with death
But Los refused, till all the Vintage of Earth was gatherd in.

And Los stood & cried to the Labourers of the Vintage in voice of awe.

Fellow Labourers! The Great Vintage & Harvest is now upon Earth
The whole extent of the Globe is explored; Every scatterd Atom
Of Human Intellect now is flocking to the sound of the Trumpet
All the Wisdom which was hidden in caves & dens, from ancient
Time; is now sought out from Animal & Vegetable & Mineral
The Awakener is come. outstretchd over Europe! the Vision of God is fulfilled
The Ancient Man upon the Rock of Albion Awakes,
He listens to the sounds of War astonishd & ashamed;
He sees his Children mock at Faith and deny Providence
Therefore you must bind the Sheaves not by Nations or Families
You shall bind them in Three Classes; according to their Classes
So shall you bind them. Separating What has been Mixed
Since Men began to be Wove into Nations by Rahab & Tirzah
Since Albions Death & Satans Cutting-off from our awful Fields;
When under pretence to benevolence the Elect Subdud All
From the Foundation of the World. The Elect is one Class: You
Shall bind them separate: they cannot Believe in Eternal Life
Except by Miracle & a New Birth. The other two Classes;
The Reprobate who never cease to Believe, and the Redeemd,
Who live in doubts & fears perpetually tormented by the Elect
These you shall bind in a twin-bundle for the Consummation—
But the Elect must be saved fires of Eternal Death,
To be formed into the Churches of Beulah that they destroy not the Earth
For in every Nation & every Family the Three Classes are born
And in every Species of Earth, Metal, Tree, Fish, Bird & Beast.
We form the Mundane Egg, that Spectres coming by fury or amity
All is the same, & every one remains in his own energy
Go forth Reapers with rejoicing. you sowed in tears
But the time of your refreshing cometh. only a little moment
Still abstain from pleasure & rest. in the labours of eternity
And you shall Reap the whole Earth, from Pole to Pole! from Sea to Sea
Beginning at Jerusalems Inner Court, Lambeth ruind and given
To the detestable Gods of Priam, to Apollo: and at the Asylum
Given to Hercules, who labour in Tirzahs Looms for bread
Who set Pleasure against Duty: who Create Olympic crowns
To make Learning a burden & the Work of the Holy Spirit: Strife.
The Thor & cruel Odin who first reard the Polar Caves
Lambeth mourns calling Jerusalem. she weeps & looks abroad
For the Lords coming, that Jerusalem may overspread all Nations
Crave not for the mortal & perishing delights, but leave them
To the weak, and pity the weak as your infant care; Break not
Forth in your wrath lest you also are vegetated by Tirzah
Wait till the Judgement is past, till the Creation is consumed
And then rush forward with me into the glorious spiritual
Vegetation; the Supper of the Lamb & his Bride; and the
Awaking of Albion our friend and ancient companion.

So Los spoke. But lightnings of discontent broke on all sides round
And murmurs of thunder rolling heavy long & loud over the mountains
While Los calld his Sons around him to the Harvest & the Vintage.

Thou seest the Constellations in the deep & wondrous Night
They rise in order and continue their immortal courses
Upon the mountains & in vales with harp & heavenly song
With flute & clarion; with cups & measures filld with foaming wine
Glittring the streams reflect the Vision of beatitude,
And the calm Ocean joys beneath & smooths his awful waves!

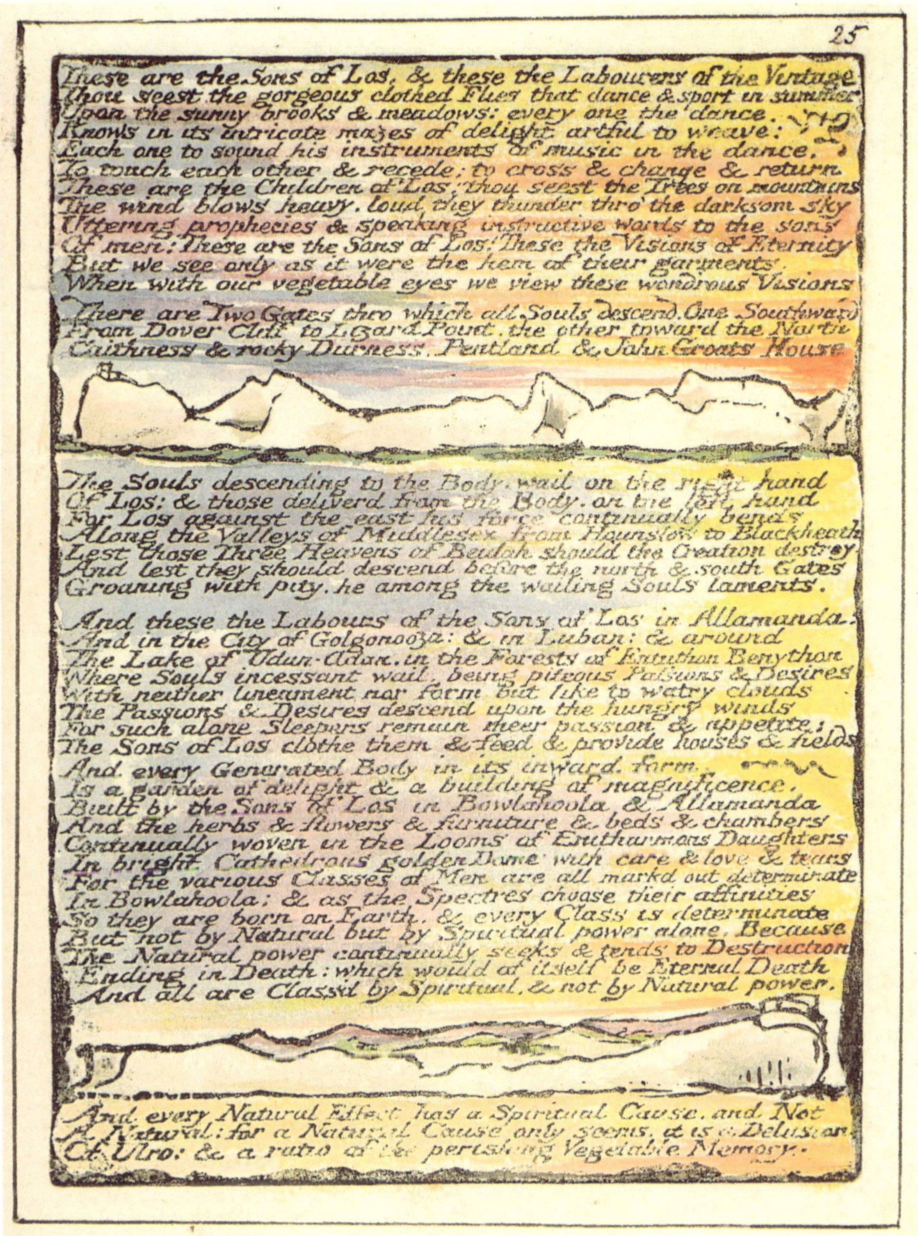
25

These are the Sons of Los, & these the Labourers of the Vintage
Thou seest the gorgeous clothed Flies that dance & sport in summer
Upon the sunny brooks & meadows: every one the dance
Knows in its intricate mazes of delight artful to weave:
Each one to sound his instruments of music in the dance,
To touch each other & recede; to cross & change & return
These are the Children of Los; thou seest the Trees on mountains
The wind blows heavy, loud they thunder thro' the darksom sky
Uttering prophecies & speaking instructive words to the sons
Of men: These are the Sons of Los! These the Visions of Eternity
But we see only as it were the hem of their garments
When with our vegetable eyes we view these wondrous Visions

There are Two Gates thro which all Souls descend. One Southward
From Dover Cliff to Lizard Point. the other toward the North
Caithness & rocky Durness, Pentland & John Groats House

The Souls descending to the Body, wail on the right hand
Of Los; & those deliverd from the Body, on the left hand
For Los against the east his force continually bends
Along the Valleys of Middlesex from Hounslow to Blackheath
Lest those Three Heavens of Beulah should the Creation destroy
And lest they should descend before the north & south Gates
Groaning with pity, he among the wailing Souls laments.

And these the Labours of the Sons of Los in Allamanda:
And in the City of Golgonooza: & in Luban: & around
The Lake of Udan-Adan, in the Forests of Entuthon Benython
Where Souls incessant wail, being piteous Passions & Desires
With neither lineament nor form but like to watry clouds
The Passions & Desires descend upon the hungry winds
For such alone Sleepers remain meer passion & appetite;
The Sons of Los clothe them & feed & provide houses & fields

And every Generated Body in its inward form,
Is a garden of delight & a building of magnificence,
Built by the Sons of Los in Bowlahoola & Allamanda
And the herbs & flowers & furniture & beds & chambers
Continually woven in the Looms of Enitharmons Daughters
In bright Cathedrons golden Dome with care & love & tears
For the various Classes of Men are all markd out determinate
In Bowlahoola; & as the Spectres choose their affinities
So they are born on Earth, & every Class is determinate
But not by Natural but by Spiritual power alone, Because
The Natural power continually seeks & tends to Destruction
Ending in Death: which would of itself be Eternal Death
And all are Classd by Spiritual, & not by Natural power.

And every Natural Effect has a Spiritual Cause, and Not
A Natural: for a Natural Cause only seems, it is a Delusion
Of Ulro: & a ratio of the perishing Vegetable Memory.

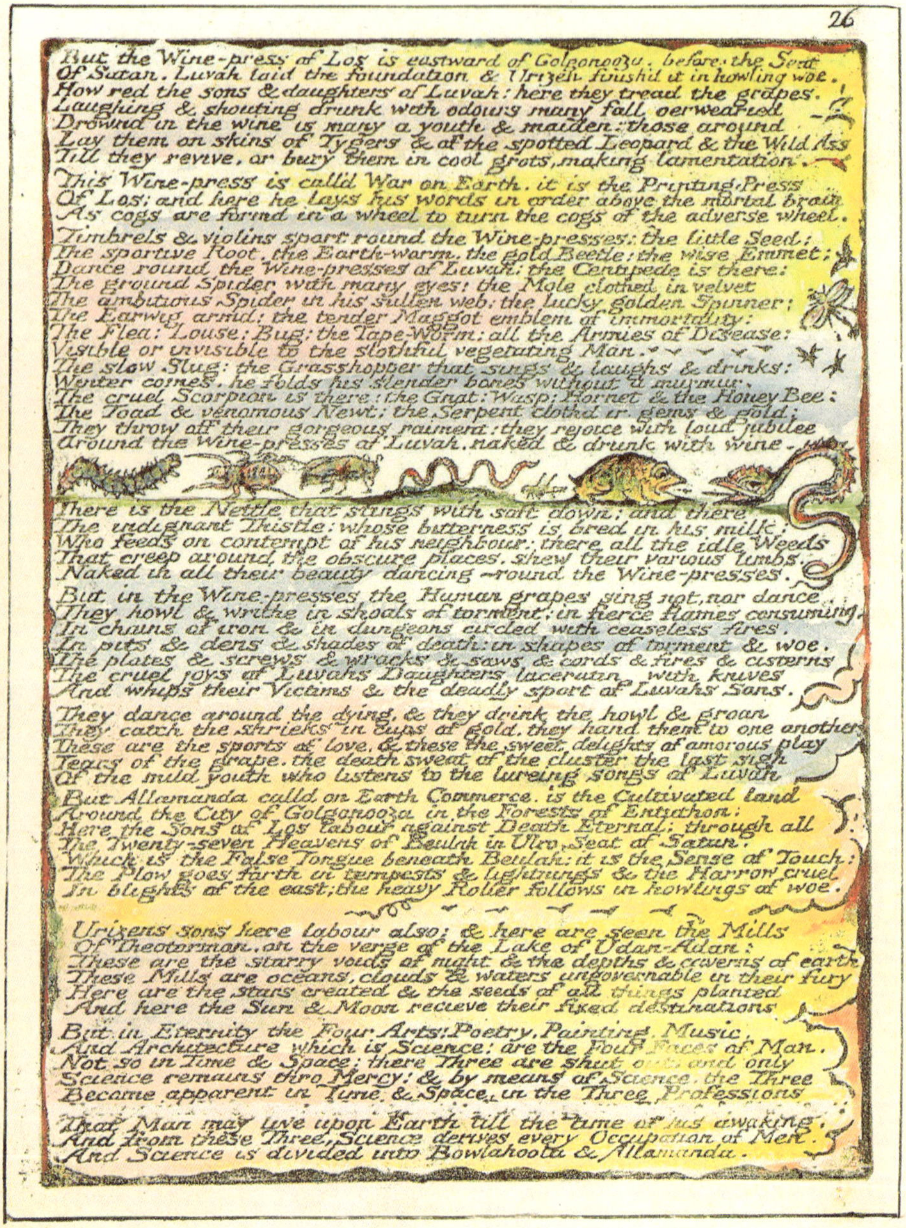

26

But the Wine-press of Los is eastward of Golgonooza, before the Seat
Of Satan. Luvah laid the foundation & Urizen finish'd it in howling woe.
How red the sons & daughters of Luvah! here they tread the grapes.
Laughing & shouting drunk with odours many fall oerwearied
Drownd in the wine is many a youth & maiden: those around
Lay them on skins of Tygers & of the spotted Leopard & the Wild Ass
Till they revive, or bury them in cool grots, making lamentation.

This Wine-press is call'd War on Earth, it is the Printing-Press
Of Los; and here he lays his words in order above the mortal brain
As cogs are formd in a wheel to turn the cogs of the adverse wheel.

Timbrels & violins sport round the Wine-presses; the little Seed;
The sportive Root, the Earth-worm, the gold Beetle; the wise Emmet;
Dance round the Wine-presses of Luvah: the Centipede is there:
The ground Spider with many eyes: the Mole clothed in velvet
The ambitious Spider in his sullen web; the lucky golden Spinner;
The Earwig armd: the tender Maggot emblem of immortality:
The Flea: Louse: Bug: the Tape-Worm: all the Armies of Disease:
Visible or invisible to the slothful vegetating Man.
The slow Slug: the Grasshopper that sings & laughs & drinks:
Winter comes, he folds his slender bones without a murmur.
The cruel Scorpion is there: the Gnat: Wasp: Hornet & the Honey Bee:
The Toad & venomous Newt; the Serpent clothd in gems & gold:
They throw off their gorgeous raiment: they rejoice with loud jubilee
Around the Wine-presses of Luvah, naked & drunk with wine.

There is the Nettle that stings with soft down; and there
The indignant Thistle: whose bitterness is bred in his milk:
Who feeds on contempt of his neighbour: there all the idle Weeds
That creep around the obscure places, shew their various limbs.
Naked in all their beauty dancing round the Wine-presses.

But in the Wine-presses the Human grapes sing not, nor dance.
They howl & writhe in shoals of torment; in fierce flames consuming,
In chains of iron & in dungeons circled with ceaseless fires.
In pits & dens & shades of death: in shapes of torment & woe.
The plates & screws & wracks & saws & cords & fires & cisterns
The cruel joys of Luvahs Daughters lacerating with knives
And whips their Victims & the deadly sport of Luvahs Sons.

They dance around the dying, & they drink the howl & groan
They catch the shrieks in cups of gold, they hand them to one another:
These are the sports of love, & these the sweet delights of amorous play
Tears of the grape, the death sweat of the cluster the last sigh
Of the mild youth who listens to the lureing songs of Luvah

But Allamanda calld on Earth Commerce, is the Cultivated land
Around the City of Golgonooza in the Forests of Entuthon:
Here the Sons of Los labour against Death Eternal; through all
The Twenty-seven Heavens of Beulah in Ulro, Seat of Satan.
Which is the False Tongue beneath Beulah: it is the Sense of Touch:
The Plow goes forth in tempests & lightnings & the Harrow cruel
In blights of the east; the heavy Roller follows in howlings of woe.

Urizens sons here labour also; & here are seen the Mills
Of Theotormon, on the verge of the Lake of Udan-Adan:
These are the starry voids of night & the depths & caverns of earth
These Mills are oceans, clouds & waters ungovernable in their fury
Here are the stars created & the seeds of all things planted
And here the Sun & Moon recieve their fixed destinations

But in Eternity the Four Arts: Poetry, Painting, Music,
And Architecture which is Science: are the Four Faces of Man.
Not so in Time & Space: there Three are shut out, and only
Science remains thro Mercy: & by means of Science, the Three
Became apparent in Time & Space, in the Three Professions

That Man may live upon Earth till the time of his awaking,
And from these Three, Science derives every Occupation of Men.
And Science is divided into Bowlahoola & Allamanda.

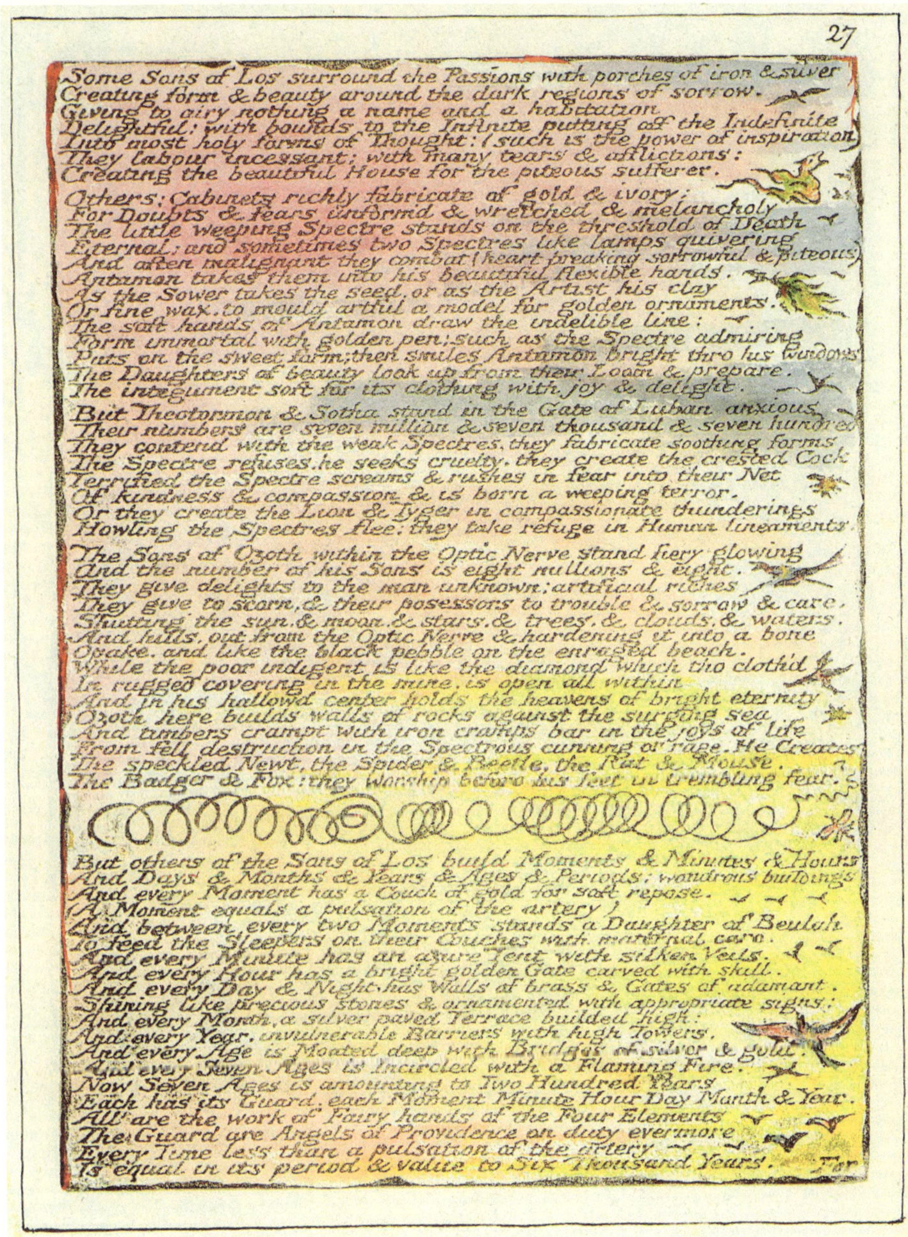

27

Some Sons of Los surround the Passions with porches of iron & silver
Creating form & beauty around the dark regions of sorrow.
Giving to airy nothing a name and a habitation
Delightful: with bounds to the Infinite putting off the Indefinite
Into most holy forms of Thought: (such is the power of inspiration)
They labour incessant; with many tears & afflictions:
Creating the beautiful House for the piteous sufferer.

Others; Cabinets richly fabricate of gold & ivory;
For Doubts & fears unform'd & wretched & melancholy
The little weeping Spectre stands on the threshold of Death
Eternal; and sometimes two Spectres like lamps quivering
And often malignant they combat (heart-breaking sorrowful & piteous)
Antamon takes them into his beautiful flexible hands.
As the Sower takes the seed, or as the Artist his clay
Or fine wax, to mould artful a model for golden ornaments.
The soft hands of Antamon draw the indelible line:
Form immortal with golden pen; such as the Spectre admiring
Puts on the sweet form; then smiles Antamon bright thro his windows
The Daughters of beauty look up from their Loom & prepare.
The integument soft for its clothing with joy & delight.

But Theotormon & Sotha stand in the Gate of Luban anxious
Their numbers are seven million & seven thousand & seven hundred
They contend with the weak Spectres, they fabricate soothing forms
The Spectre refuses, he seeks cruelty, they create the crested Cock
Terrified the Spectre screams & rushes in fear into their Net
Of kindness & compassion & is born a weeping terror.
Or they create the Lion & Tyger in compassionate thunderings
Howling the Spectres flee: they take refuge in Human lineaments.

The Sons of Ozoth within the Optic Nerve stand fiery glowing
And the number of his Sons is eight millions & eight.
They give delights to the man unknown; artificial riches
They give to scorn, & their posessors to trouble & sorrow & care.
Shutting the sun, & moon, & stars, & trees, & clouds, & waters.
And hills, out from the Optic Nerve & hardening it into a bone
Opake, and like the black pebble on the enraged beach.
While the poor indigent is like the diamond which tho cloth'd
In rugged covering in the mine, is open all within
And in his hallowd center holds the heavens of bright eternity
Ozoth here builds walls of rocks against the surging sea
And timbers crampt with iron cramps bar in the joys of life
From fell destruction in the Spectrous cunning or rage. He Creates
The speckled Newt, the Spider & Beetle, the Rat & Mouse,
The Badger & Fox: they worship before his feet in trembling fear.

But others of the Sons of Los build Moments & Minutes & Hours
And Days & Months & Years & Ages & Periods; wondrous buildings
And every Moment has a Couch of gold for soft repose.
(A Moment equals a pulsation of the artery)
And between every two Moments stands a Daughter of Beulah
To feed the Sleepers on their Couches with maternal care.
And every Minute has an azure Tent with silken Veils.
And every Hour has a bright golden Gate carved with skill.
And every Day & Night, has Walls of brass & Gates of adamant.
Shining like precious stones & ornamented with appropriate signs:
And every Month, a silver paved Terrace builded high:
And every Year, invulnerable Barriers with high Towers.
And every Age is Moated deep with Bridges of silver & gold.
And every Seven Ages is Incircled with a Flaming Fire.
Now Seven Ages is amounting to Two Hundred Years
Each has its Guard, each Moment Minute Hour Day Month & Year.
All are the work of Fairy hands of the Four Elements
The Guard are Angels of Providence on duty evermore
Every Time less than a pulsation of the artery
Is equal in its period & value to Six Thousand Years.
For

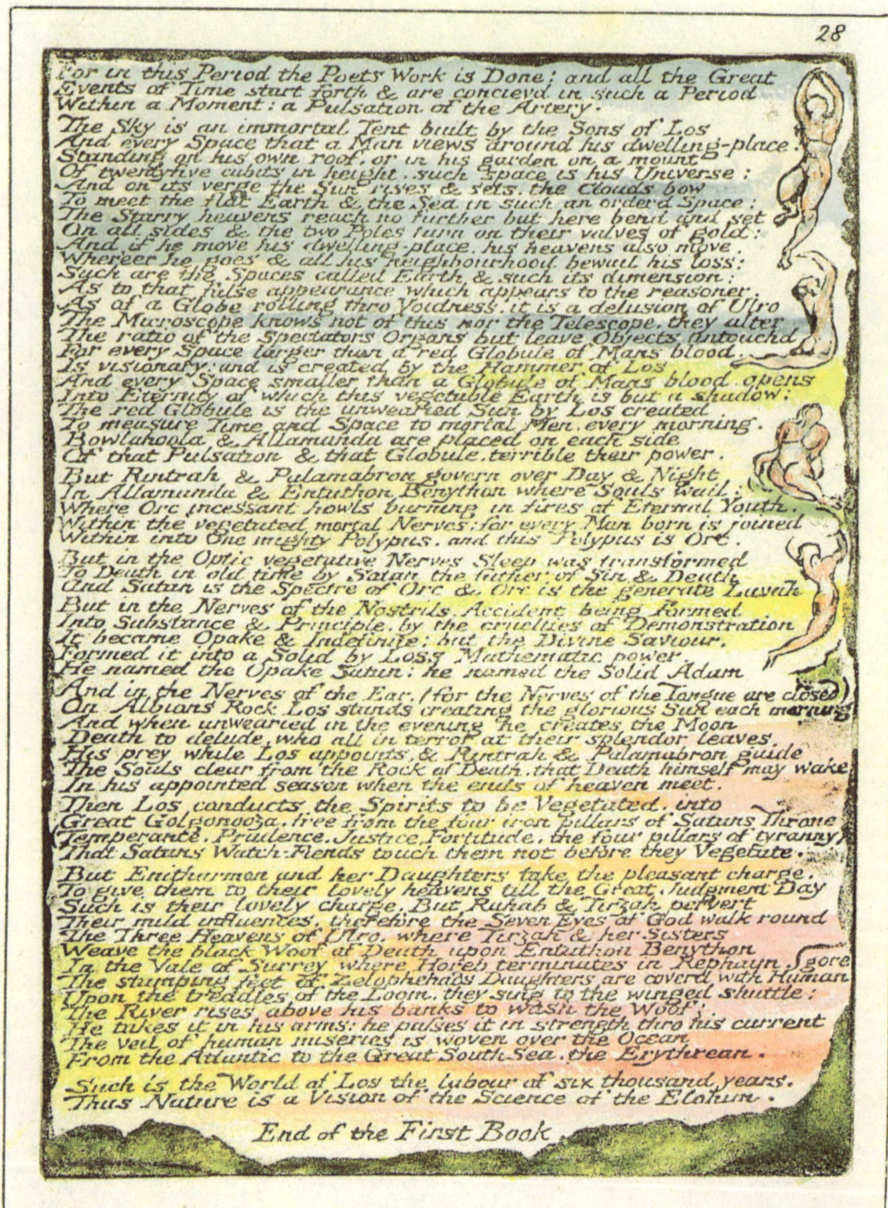

28

For in this Period the Poets Work is Done: and all the Great
Events of Time start forth & are concievd in such a Period
Within a Moment: a Pulsation of the Artery.

The Sky is an immortal Tent built by the Sons of Los
And every Space that a Man views around his dwelling-place:
Standing on his own roof, or in his garden on a mount
Of twenty-five cubits in height. such space is his Universe;
And on its verge the Sun rises & sets. the Clouds bow
To meet the flat Earth & the Sea in such an orderd Space:
The Starry heavens reach no further but here bend and set
On all sides & the two Poles turn on their valves of gold:
And if he move his dwelling-place. his heavens also move.
Whereer he goes & all his neighbourhood bewail his loss:
Such are the Spaces called Earth & such its dimension:
As to that false appearance which appears to the reasoner,
As of a Globe rolling thro Voidness. it is a delusion of Ulro
The Microscope knows not of this nor the Telescope. they alter
The ratio of the Spectators Organs but leave Objects untouchd
For every Space larger than a red Globule of Mans blood.
Is visionary: and is created by the Hammer of Los
And every Space smaller than a Globule of Mans blood. opens
Into Eternity of which this vegetable Earth is but a shadow:
The red Globule is the unwearied Sun by Los created
To measure Time and Space to mortal Men. every morning.
Bowlahoola & Allamanda are placed on each side
Of that Pulsation & that Globule. terrible their power.

But Rintrah & Palamabron govern over Day & Night
In Allamanda & Entuthon Benython where Souls wail:
Where Orc incessant howls burning in fires of Eternal Youth.
Within the vegetated mortal Nerves; for every Man born is joined
Within into One mighty Polypus. and this Polypus is Orc.

But in the Optic vegetative Nerves Sleep was transformed
To Death in old time by Satan the father of Sin & Death
And Satan is the Spectre of Orc & Orc is the generate Luvah

But in the Nerves of the Nostrils. Accident being formed
Into Substance & Principle. by the cruelties of Demonstration
It became Opake & Indefinite; but the Divine Saviour.
Formed it into a Solid by Los's Mathematic power.
He named the Opake Satan: he named the Solid Adam

And in the Nerves of the Ear, (for the Nerves of the Tongue are closed)
On Albions Rock Los stands creating the glorious Sun each morning
And when unwearied in the evening he creates the Moon
Death to delude, who all in terror at their splendor leaves
His prey while Los appoints, & Rintrah & Palamabron guide
The Souls clear from the Rock of Death. that Death himself may wake
In his appointed season when the ends of heaven meet.

Then Los conducts the Spirits to be Vegetated. into
Great Golgonooza. free from the four iron pillars of Satans Throne
(Temperance. Prudence. Justice. Fortitude. the four pillars of tyranny)
That Satans Watch-Fiends touch them not before they Vegetate.

But Enitharmon and her Daughters take the pleasant charge.
To give them to their lovely heavens till the Great Judgment Day
Such is their lovely charge. But Rahab & Tirzah pervert
Their mild influences. therefore the Seven Eyes of God walk round
The Three Heavens of Ulro. where Tirzah & her Sisters
Weave the black Woof of Death upon Entuthon Benython
In the Vale of Surrey where Horeb terminates in Rephaim gore
The stamping feet of Zelophehads Daughters are coverd with Human
Upon the treddles of the Loom. they sing to the winged shuttle:
The River rises above his banks to wash the Woof:
He takes it in his arms: he passes it in strength thro his current
The veil of human miseries is woven over the Ocean
From the Atlantic to the Great South Sea. the Erythrean.

Such is the World of Los the labour of six thousand years.
Thus Nature is a Vision of the Science of the Elohim.

End of the First Book

29
WILLIAM

30

How wide the Gulf & Unpassable! between Simplicity & Insipidity

Milton

Contraries are Positives
A Negation is not a Contrary

Book the Second

There is a place where Contrarieties are equally True
This place is called Beulah, It is a pleasant lovely Shadow
Where no dispute can come. Because of those who Sleep.
Into this place the Sons & Daughters of Ololon descended
With solemn mourning into Beulahs moony shades & hills
Weeping for Milton: mute wonder held the Daughters of Beulah
Enrapturd with affection sweet and mild benevolence

Beulah is evermore Created around Eternity; appearing
To the Inhabitants of Eden. around them on all sides.
But Beulah to its Inhabitants appears within each district
As the beloved infant in his mothers bosom round incircled
With arms of love & pity & sweet compassion. But to
The Sons of Eden the moony habitations of Beulah,
Are from Great Eternity a mild & pleasant Rest.

And it is thus Created. Lo the Eternal Great Humanity
To whom be Glory & Dominion Evermore Amen
Walks among all his awful Family seen in every face
As the breath of the Almighty. such are the words of man to man
In the great Wars of Eternity. in fury of Poetic Inspiration
To build the Universe stupendous: Mental forms Creating

But the Emanations trembled exceedingly, nor could they
Live, because the life of Man was too exceeding unbounded
His joy became terrible to them they trembled & wept
Crying with one voice. Give us a habitation & a place
In which we may be hidden under the shadow of wings
For if we who are but for a time, & who pass away in winter
Behold these wonders of Eternity we shall consume
But you O our Fathers & Brothers, remain in Eternity
But grant us a Temporal Habitation. do you speak
To us; we will obey your words as you obey Jesus
The Eternal who is blessed for ever & ever. Amen

So spake the lovely Emanations; & there appeard a pleasant
Mild Shadow above: beneath: & on all sides round,
Into

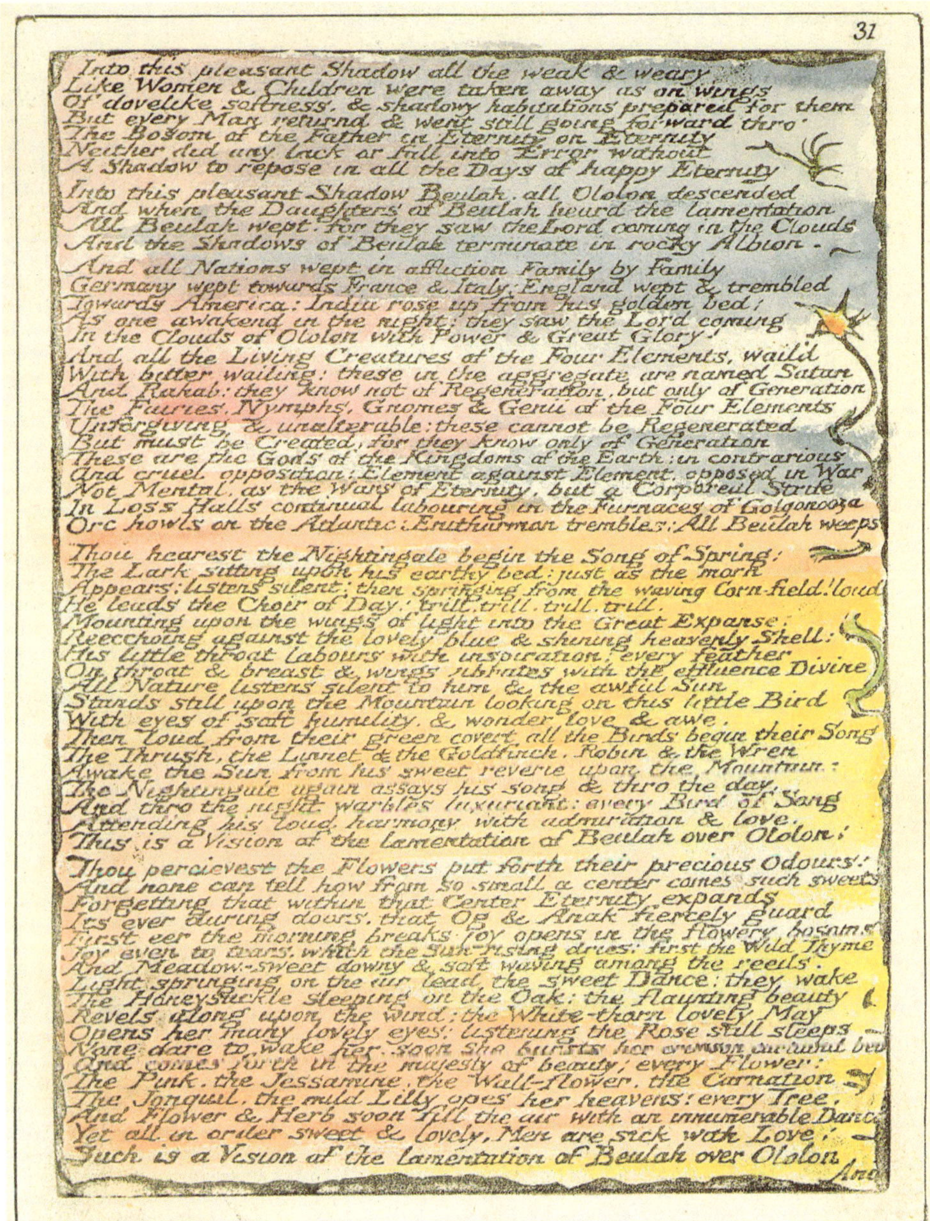
31

Into this pleasant Shadow all the weak & weary
Like Women & Children were taken away as on wings
Of dovelike softness, & shadowy habitations prepared for them
But every Man returnd & went still going forward thro'
The Bosom of the Father in Eternity on Eternity
Neither did any lack or fall into Error without
A Shadow to repose in all the Days of happy Eternity

Into this pleasant Shadow Beulah, all Ololon descended
And when the Daughters of Beulah heard the lamentation
All Beulah wept, for they saw the Lord coming in the Clouds
And the Shadows of Beulah terminate in rocky Albion.

And all Nations wept in affliction Family by Family
Germany wept towards France & Italy: England wept & trembled
Towards America: India rose up from his golden bed;
As one awakend in the night: they saw the Lord coming
In the Clouds of Ololon with Power & Great Glory!

And all the Living Creatures of the Four Elements, waild
With bitter wailing: these in the aggregate are named Satan
And Rahab: they know not of Regeneration, but only of Generation
The Fairies, Nymphs, Gnomes & Genii of the Four Elements
Unforgiving & unalterable: these cannot be Regenerated
But must be Created, for they know only of Generation
These are the Gods of the Kingdoms of the Earth: in contrarious
And cruel opposition: Element against Element, opposed in War
Not Mental, as the Wars of Eternity, but a Corporeal Strife
In Los's Halls continual labouring in the Furnaces of Golgonooza
Orc howls on the Atlantic: Enitharmon trembles: All Beulah weeps

Thou hearest the Nightingale begin the Song of Spring;
The Lark sitting upon his earthy bed: just as the morn
Appears; listens silent; then springing from the waving Corn-field! loud
He leads the Choir of Day! trill, trill, trill, trill,
Mounting upon the wings of light into the Great Expanse:
Reecchoing against the lovely blue & shining heavenly Shell:
His little throat labours with inspiration; every feather
On throat & breast & wings vibrates with the effluence Divine
All Nature listens silent to him & the awful Sun
Stands still upon the Mountain looking on this little Bird
With eyes of soft humility, & wonder love & awe.
Then loud from their green covert all the Birds begin their Song
The Thrush, the Linnet & the Goldfinch, Robin & the Wren
Awake the Sun from his sweet reverie upon the Mountain:
The Nightingale again assays his song, & thro the day,
And thro the night warbles luxuriant: every Bird of Song
Attending his loud harmony with admiration & love.
This is a Vision of the lamentation of Beulah over Ololon!

Thou percievest the Flowers put forth their precious Odours!
And none can tell how from so small a center comes such sweets
Forgetting that within that Center Eternity expands
Its ever during doors, that Og & Anak fiercely guard
First eer the morning breaks joy opens in the flowery bosoms
Joy even to tears, which the Sun rising dries: first the Wild Thyme
And Meadow-sweet downy & soft waving among the reeds.
Light springing on the air lead the sweet Dance: they wake
The Honeysuckle sleeping on the Oak: the flaunting beauty
Revels along upon the wind: the White-thorn lovely May
Opens her many lovely eyes: listening the Rose still sleeps
None dare to wake her. soon she bursts her crimson curtaind bed
And comes forth in the majesty of beauty; every Flower:
The Pink, the Jessamine, the Wall-flower, the Carnation
The Jonquil, the mild Lilly opes her heavens! every Tree,
And Flower & Herb soon fill the air with an innumerable Dance
Yet all in order sweet & lovely, Men are sick with Love!
Such is a Vision of the lamentation of Beulah over Ololon
And

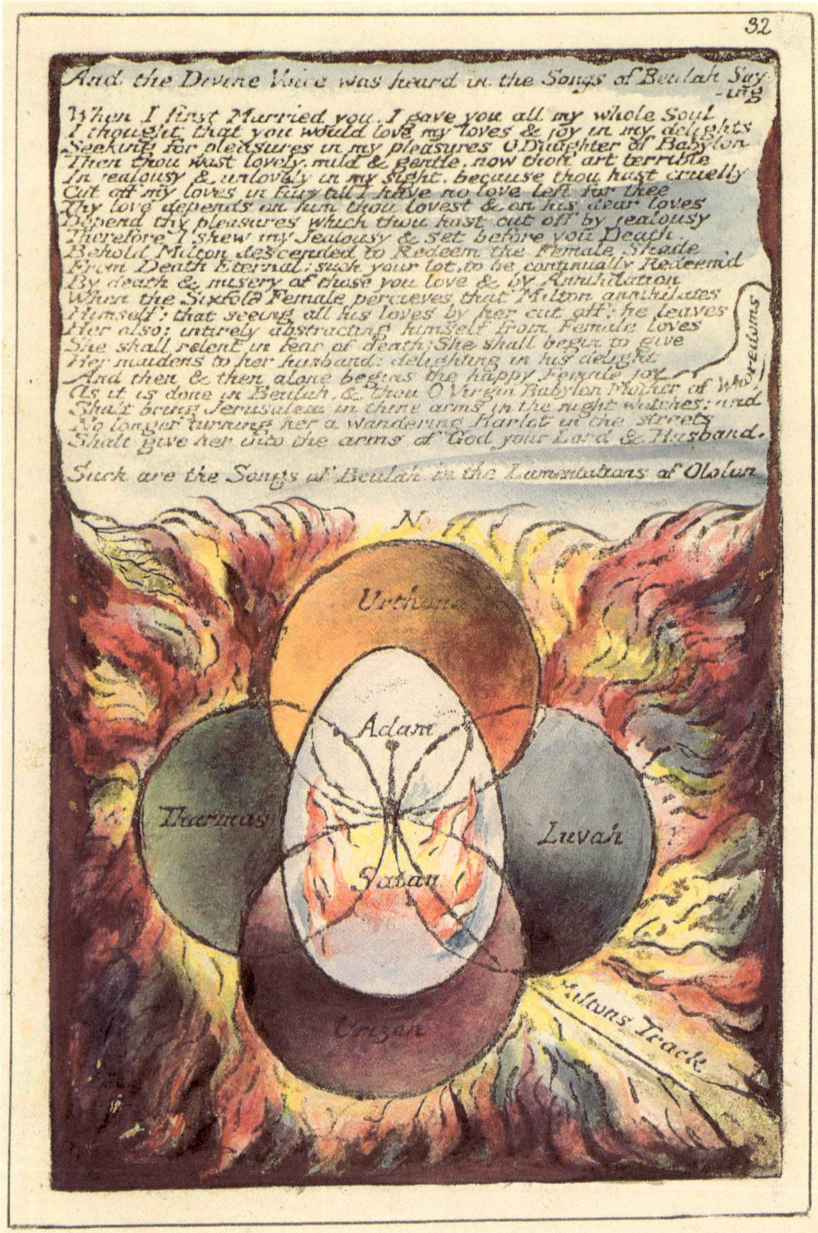
32
And the Divine Voice was heard in the Songs of Beulah Saying
When I first Married you, I gave you all my whole Soul
I thought that you would love my loves & joy in my delights
Seeking for pleasures in my pleasures O Daughter of Babylon
Then thou wast lovely, mild & gentle, now thou art terrible
In jealousy & unlovely in my sight, because thou hast cruelly
Cut off my loves in fury till I have no love left for thee
Thy love depends on him thou lovest & on his dear loves
Depend thy pleasures which thou hast cut off by jealousy
Therefore I shew my Jealousy & set before you Death.
Behold Milton descended to Redeem the Female Shade
From Death Eternal; such your lot, to be continually Redeem'd
By death & misery of those you love & by Annihilation
When the Sixfold Female perceives that Milton annihilates
Himself: that seeing all his loves by her cut off: he leaves
Her also: intirely abstracting himself from Female loves
She shall relent in fear of death: She shall begin to give
Her maidens to her husband: delighting in his delight
And then & then alone begins the happy Female joy
As it is done in Beulah, & thou O Virgin Babylon Mother of Whoredoms
Shalt bring Jerusalem in thine arms in the night watches; and
No longer turning her a wandering Harlot in the streets
Shalt give her into the arms of God your Lord & Husband.
Such are the Songs of Beulah in the Lamentations of Ololon
N.
Urthona
Adam
Tharmas
Luvah
Satan
Urizen
Miltons Track

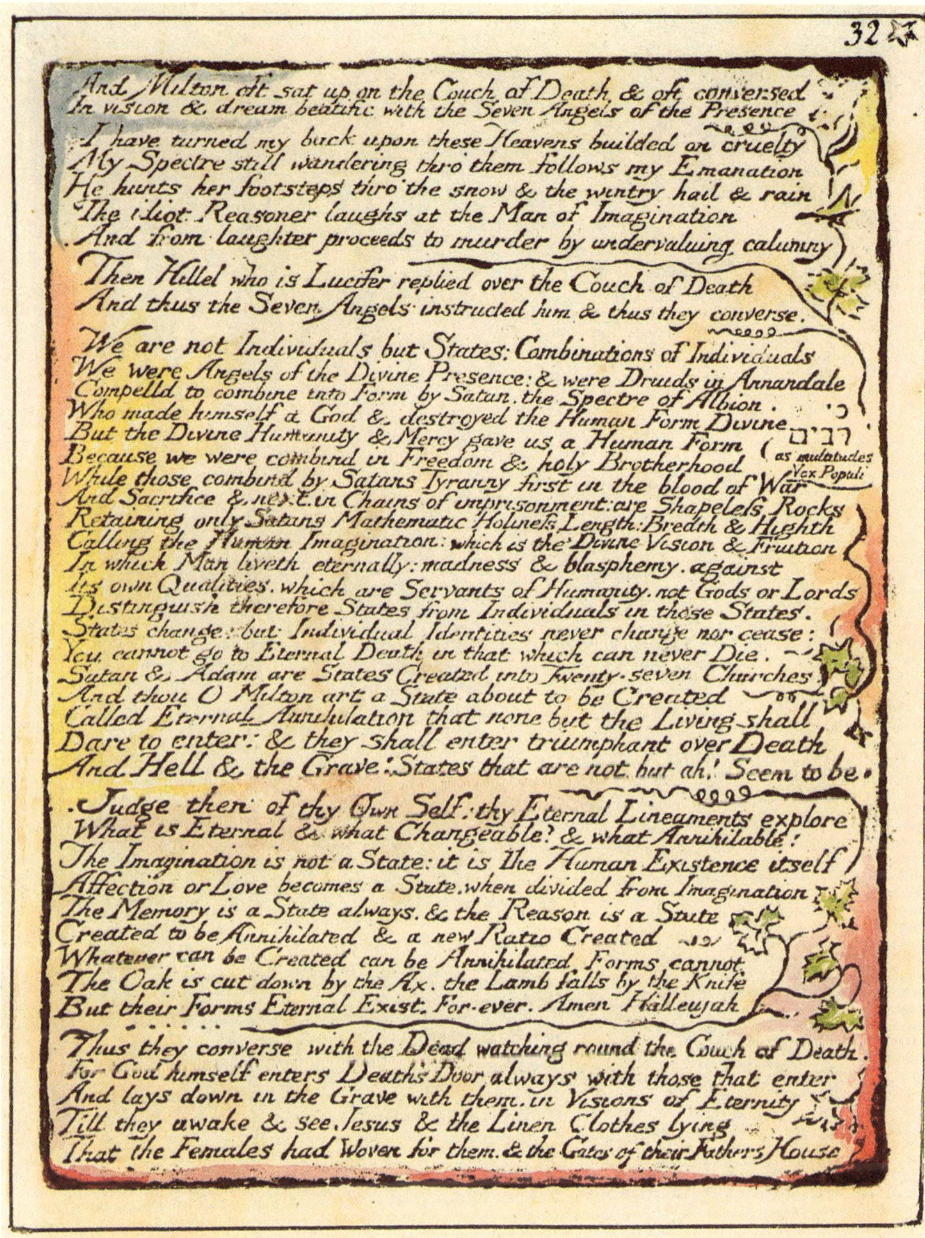
32
And Milton oft sat up on the Couch of Death & oft conversed
In vision & dream beatific with the Seven Angels of the Presence
I have turned my back upon these Heavens builded on cruelty
My Spectre still wandering thro' them follows my Emanation
He hunts her footsteps thro' the snow & the wintry hail & rain
The idiot Reasoner laughs at the Man of Imagination
And from laughter proceeds to murder by undervaluing calumny
Then Hillel who is Lucifer replied over the Couch of Death
And thus the Seven Angels instructed him & thus they converse.
We are not Individuals but States: Combinations of Individuals
We were Angels of the Divine Presence: & were Druids in Annandale
Compelld to combine into Form by Satan, the Spectre of Albion.
Who made himself a God. & destroyed the Human Form Divine
But the Divine Humanity & Mercy gave us a Human Form
Because we were combind in Freedom & holy Brotherhood
While those combind by Satans Tyranny first in the blood of War
And Sacrifice & next, in Chains of imprisonment: are Shapeless Rocks
Retaining only Satans Mathematic Holiness, Length: Bredth & Highth
Calling the Human Imagination: which is the Divine Vision & Fruition
In which Man liveth eternally: madness & blasphemy, against
Its own Qualities, which are Servants of Humanity, not Gods or Lords
Distinguish therefore States from Individuals in those States.
States change: but Individual Identities never change nor cease:
You cannot go to Eternal Death in that which can never Die.
Satan & Adam are States Created into Twenty-seven Churches
And thou O Milton art a State about to be Created
Called Eternal Annihilation that none but the Living shall
Dare to enter: & they shall enter triumphant over Death
And Hell & the Grave: States that are not, but ah! Seem to be.
Judge then of thy Own Self: thy Eternal Lineaments explore
What is Eternal & what Changeable? & what Annihilable!
The Imagination is not a State: it is the Human Existence itself
Affection or Love becomes a State, when divided from Imagination
The Memory is a State always, & the Reason is a State
Created to be Annihilated & a new Ratio Created
Whatever can be Created can be Annihilated Forms cannot
The Oak is cut down by the Ax, the Lamb falls by the Knife
But their Forms Eternal Exist, For-ever. Amen Hallelujah
Thus they converse with the Dead watching round the Couch of Death.
For God himself enters Deaths Door always with those that enter
And lays down in the Grave with them, in Visions of Eternity
Till they awake & see Jesus & the Linen Clothes lying
That the Females had Woven for them, & the Gates of their Fathers House
כי
רבים
as multitudes
Vox Populi

33
ROBERT

And all the Songs of Beulah sounded comfortable notes
To comfort Ololons lamentation, for they said
Are you the Fiery Circle that late drove in fury & fire
The Eight Immortal Starry-Ones down into Ulro dark
Rending the Heavens of Beulah with your thunders & lightnings
And can you thus lament & can you pity & forgive?
Is terror changd to pity O wonder of Eternity!

And the Four States of Humanity in its Repose,
Were shewed them. First of Beulah a most pleasant Sleep
On Couches soft, with mild music, tended by Flowers of Beulah
Sweet Female forms, winged or floating in the air spontaneous
The Second State is Alla & the third State Al-Ulro;
But the Fourth State is dreadful; it is named Or-Ulro:
The First State is in the Head, the Second is in the Heart:
The Third in the Loins & Seminal Vessels & the Fourth
In the Stomach & Intestines terrible, deadly, unutterable
And he whose Gates are opend in those Regions of his Body
Can from those Gates view all these wondrous Imaginations

But Ololon sought the Or-Ulro & its fiery Gates
And the Couches of the Martyrs: & many Daughters of Beulah
Accompany them down to the Ulro with soft melodious tears
A long journey & dark thro Chaos in the track of Miltons course
To where the Contraries of Beulah War beneath Negations Banner

Then view'd from Miltons Track they see the Ulro: a vast Polypus
Of living fibres down into the Sea of Time & Space growing
A self-devouring monstrous Human Death Twenty-seven fold
Within it sit Five Females & the nameless Shadowy Mother
Spinning it from their bowels with songs of amorous delight
And melting cadences that lure the Sleepers of Beulah down
The River Storge (which is Arnon) into the Dead Sea:
Around this Polypus Los continual builds the Mundane Shell

Four Universes round the Universe of Los remain Chaotic
Four intersecting Globes, & the Egg formd World of Los
In midst; stretching from Zenith to Nadir, in midst of Chaos.
One of these Ruind Universes is to the North named Urthona
One to the South this was the glorious World of Urizen
One to the East, of Luvah: One to the West; of Tharmas.
But when Luvah assumed the World of Urizen in the South
All fell towards the Center sinking downward in dire Ruin

Here in these Chaoses the Sons of Ololon took their abode
In Chasms of the Mundane Shell which open on all sides round
Southward & by the East within the Breach of Miltons descent
To watch the time, pitying & gentle to awaken Urizen
They stood in a dark land of death of fiery corroding waters
Where lie in evil death the Four Immortals pale and cold
And the Eternal Man even Albion upon the Rock of Ages
Seeing Miltons Shadow, some Daughters of Beulah trembling
Returnd, but Ololon remaind before the Gates of the Dead

And Ololon looked down into the Heavens of Ulro in fear
They said. How are the Wars of Man which in Great Eternity
Appear around, in the External Spheres of Visionary Life
Here renderd Deadly within the Life & Interior Vision
How are the Beasts & Birds & Fishes, & Plants & Minerals
Here fixd into a frozen bulk subject to decay & death
Those Visions of Human Life & Shadows of Wisdom & Knowledge

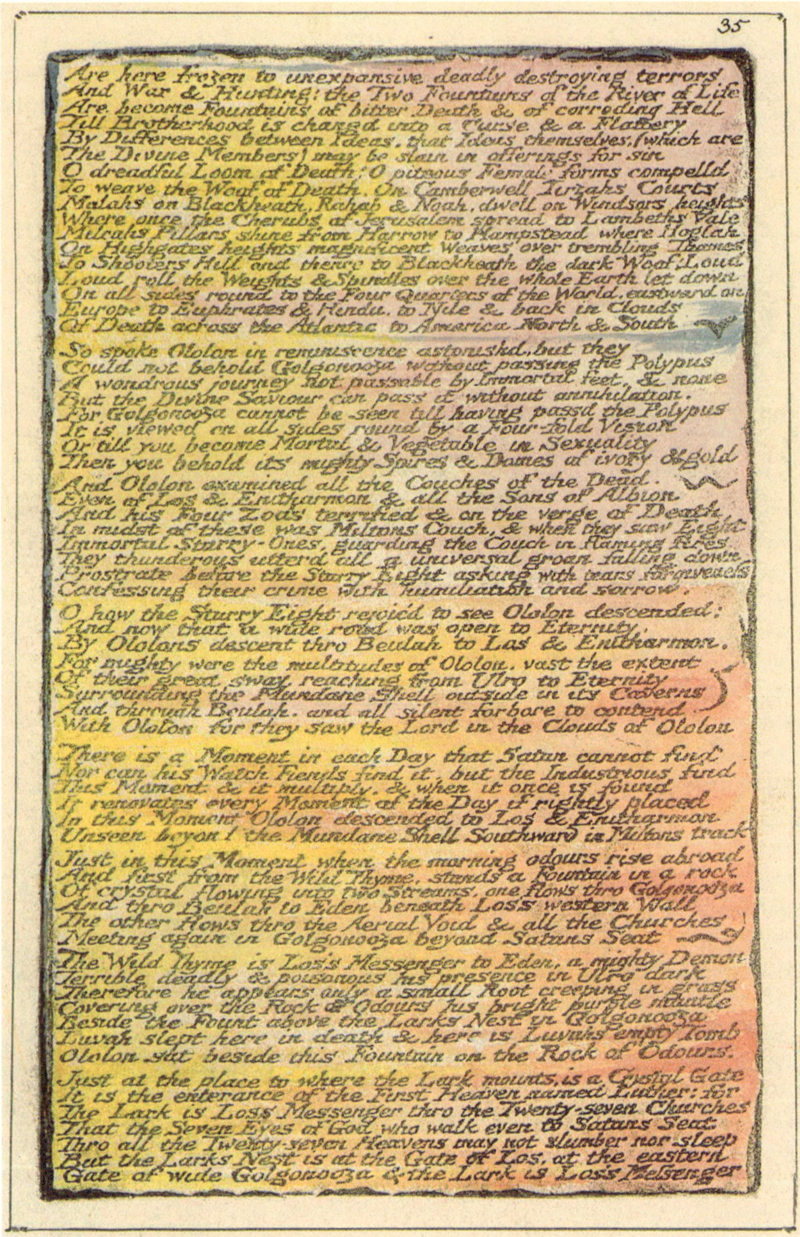

35

Are here frozen to unexpansive deadly destroying terrors
And War & Hunting: the Two Fountains of the River of Life
Are become Fountains of bitter Death & of corroding Hell
Till Brotherhood is changd into a Curse & a Flattery
By Differences between Ideas, that Ideas themselves; (which are
The Divine Members) may be slain in offerings for sin
O dreadful Loom of Death! O piteous Female forms compelld
To weave the Woof of Death, On Camberwell Tirzahs Courts
Malahs on Blackheath, Rahab & Noah. dwell on Windsors heights
Where once the Cherubs of Jerusalem spread to Lambeths Vale
Milcahs Pillars shine from Harrow to Hampstead where Hoglah
On Highgates heights magnificent Weaves over trembling Thames
To Shooters Hill and thence to Blackheath the dark Woof! Loud
Loud roll the Weights & Spindles over the whole Earth let down
On all sides round to the Four Quarters of the World, eastward on
Europe to Euphrates & Hindu, to Nile & back in Clouds
Of Death across the Atlantic to America North & South

So spake Ololon in reminiscence astonishd, but they
Could not behold Golgonooza without passing the Polypus
A wondrous journey not passable by Immortal feet, & none
But the Divine Saviour can pass it without annihilation.
For Golgonooza cannot be seen till having passd the Polypus
It is viewed on all sides round by a Four-fold Vision
Or till you become Mortal & Vegetable in Sexuality
Then you behold its mighty Spires & Domes of ivory & gold

And Ololon examined all the Couches of the Dead.
Even of Los & Enitharmon & all the Sons of Albion
And his Four Zoas terrified & on the verge of Death
In midst of these was Miltons Couch, & when they saw Eight
Immortal Starry-Ones, guarding the Couch in flaming fires
They thunderous utterd all a universal groan falling down
Prostrate before the Starry Eight asking with tears forgiveness
Confessing their crime with humiliation and sorrow.

O how the Starry Eight rejoic'd to see Ololon descended!
And now that a wide road was open to Eternity,
By Ololons descent thro Beulah to Los & Enitharmon.
For mighty were the multitudes of Ololon, vast the extent
Of their great sway, reaching from Ulro to Eternity
Surrounding the Mundane Shell outside in its Caverns
And through Beulah. and all silent forbore to contend
With Ololon for they saw the Lord in the Clouds of Ololon

There is a Moment in each Day that Satan cannot find
Nor can his Watch Fiends find it, but the Industrious find
This Moment & it multiply. & when it once is found
It renovates every Moment of the Day if rightly placed
In this Moment Ololon descended to Los & Enitharmon
Unseen beyond the Mundane Shell Southward in Miltons track

Just in this Moment when the morning odours rise abroad
And first from the Wild Thyme, stands a Fountain in a rock
Of crystal flowing into two Streams, one flows thro Golgonooza
And thro Beulah to Eden beneath Los's western Wall
The other flows thro the Aerial Void & all the Churches
Meeting again in Golgonooza beyond Satans Seat

The Wild Thyme is Los's Messenger to Eden, a mighty Demon
Terrible deadly & poisonous his presence in Ulro dark
Therefore he appears only a small Root creeping in grass
Covering over the Rock of Odours his bright purple mantle
Beside the Fount above the Larks Nest in Golgonooza
Luvah slept here in death & here is Luvahs empty Tomb
Ololon sat beside this Fountain on the Rock of Odours.

Just at the place to where the Lark mounts, is a Crystal Gate
It is the enterance of the First Heaven named Luther: for
The Lark is Loss Messenger thro the Twenty-seven Churches
That the Seven Eyes of God who walk even to Satans Seat
Thro all the Twenty-seven Heavens may not slumber nor sleep
But the Larks Nest is at the Gate of Los, at the eastern
Gate of wide Golgonooza & the Lark is Los's Messenger

36

When on the highest lift of his light pinions he arrives
At that bright Gate, another Lark meets him & back to back
They touch their pinions tip tip: and each descend
To their respective Earths & there all night consult with Angels
Of Providence & with the Eyes of God all night in slumbers
Inspired: & at the dawn of day send out another Lark
Into another Heaven to carry news upon his wings
Thus are the Messengers dispatchd till they reach the Earth again
In the East Gate of Golgonooza, & the Twenty-eighth bright
Lark. met the Female Ololon descending into my Garden
Thus it appears to Mortal eyes & those of the Ulro Heavens
But not thus to Immortals. the Lark is a mighty Angel.

For Ololon step'd into the Polypus within the Mundane Shell
They could not step into Vegetable Worlds without becoming
The enemies of Humanity except in a Female Form
And as One Female, Ololon and all its mighty Hosts
Appear'd: a Virgin of twelve years nor time nor space was
To the perception of the Virgin Ololon but as the
Flash of lightning but more quick the Virgin in my Garden
Before my Cottage stood for the Satanic Space is delusion

For when Los joind with me he took me in his firy whirlwind
My Vegetated portion was hurried from Lambeths shades
He set me down in Felphams Vale & prepard a beautiful
Cottage for me that in three years I might write all these
Visions
To display Natures cruel holiness: the deceits of Natural
Religion
Walking in my Cottage Garden, sudden I beheld
The Virgin Ololon & addressd her as a Daughter of Beulah

Virgin of Providence fear not to enter into my Cottage
What is thy message to thy friend: What am I now to do
Is it again to plunge into deeper affliction? behold me
Ready to obey, but pity thou my Shadow of Delight
Enter my Cottage, comfort her, for she is sick with fatigue

Blakes Cottage
at Felpham.

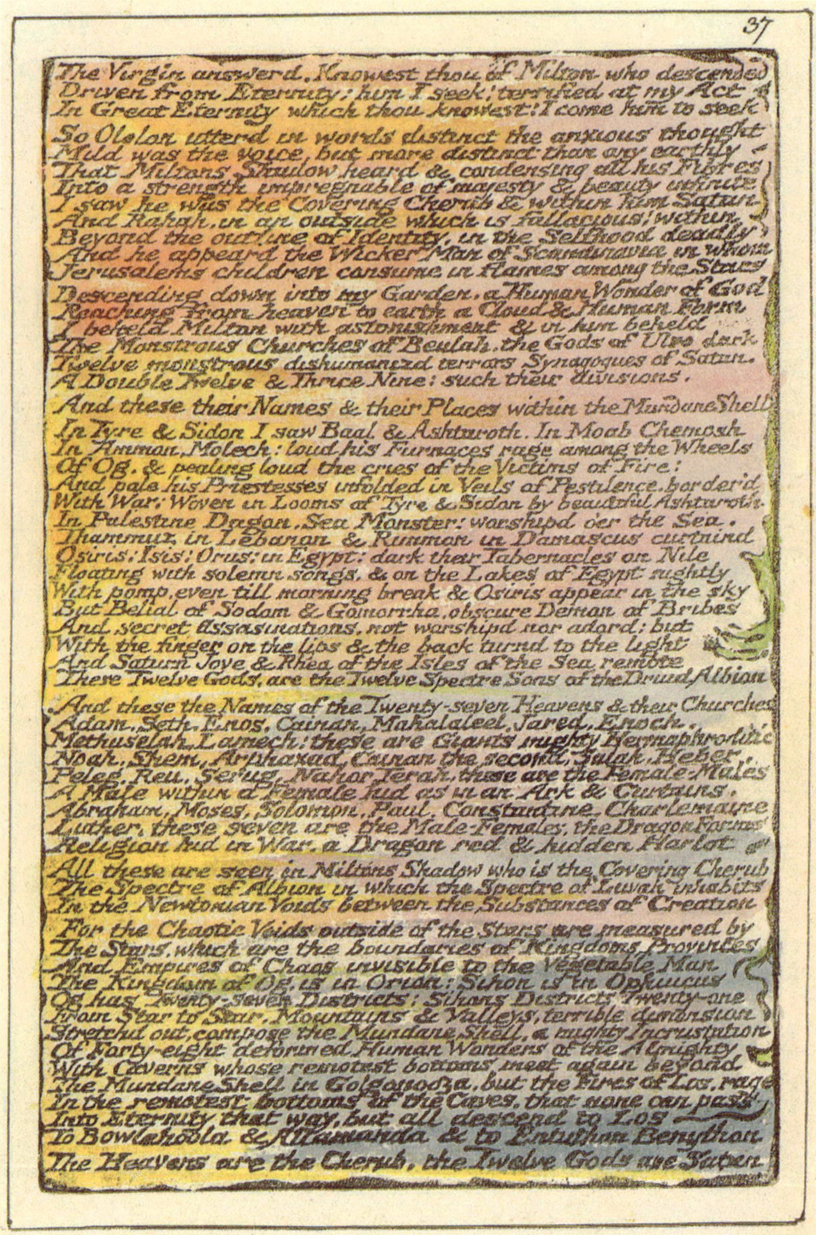

37

The Virgin answerd. Knowest thou of Milton who descended
Driven from Eternity; him I seek! terrified at my Act
In Great Eternity which thou knowest! I come him to seek

So Ololon utterd in words distinct the anxious thought
Mild was the voice, but more distinct than any earthly
That Miltons Shadow heard & condensing all his Fibres
Into a strength impregnable of majesty & beauty infinite
I saw he was the Covering Cherub & within him Satan
And Rahab, in an outside which is fallacious! within,
Beyond the outline of Identity, in the Selfhood deadly
And he appeard the Wicker Man of Scandinavia in whom
Jerusalems children consume in flames among the Stars

Descending down into my Garden, a Human Wonder of God
Reaching from heaven to earth a Cloud & Human Form
I beheld Milton with astonishment & in him beheld
The Monstrous Churches of Beulah, the Gods of Ulro dark
Twelve monstrous dishumanizd terrors Synagogues of Satan.
A Double Twelve & Thrice Nine: such their divisions.

And these their Names & their Places within the Mundane Shell

In Tyre & Sidon I saw Baal & Ashtaroth. In Moab Chemosh
In Ammon, Molech: loud his Furnaces rage among the Wheels
Of Og. & pealing loud the cries of the Victims of Fire:
And pale his Priestesses infolded in Veils of Pestilence, border'd
With War; Woven in Looms of Tyre & Sidon by beautiful Ashtaroth.
In Palestine Dagon, Sea Monster: worshipd o'er the Sea.
Thammuz in Lebanon & Rimmon in Damascus curtaind
Osiris: Isis: Orus: in Egypt: dark their Tabernacles on Nile
Floating with solemn songs, & on the Lakes of Egypt nightly
With pomp, even till morning break & Osiris appear in the sky
But Belial of Sodom & Gomorrha, obscure Demon of Bribes
And secret Assasinations, not worshipd nor adord; but
With the finger on the lips & the back turnd to the light
And Saturn Jove & Rhea of the Isles of the Sea remote
These Twelve Gods, are the Twelve Spectre Sons of the Druid Albion

And these the Names of the Twenty-seven Heavens & their Churches
Adam, Seth, Enos, Cainan, Mahalaleel, Jared, Enoch,
Methuselah, Lamech; these are Giants mighty Hermaphroditic
Noah, Shem, Arphaxad, Cainan the second, Salah, Heber,
Peleg, Reu, Serug, Nahor, Terah, these are the Female-Males
A Male within a Female hid as in an Ark & Curtains,
Abraham, Moses, Solomon, Paul, Constantine, Charlemaine
Luther, these seven are the Male-Females, the Dragon Forms
Religion hid in War, a Dragon red & hidden Harlot

All these are seen in Miltons Shadow who is the Covering Cherub
The Spectre of Albion in which the Spectre of Luvah inhabits
In the Newtonian Voids between the Substances of Creation

For the Chaotic Voids outside of the Stars are measured by
The Stars, which are the boundaries of Kingdoms, Provinces
And Empires of Chaos invisible to the Vegetable Man
The Kingdom of Og, is in Orion: Sihon is in Ophiucus
Og has Twenty-seven Districts; Sihons Districts Twenty-one
From Star to Star, Mountains & Valleys, terrible dimension
Stretchd out, compose the Mundane Shell, a mighty Incrustation
Of Forty-eight deformed Human Wonders of the Almighty
With Caverns whose remotest bottoms meet again beyond
The Mundane Shell in Golgonooza, but the Fires of Los, rage
In the remotest bottoms of the Caves, that none can pass
Into Eternity that way, but all descend to Los
To Bowlahoola & Allamanda & to Entuthon Benython

The Heavens are the Cherub, the Twelve Gods are Satan

38

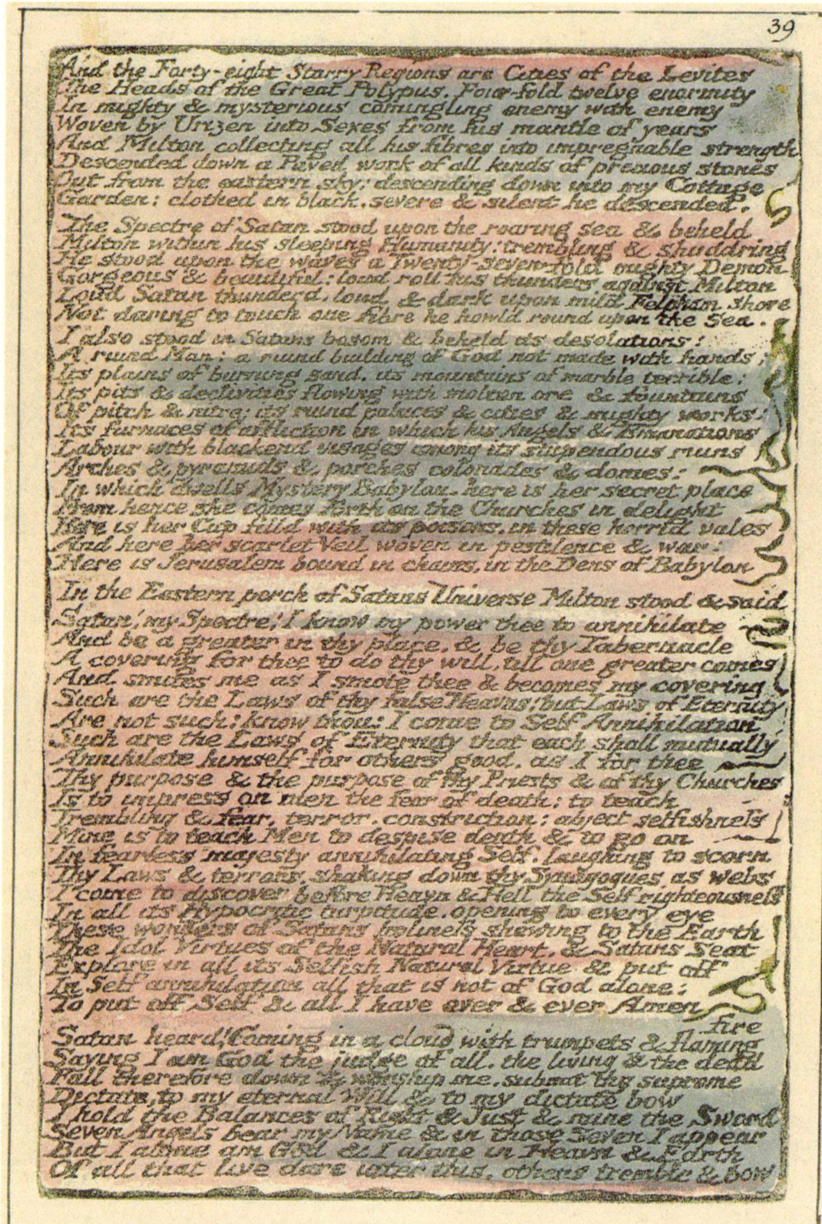

39

And the Forty-eight Starry Regions are Cities of the Levites
The Heads of the Great Polypus. Four-fold twelve enormity
In mighty & mysterious comingling enemy with enemy
Woven by Urizen into Sexes from his mantle of years
And Milton collecting all his fibres into impregnable strength
Descended down a Paved work of all kinds of precious stones
Out from the eastern sky; descending down into my Cottage
Garden: clothed in black, severe & silent he descended.

The Spectre of Satan stood upon the roaring sea & beheld
Milton within his sleeping Humanity: trembling & shuddring
He stood upon the waves a Twenty-seven-fold mighty Demon
Gorgeous & beautiful: loud roll his thunders against Milton
Loud Satan thunderd, loud & dark upon mild Felpham shore
Not daring to touch one fibre he howld round upon the Sea.

I also stood in Satans bosom & beheld its desolations:
A ruind Man: a ruind building of God not made with hands;
Its plains of burning sand, its mountains of marble terrible:
Its pits & declivities flowing with molten ore & fountains
Of pitch & nitre: its ruind palaces & cities & mighty works;
Its furnaces of affliction in which his Angels & Emanations
Labour with blackend visages among its stupendous ruins
Arches & pyramids & porches colonades & domes:
In which dwells Mystery Babylon, here is her secret place
From hence she comes forth on the Churches in delight
Here is her Cup filld with its poisons, in these horrid vales
And here her scarlet Veil woven in pestilence & war:
Here is Jerusalem bound in chains, in the Dens of Babylon

In the Eastern porch of Satans Universe Milton stood & said
Satan! my Spectre! I know my power thee to annihilate
And be a greater in thy place, & be thy Tabernacle
A covering for thee to do thy will, till one greater comes
And smites me as I smote thee & becomes my covering.
Such are the Laws of thy false Heavns! but Laws of Eternity
Are not such: know thou: I come to Self Annihilation
Such are the Laws of Eternity that each shall mutually
Annihilate himself for others good, as I for thee
Thy purpose & the purpose of thy Priests & of thy Churches
Is to impress on men the fear of death; to teach
Trembling & fear, terror, constriction; abject selfishness
Mine is to teach Men to despise death & to go on
In fearless majesty annihilating Self, laughing to scorn
Thy Laws & terrors, shaking down thy Synagogues as webs
I come to discover before Heavn & Hell the Self righteousness
In all its Hypocritic turpitude, opening to every eye
These wonders of Satans holiness shewing to the Earth
The Idol Virtues of the Natural Heart, & Satans Seat
Explore in all its Selfish Natural Virtue & put off
In Self annihilation all that is not of God alone:
To put off Self & all I have ever & ever Amen

Satan heard! Coming in a cloud, with trumpets & flaming fire
Saying I am God the judge of all, the living & the dead
Fall therefore down & worship me, submit thy supreme
Dictate, to my eternal Will & to my dictate bow
I hold the Balances of Right & Just & mine the Sword
Seven Angels bear my Name & in those Seven I appear
But I alone am God & I alone in Heavn & Earth
Of all that live dare utter this, others tremble & bow

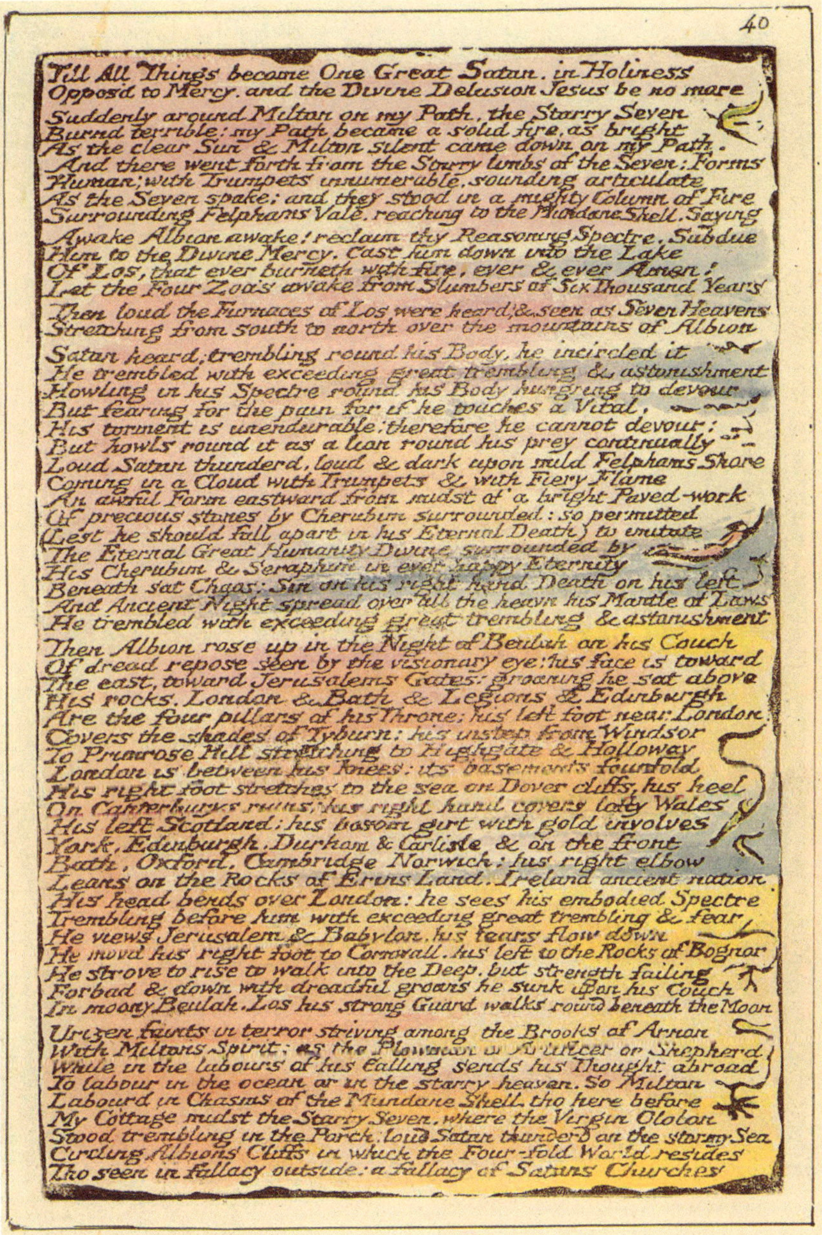

40

Till All Things become One Great Satan, in Holiness
Oppos'd to Mercy, and the Divine Delusion Jesus be no more

Suddenly around Milton on my Path, the Starry Seven
Burnd terrible: my Path became a solid fire, as bright
As the clear Sun & Milton silent came down on my Path.
And there went forth from the Starry limbs of the Seven: Forms
Human; with Trumpets innumerable, sounding articulate
As the Seven spake; and they stood in a mighty Column of Fire
Surrounding Felphams Vale, reaching to the Mundane Shell, Saying

Awake Albion awake! reclaim thy Reasoning Spectre. Subdue
Him to the Divine Mercy. Cast him down into the Lake
Of Los, that ever burneth with fire, ever & ever Amen!
Let the Four Zoa's awake from Slumbers of Six Thousand Years

Then loud the Furnaces of Los were heard; & seen as Seven Heavens
Stretching from south to north over the mountains of Albion

Satan heard; trembling round his Body, he incircled it
He trembled with exceeding great trembling & astonishment
Howling in his Spectre round his Body hungring to devour
But fearing for the pain for if he touches a Vital,
His torment is unendurable: therefore he cannot devour:
But howls round it as a lion round his prey continually
Loud Satan thunderd, loud & dark upon mild Felphams Shore
Coming in a Cloud with Trumpets & with Fiery Flame
An awful Form eastward from midst of a bright Paved-work
Of precious stones by Cherubim surrounded: so permitted
(Lest he should fall apart in his Eternal Death) to imitate
The Eternal Great Humanity Divine surrounded by
His Cherubim & Seraphim in ever happy Eternity
Beneath sat Chaos: Sin on his right hand Death on his left
And Ancient Night spread over all the heavn his Mantle of Laws
He trembled with exceeding great trembling & astonishment

Then Albion rose up in the Night of Beulah on his Couch
Of dread repose seen by the visionary eye; his face is toward
The east, toward Jerusalems Gates: groaning he sat above
His rocks. London & Bath & Legions & Edinburgh
Are the four pillars of his Throne; his left foot near London
Covers the shades of Tyburn: his instep from Windsor
To Primrose Hill stretching to Highgate & Holloway
London is between his knees: its basements fourfold
His right foot stretches to the sea on Dover cliffs, his heel
On Canterburys ruins; his right hand covers lofty Wales
His left Scotland; his bosom girt with gold involves
York, Edinburgh, Durham & Carlisle & on the front
Bath, Oxford, Cambridge Norwich; his right elbow
Leans on the Rocks of Erins Land, Ireland ancient nation
His head bends over London: he sees his embodied Spectre
Trembling before him with exceeding great trembling & fear
He views Jerusalem & Babylon, his tears flow down
He movd his right foot to Cornwall, his left to the Rocks of Bognor
He strove to rise to walk into the Deep. but strength failing
Forbad & down with dreadful groans he sunk upon his Couch
In moony Beulah. Los his strong Guard walks round beneath the Moon

Urizen faints in terror striving among the Brooks of Arnon
With Miltons Spirit: as the Plowman or Artificer or Shepherd
While in the labours of his Calling sends his Thought abroad
To labour in the ocean or in the starry heaven. So Milton
Labourd in Chasms of the Mundane Shell, tho here before
My Cottage midst the Starry Seven, where the Virgin Ololon
Stood trembling in the Porch: loud Satan thunderd on the stormy Sea
Circling Albions Cliffs in which the Four-fold World resides
Tho seen in fallacy outside: a fallacy of Satans Churches

41

42

Before Ololon Milton stood & percievd the Eternal Form
Of that mild Vision; wondrous were their acts by me unknown
Except remotely; and I heard Ololon say to Milton

I see thee strive upon the Brooks of Arnon. there a dread
And awful Man I see, oercoverd with the mantle of years.
I behold Los & Urizen. I behold Orc & Tharmas;
The Four Zoa's of Albion & thy Spirit with them striving
In Self annihilation giving thy life to thy enemies
Are those who contemn Religion & seek to annihilate it
Become in their Femine portions the causes & promoters
Of these Religions, how is this thing? this Newtonian Phantasm
This Voltaire & Rousseau: this Hume & Gibbon & Bolingbroke
This Natural Religion! this impossible absurdity
Is Ololon the cause of this? O where shall I hide my face
These tears fall for the little-ones: the Children of Jerusalem
Lest they be annihilated in thy annihilation.

No sooner she had spoke but Rahab Babylon appeard
Eastward upon the Paved work across Europe & Asia
Glorious as the midday Sun in Satans bosom glowing:
A Female hidden in a Male, Religion hidden in War
Namd Moral Virtue; cruel two-fold Monster shining bright
A Dragon red & hidden Harlot which John in Patmos saw

And all beneath the Nations innumerable of Ulro
Appeard, the Seven Kingdoms of Canaan & Five Baalim
Of Philistea, into Twelve divided, calld after the Names
Of Israel: as they are in Eden. Mountain River & Plain
City & sandy Desart intermingled beyond mortal ken

But turning toward Ololon in terrible majesty Milton
Replied. Obey thou the Words of the Inspired Man
All that can be annihilated must be annihilated
That the Children of Jerusalem may be saved from slavery
There is a Negation, & there is a Contrary
The Negation must be destroyd to redeem the Contraries
The Negation is the Spectre; the Reasoning Power in Man
This is a false Body: an Incrustation over my Immortal
Spirit; a Selfhood, which must be put off & annihilated alway
To cleanse the Face of my Spirit by Self-examination.

43

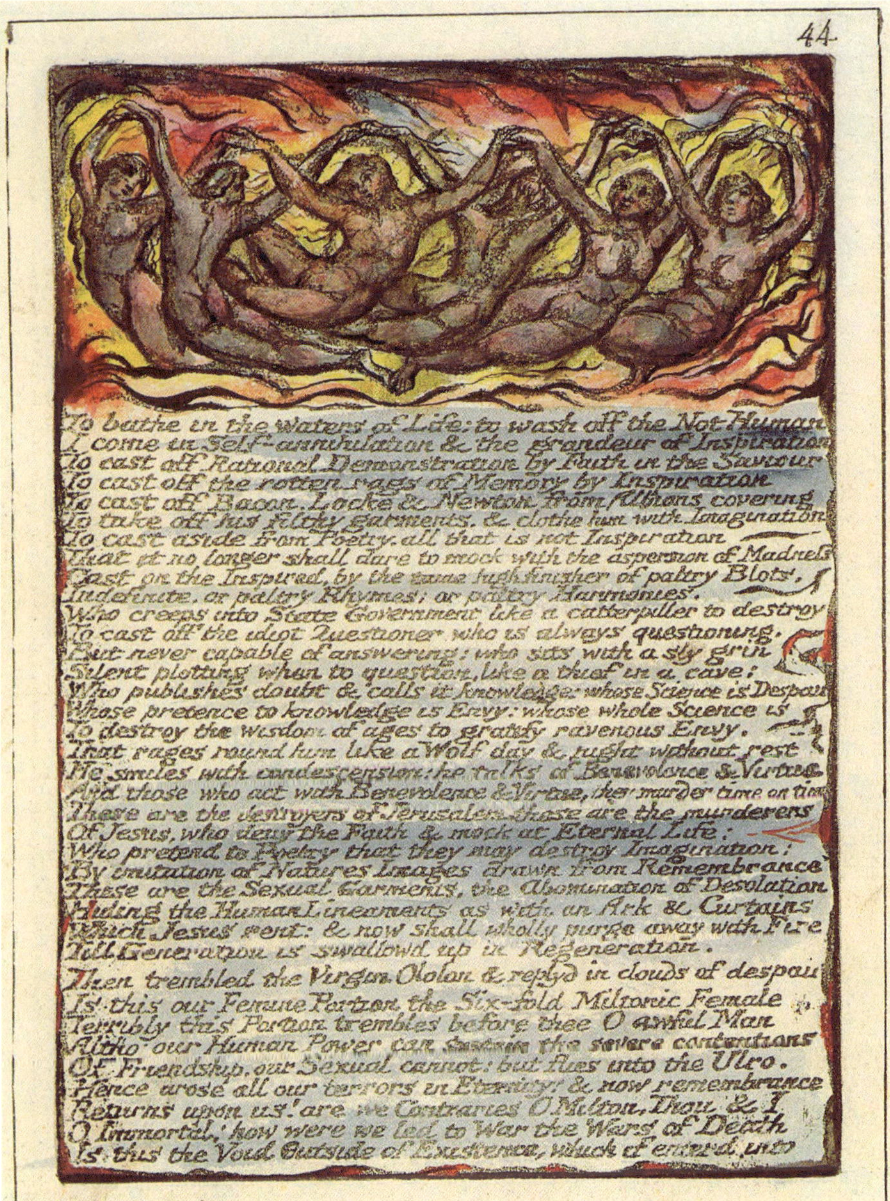

44

To bathe in the waters of Life; to wash off the Not Human
I come in Self-annihilation & the grandeur of Inspiration
To cast off Rational Demonstration by Faith in the Saviour
To cast off the rotten rags of Memory by Inspiration
To cast off Bacon, Locke & Newton from Albions covering
To take off his filthy garments, & clothe him with Imagination
To cast aside from Poetry, all that is not Inspiration
That it no longer shall dare to mock with the aspersion of Madness
Cast on the Inspired, by the tame high finisher of paltry Blots,
Indefinite, or paltry Rhymes; or paltry Harmonies.
Who creeps into State Government like a catterpiller to destroy
To cast off the idiot Questioner who is always questioning,
But never capable of answering; who sits with a sly grin
Silent plotting when to question, like a thief in a cave;
Who publishes doubt & calls it knowledge; whose Science is Despair
Whose pretence to knowledge is Envy: whose whole Science is
To destroy the wisdom of ages to gratify ravenous Envy;
That rages round him like a Wolf day & night without rest
He smiles with condescension; he talks of Benevolence & Virtue
And those who act with Benevolence & Virtue, they murder time on time
These are the destroyers of Jerusalem, these are the murderers
Of Jesus, who deny the Faith & mock at Eternal Life:
Who pretend to Poetry that they may destroy Imagination;
By imitation of Natures Images drawn from Remembrance
These are the Sexual Garments, the Abomination of Desolation
Hiding the Human Lineaments as with an Ark & Curtains
Which Jesus rent: & now shall wholly purge away with Fire
Till Generation is swallowd up in Regeneration.

Then trembled the Virgin Ololon & replyd in clouds of despair
Is this our Feminine Portion the Six-fold Miltonic Female
Terribly this Portion trembles before thee O awful Man
Altho' our Human Power can sustain the severe contentions
Of Friendship, our Sexual cannot: but flies into the Ulro.
Hence arose all our terrors in Eternity! & now remembrance
Returns upon us! are we Contraries O Milton, Thou & I
O Immortal! how were we led to War the Wars of Death
Is this the Void Outside of Existence, which if enterd into

45

Becomes a Womb? & is this the Death Couch of Albion
Thou goest to Eternal Death & all must go with thee

So saying, the Virgin divided Six-fold & with a shriek
Dolorous that ran thro all Creation a Double Six-fold Wonder:
Away from Ololon she divided & fled into the depths
Of Miltons Shadow as a Dove upon the stormy Sea.

Then as a Moony Ark Ololon descended to Felphams Vale
In clouds of blood, in streams of gore, with dreadful thunderings
Into the Fires of Intellect that rejoic'd in Felphams Vale
Around the Starry Eight: with one accord the Starry Eight became
One Man Jesus the Saviour. wonderful! round his limbs
The Clouds of Ololon folded as a Garment dipped in blood
Written within & without in woven letters: & the Writing
Is the Divine Revelation in the Litteral expression:
A Garment of War, I heard it namd the Woof of Six Thousand Years

And I beheld the Twenty-four Cities of Albion
Arise upon their Thrones to Judge the Nations of the Earth
And the Immortal Four in whom the Twenty-four appear Four-fold
Arose around Albions body: Jesus wept & walked forth
From Felphams Vale clothed in Clouds of blood, to enter into
Albions Bosom, the bosom of death & the Four surrounded him
In the Column of Fire in Felphams Vale; then to their mouths the Four
Applied their Four Trumpets & them sounded to the Four winds

Terror struck in the Vale I stood at that immortal sound
My bones trembled. I fell outstretchd upon the path
A moment, & my Soul returnd into its mortal state
To Resurrection & Judgment in the Vegetable Body
And my sweet Shadow of Delight stood trembling by my side

Immediately the Lark mounted with a loud trill from Felphams Vale
And the Wild Thyme from Wimbletons green & impurpled Hills
And Los & Enitharmon rose over the Hills of Surrey
Their clouds roll over London with a south wind, soft Oothoon
Pants in the Vales of Lambeth weeping oer her Human Harvest
Los listens to the Cry of the Poor Man: his Cloud
Over London in volume terrific, low bended in anger.

Rintrah & Palamabron view the Human Harvest beneath
Their Wine-presses & Barns stand open; the Ovens are prepard
The Waggons ready: terrific Lions & Tygers sport & play
All Animals upon the Earth, are prepard in all their strength

To go forth to the Great Harvest & Vintage of the Nations
Finis
46

GLOSSÁRIO MITOLÓGICO [12]

Albion: fundador mítico e nome tradicional da Inglaterra, foi usado por Blake para simbolizar o despertar político da Inglaterra depois das Revoluções Americana e Francesa, na gravura *A Dança de Albion* (também conhecida por "Glad-Day", 1793). Surge igualmente como nome do gigante que, na mitologia anglo-saxônica, conquistou a ilha. Simboliza ainda a forma humana universal pré-lapsariana, e é frequentemente representado como estando morto ou dormindo e à espera de despertar. É uma das figuras mais complexas da sua mitologia, surgindo em quase todos os livros e em especial nas obras *The Four Zoas*, *Visões das Filhas de Albion*, *Milton* e *Jerusalém*. Albion desposou Britannia. Na descendência de Albion contam-se treze filhas e doze filhos. A sua emanação é Jerusalém.

Beulah: significa "terra casada" em *Isaías* (62: 4): "Nunca mais te chamarão: Desamparada; nem a tua terra se denominará jamais: Assolada; mas chamar-te-ão: Hefzibah ['o meu prazer está nela']; e à tua terra: Beulah ['a casada']; porque o Senhor se agrada de ti; e a tua terra se casará." Na obra *Pilgrim's Progress*, de John Bunyan, significa paraíso terrestre. Beulah surge em Blake associada à poesia pastoril do amor sexual e a um estado onírico de consciência. Evoca as associações pastoris da sua estadia em Felpham. As "Filhas de Beulah" são invocadas no início de *Milton* em oposição às Filhas da Memória, associadas ao classicismo (3: 1-15).

Canaã: embora seja a terra prometida por Deus aos Judeus, Canaã simboliza para Blake um lugar de sacrifícios humanos e conquistas mundanas. É o equivalente bíblico de Inglaterra ("Albions Cliffs", 10: 10). Como "Espaço Fêmea", Canaã representa na ontologia blakiana a forma material da infinitude contraída e objetificada (10: 5-10).

Casca do Mundo ["Mundane Shell"] (cf. gravura 34): O Ovo do Mundo ["Mundane Egg"] situa-se no meio das quatro esferas das Zoas (as esferas de Urthona, a norte; de Luvah, a leste; de Urizen, a sul; e de Tharmas, a oeste). A

---

12. Este pequeno glossário diz respeito a figuras e locais referidos no poema *Milton*. As anotações são baseadas na edição de *Milton* organizada por Essick e Viscomi (1998), e em S. Foster Damon, *A Blake Dictionary: The Ideas and Symbols of William Blake*, Providence, RI: Brown University Press, 1973. As referências numéricas no glossário correspondem à numeração das gravuras e dos versos da presente edição de *Milton*. As restantes referências indicam capítulos e versículos bíblicos. As citações bíblicas pertencem à tradução de João Ferreira de Almeida: *A Bíblia Sagrada contendo o Velho e o Novo Testamento*, Lisboa: Sociedades Bíblicas Reunidas, 1968 [edição revista e corrigida].

Casca do Mundo é o limite exterior do universo físico. Para o indivíduo, este limite é a abóbada do céu. O limite superior do ovo, mais estreito, contém o círculo da terra. O centro deste limite, o limite da contração, é Adão. O limite inferior do ovo, o limite da opacidade, é habitado por Satanás. O fato de Adão estar também dentro do círculo da Zoa Urthona, a forma eterna da imaginação, representa a possibilidade de regeneração humana através da imaginação. Satanás, pelo contrário, intersecta os círculos das restantes três Zoas, que representam o mundo depois da queda. Os Fogos de Los, que ardem dentro do Ovo do Mundo e cercam as Zoas, representam a ira e o apocalipse.

Enitharmon: Beleza Espiritual e companheira do poeta Los. O seu emblema é a Lua e a sua emoção a Compaixão. É uma das quatro emanações das Zoas e representa a criação do Espaço. Da União de Enitharmon e Los nascem inúmeros filhas e filhos, entre os quais Orc, a Revolução.

Espaço Fêmea ["Female Space"]: corresponde ao conceito newtoniano da realidade material construída pela finitude dos órgãos dos sentidos e pela infinitude do espaço objetivo. A verdade espiritual seria a inversão desta representação: a infinitude dos sentidos dentro de um espaço finito mas desprovido de objetividade separada (*Milton*, 10: 6-7). Corresponde também ao "espaço lunar" (*Milton*, 11: 6).

Espectros dos Mortos: expressão que refere os fragmentos errantes dos espíritos que ainda não encarnaram. O processo cruel e doloroso de encarnação dos espectros ou de corporização surge descrito em *Milton* (29: 10-28).

Golgonooza: é a cidade da Arte e da Manufatura de Los (cf. FIGURA 1). Contém o corpo físico do homem e da mulher. A cidade tem quatro praças e um centro. No lado Sul deste centro fica o palácio de Los (o intelecto). No centro fica a sua forja com as fornalhas, chamadas Bowlahoola, isto é, os órgãos do homem animal. A forja de Los identifica-se também com os órgãos do corpo humano (25: 58-59). A norte fica o palácio dourado Cathedron, que contém os teares de Enitharmon (o ventre), onde o corpo físico é tecido. No meio da cidade fica o Portão de Luban (a vagina). Um círculo de fogo cerca Luban, o palácio de Los e os teares de Cathedron. Além do Portão de Luban, que fica no centro, Golgonooza tem mais Quatro Portões (25: 50), que abrem para cada um dos pontos cardeais. Cada portão, por seu turno, tem quatro aberturas, cada uma das quais abre também para cada um dos pontos cardeais. As aberturas dos portões dão para quatro regiões: Éden (N),

Geração (O), Beulah (L) e Ulro (S). Deste modo, a imaginação abre-se para as quatro fases da existência. Só o Portão do oeste permanece fechado até o "último dia". O Portão do Leste é de cristal e cheira a tomilho silvestre. Aqui fica situado o ninho da Cotovia. Há também uma nascente que se divide em dois rios: um atravessa Golgonooza através de Beulah até ao Éden, por baixo da muralha ocidental de Los; o outro corre pelo Vazio Aéreo (38: 49-53). Em redor da cidade situa-se a terra cultivada de Allamanda nas florestas de Entuthon Benython. A Leste fica o lago de Udan Adan (27: 25). A Leste fica também o Lagar de Los, diante da morada de Satanás. Los está em Londres, nas margens do Tamisa, a construir Golgonooza, que se estende por toda a Grã-Bretanha (5: 1-7).

Jerusalém: representa a liberdade e a visão divina em cada indivíduo – não como um privilégio dos eleitos, mas como essencial a toda a sociedade. Simboliza ainda a cidade sagrada da paz e a comunhão mística com Deus. A união do Cordeiro com Jerusalém, isto é, a união de Cristo com a Igreja, foi reinterpretada por Blake para significar a união com toda humanidade. Jerusalém é também a emanação de Albion. É um dos mitos mais desenvolvidos, tendo originado o livro iluminado mais extenso de William Blake: *Jerusalem The Emanation of the Giant Albion* [*Jerusalém: A Emanação do Gigante Albion*], iniciado em 1804 e concluído por volta de 1820. Composta por 100 gravuras iluminadas, desta obra existem 8 cópias integrais.

Leutha: símbolo do sexo legislado, representa o pecado e a culpa. Está associada ao Sul, e é a emanação de Bromion. Surge também ligada à semente masculina, nas figuras de Antamon, Satanás e Palamabron. Os seus atributos são o vale do prazer, a flor e o arco-íris. O seu carro é guiado por Eno. Blake elaborou a sua genealogia do pecado a partir de *Paradise Lost* de Milton e do *Livro do Apocalipse*. Leutha é referida nos poemas *América*, *O Livro de Los*, *The Four Zoas*, *Milton* e *Jerusalem*.

Língua: sentido associado ao oeste, a Tharmas e à água. Depois da Queda, a fala torna-se Babel. Blake caracteriza a doutrina do materialismo como "língua falsa", identificando-a também com o sentido do tacto. A língua falsa surge associada à morada de Satanás (3: 10; 28: 45-46). "Senhor, livra a minha alma dos lábios mentirosos e da língua enganadora. Que te dará, ou que te acrescentará a língua enganadora?" (*O Livro dos Salmos*, 120: 2-3).

Los (anagrama de "sol"): é a poesia, expressão da imaginação criativa e da revolução espiritual, manifestação do espaço e do tempo de Urthona, a Zoa mais profunda, que constitui o centro de cada indivíduo. O seu ponto cardeal é o norte; o seu sentido, o ouvido; o seu elemento, a Terra; o seu astro, o Sol. Representa a quarta Zoa e cabe-lhe a revelação da verdade. Criador e defensor dos seres humanos, aproxima-se também da figura de Jesus. É uma das figuras centrais da mitologia blakiana e surge nas obras *O Livro de Urizen*, *O Livro de Los*, *A Canção de Los*, *O Livro de Ahania*, *The Four Zoas*, *Milton* e *Jerusalem*.

Luvah (nome derivado de "lover" [amante]): Luvah é a terceira das quatro Zoas, representa o Amor, incluindo também o seu contrário, o Ódio. O seu lugar é o coração ou o centro; é tecelão de seu ofício; leste é o seu ponto cardeal; olfato, o seu sentido; o fogo, o seu elemento; a prata, o seu metal; a sua cidade catedral é Londres; a sua arte, a música. Surge também associado a Jesus. A sua emanação feminina é Vala, ou a beleza natural. Luvah é referido especialmente nas obras *The Four Zoas*, *Milton* e *Jerusalem*.

Narinas: sentido associado ao leste, às emoções, a Luvah e ao ar. Como os outros sentidos, depois da Queda tornaram-se materiais e limitados, impedidos de aceder ao infinito (*Milton*, 30: 35-39).

Noé: descendente de Adão que sobrevive ao dilúvio, inaugurando uma nova era na história da humanidade. Nos vinte sete céus (ou vinte e sete igrejas) de Blake, Noé ocupa a décima posição. Uma vez que a água representa a matéria, o dilúvio teria separado a humanidade da eternidade, submergindo-a no mar do espaço e do tempo. O dilúvio representa também a separação entre a América (corpo) e a Inglaterra e o resto do mundo. Blake representou a Arca de Noé, símbolo do amor, em forma de quarto crescente. Noé surge nos poemas *A Canção de Los*, *Jerusalem* e *Milton* (18: 11; 28: 9; 40: 38), e também na gravura *Uma Visão do Juízo Final*.

Nome Indizível: isto é, o *tetragramaton* formado pelas quatro consoantes de Yaveh ou Jeová, YHWH. O nome hebraico de Deus que era blasfêmia pronunciar (Milton, 11: 14).

Nuvem: surge n' *O Livro de Thel* como o princípio masculino frutificador. Em *Europa* é identificado com Antamon, cuja companheira é Leutha, o pecado. Noutros poemas, simboliza o corpo e aquilo que obscurece a mente. Em Milton, as nuvens surgem associadas a Jeová (*Milton*, 8: 22; 14: 26).

Ocalythron: primeira das filhas de Los e Enitharmon, é a emanação de Rintrah. O seu ponto cardeal é o norte e está associada ao ciúme. É referida nos poemas *Europa*, *The Four Zoas*, *Milton* (10: 19) e *Jerusalem*.

Odin: deus da guerra na mitologia escandinava. O desejo sexual reprimido de Sotha, nono filho de Los e Enitharmon, transforma-se em guerra nas cavernas polares de Odin. Odin é referido nos poemas *Europa*, *A Canção de Los* e *Milton* (26: 53).

Olho: sentido associado ao Sul, a Urizen e à arquitetura. A Queda implicou a localização da faculdade da visão num único órgão. À visão meramente externa, da classificação e da medida, Blake opõe a visão interior, baseada na empatia com os seres e as coisas (*Milton*, 3: 14-15; 5: 21-22; 27: 12).

Ololon: surge apenas no poema *Milton*, sendo uma das figuras centrais. É a Sêxtupla Emanação de Milton, que ele nunca conheceu. Blake simboliza nesta personagem a dificuldade de relacionamento de Milton com as suas três mulheres e com as suas três filhas. Milton desce à terra para recuperar a sua emanação perdida (*Milton*, gravuras 21, 37 e 40). A união de Ololon e Milton, que equivale à união mística entre Jesus e a Humanidade, ocorre na gravura 48, que culmina a narrativa.

Oothoon: possivelmente inspirada na personagem Oithona de Ossian – bardo escocês inventado por James Macpherson (1736-96) –, é a figura central da obra *Visões das Filhas de Albion*, representando o amor frustrado. Terceira filha de Los e Enitharmon, e emanação feminina de Theotormon. É violada por Bromion quando se dirigia ao encontro do amado Theotormon. Defende a pureza essencial do amor e do sexo, denunciando a repressão introduzida por Urizen. É referida também nas obras *Europa*, *A Canção de Los*, *Milton* (13: 44; 19: 39; 48: 32) e *Jerusalem*.

Orc: anagrama de "cor", coração, por ter nascido do coração de Enitharmon, ou de "orca", uma vez que uma das suas formas é a baleia nos mares do Sul; representa a revolução do mundo material. Forma inferior de Luvah, a Zoa que representa o Amor. A consorte de Orc é a Mulher Sombria, que é o mundo material. Orc é o primogênito de Los e Enitharmon (noutro passo, o primogênito é Rintrah). A história de Orc dramatiza as revoluções americana e francesa, atribuindo-lhes uma estrutura cíclica (do levantamento inicial à contrarrevolução e à derrota final). A gestação de Orc, de verme a serpente, a peixe, a ave e a mamífero, recapitula a filogênese. Surge nas obras *O Livro de Urizen*, *O Casamento do Céu e do Inferno*, *Europa*, *América*, *A Canção de Los*, *The Four Zoas* e *Milton*.

Ouvido: sentido associado ao norte, a Urthona (Los) e à poesia. O ouvido assemelha-se à Escada de Jacó, um meio de acesso aos céus e à música das esferas. Depois da Queda, o labirinto do ouvido fica limitado a ouvir os sons do mundo material, impedido de escutar as harmonias da harpa divina (*Milton*, 3: 16-17).

Palamabron: simboliza a compaixão pelos oprimidos. A sua posição é o leste. Segundo filho de Los e Enitharmon. É uma das quatro forças revolucionárias: Rintrah, a ira; Palamabron, a piedade; Theotormon, o desejo frustrado; Bromion, a ciência e a razão. Em conjunto simbolizam também as forças da criação poética. Nunca foram gerados, mas trabalhavam com o pai, Los, nas suas forjas. Palamabron aparece nos poemas *Europa*, *A Canção de Los*, *The Four Zoas*, *Milton* e *Jerusalem*.

Rintrah: representa a ira; o seu ponto cardeal é o norte; a sua emanação feminina é Ocalythron, que representa o ciúme. É referido como o primeiro dos filhos de Los e Enitharmon, embora esse epíteto pertença também a Orc. Rintrah e os seus três irmãos (Palamabron, Theotormon e Bromion), designados os Quatro Filhos de Jerusalém, são uma análise da motivação de Orc. Correspondem respectivamente às figuras e cidades de Urthona e Edimburgo (Rintrah), Luvah e Londres (Palamabron), Tharmas e Iorque (Theotormon), e Urizen e Verulam (Bromion). Rintrah é referido nas obras *O Casamento do Céu e do Inferno*, *Europa*, *A Canção de Los*, *Milton* e *Jerusalem*.

Sete Olhos de Deus (*Milton*, 24: 52; 25: 7-8; 30: 54; 38: 64; 39: 5): Lúcifer, Moloch, Elohim, Shaddai, Pahad, Jeová e Jesus Cristo. Os Sete Olhos de Deus são referidos em *Zacarias* (4: 10) – "Porque, quem despreza o dia das coisas pequenas? pois esses se alegrarão, vendo o prumo na mão de Zorobabel: os sete olhos do Senhor, que discorrem por toda a terra" – e no *Apocalipse* (5: 6): "E olhei, e eis que estava no meio do trono e dos quatro animais viventes, e entre os anciãos, um Cordeiro, como havendo sido morto, e tinha sete pontas e sete olhos, que são os sete Espíritos de Deus, enviados a toda a terra". Blake identifica os Sete Olhos de Deus com os Sete Anjos da Presença, que guardam a humanidade (*Milton*, 25: 7). **Lúcifer** ("o que traz a luz"), tradução da palavra hebraica *heylel* ("estrela da manhã") é o nome de Satanás antes da queda (cf. *Paraíso Perdido*, 7: 131-134). Para Blake, Lúcifer é o Primeiro Olho e representa o estado de cegueira egocêntrica. **Moloch** ("o carrasco"), ou Segundo Olho, é o ídolo canaanita a quem eram sacrificadas as crianças, em especial primogênitas, que eram queimadas vivas. Representa a repressão e o espírito da guerra. Blake desenha-o como uma fornalha em forma humana. **Elohim** ("juízes") é o nome de Deus usado a partir de Adão até Noé e Abraão (cf. *Gênesis*, 1), e representa a Justiça de Deus. Blake representa-o como Criador do mundo e Juiz, e como Terceiro Olho. **Shaddai** ("todo-poderoso") é o nome de Deus usado a partir de Abraão a Moisés (cf. *Gênesis*, 17:1; *Êxodo*, 3: 14). Blake representa-o como Quarto Olho e como Acusador, simbolizando a ira. **Pahad** ("medo") é outro dos nomes de Deus (cf. Gênesis, 31: 42), geralmente traduzido por *terror* e *trembling* na *King James Bible*. Blake representa-o como o Quinto Olho, e simboliza o terror e o medo. **Jeová** é o nome de Deus revelado a Moisés no Monte Horeb (Êxodo, 3: 14), e são-lhe atribuídos diversos atos de destruição e castigo, assim como os Dez Mandamentos e a instituição do bem e do mal. Para Blake, representa o Sexto Olho e simboliza a Misericórdia de Deus. Os seus atos malévolos são atribuídos por Blake a Urizen ou a Satanás. **Jesus** (nome que Blake usa preferencialmente a Cristo) representa, para Blake, o Sétimo Olho. Para Blake, Jesus transgride a lei, no nascimento e na morte, e simboliza a revolução espiritual contra o poder instituído. A doutrina mais revolucionária de Jesus é ter feito da misericórdia e do perdão dos pecados o principal atributo de Deus, revogando a justiça retaliatória dos dez mandamentos. Em Jesus, Deus Humano, o divino e o humano identificam-se. Jesus é também a Imaginação, o poder criativo no âmago do ser: "Todas as Coisas estão contidas nas suas Formas Eternas no corpo divino do Salvador, a Verdadeira Vide da Eternidade, a Imaginação Humana" (William Blake, *Uma Visão do Juízo Final*, 1810). Os "Sete Olhos de Deus" são os nomes de Deus em períodos históricos sucessivos e, ao mesmo tempo, representam diferentes aspectos de Deus, que contém todas as coisas, incluindo o mal. Elohim e Jeová, por exemplo, simbolizam a dialética entre o pecado e o perdão, uma vez que a misericórdia depende do juízo. Os Olhos de Deus representam ainda o desenvolvimento espiritual do ser humano, da forma egocêntrica de Lúcifer à forma livre de Jesus.

Sotha: simboliza a guerra e a sua posição é o norte, lugar da luta espiritual de Los. É o nono filho de Los e de Enitharmon. A sua emanação feminina é Thiralatha (ou Diralada), embora esta não conste da lista das filhas. Os atributos de Sotha e Thiralatha são os trovões de cascos dourados e os cavalos negros. É referido nas obras *Europa*, *América*, *A Canção de Los*, *The Four Zoas* e *Milton* (29: 21).

Tato: quinto sentido, associado por Blake ao sexo, como acontece nos textos de Milton e Swedenborg. Associado também à falsa língua, isto é, à doutrina materialista. N' *O Livro de Thel*, é a voz do quinto sentido que assusta Thel. Este quinto sentido é referido no preâmbulo de *Europa uma Profecia* e também em *Milton* (28: 46).

Theotormon ("theo" [Deus] + "torah" [lei]): representa o desejo, que, quando reprimido, se transforma em ciúme. Terceiro dos quatro filhos de Los e Enitharmon. A história de Theotormon surge sobretudo em Visões das Filhas de Albion. A Zoa que lhe corresponde é Luvah; a sua cidade catedral é Londres; a sua posição o leste, mas depois da Queda é obrigado a mudar-se para o sul. O seu contrário é Bromion, a razão. É referido também em Europa, *A Canção de Los*, *The Four Zoas*, *Milton* (7: 30; 23: 38; 25: 12; 28: 50; 29: 21) e *Jerusalem*.

Três Classes: na teologia calvinista, as três classes são os eleitos, os redimidos e os réprobos. Os eleitos são os que estão predestinados a receber a graça de Deus; os redimidos são aqueles que receberam ou são capazes de receber a graça de Deus; e os réprobos são aqueles que estão condenados. Blake redefine as categorias calvinistas: os eleitos (como Satanás) são os membros da ordem instituída que diminuem e tolhem o artista; os redimidos (como Palamabron) são aqueles que são capazes de mudar a sua condição caída e alcançar a regeneração e o despertar espiritual (*Milton*, 6: 32-35); e os réprobos (como Rintrah) representam os poetas-profetas que atacam a ordem estabelecida. Como outras categorizações blakianas, estas três classes não são apenas três categorias sociais, mas também três condições ou estados antagônicos dentro de cada indivíduo. Na descrição de uma pintura referida no catálogo de uma das suas exposições (*A Descritive Catalogue of Pictures, Poetical and Historical Inventions*, 1809), as três classes de homens são descritas como: "forte/sublime" (réprobo), "belo/patético" (redimido) e "feio/racional" (eleito).

Ulro: é a designação do mundo material e do mundo da morte, situa se no sul. É descrito em *Milton* como um lugar de crueldades, situado abaixo dos céus de Beulah e como a morada de Satanás (*Milton*, 18: 9; 22: 7; 28: 45). A ordem política e social e a ciência material são ilusões de Ulro. Cada um dos quatro portões de Golgonooza dá acesso a Ulro.

Urizen (ecoa "your reason" [tua razão] e "horizon" [horizonte]): Zoa do sul, simboliza a razão, é o legislador e a consciência vingadora; lavrador, conduz o carro do Sol; a sua arte é a arquitetura; o sentido, a visão; o metal, o ouro; o seu elemento, o ar. A sua emanação feminina é Ahania (o prazer); o seu oposto, Urthona, a imaginação. Simboliza também a queda da divindade para o estado de Satanás, causada pelo desejo de poder (*Milton*, 10: 1; 18: 36; 19: 51; 20; 21; 37; 43: 53; 45: 6).

Urthona ("earth owner" [dono da terra]): Zoa do norte, simboliza a imaginação criativa do indivíduo. Na trindade corresponde ao Espírito Santo. O seu oposto é Urizen, a razão. No ciclo das Zoas é a quarta. O seu elemento é a terra; o seu metal, o ferro. Ferreiro de ofício, ocupado na criação constante de formas, a sua forja situa-se nos abismos do subconsciente; o seu sentido é o ouvido e a sua arte, a poesia, que quando degenera se torna religião. Na luta entre Urizen e Luvah pelo domínio do ser humano, Enitharmon e Los emanaram de Urthona, que caiu no abismo insondável (*Milton*, 20: 16; 34).

Zoa: plural grego para "animal", "besta" ou "criatura", usado por Blake no singular. Na iconografia tradicional são representadas com rostos de homem, leão, boi e águia, sendo identificados com os quatro evangelistas. Estas figuras eram também as estátuas que guardavam os portões do palácio Assírio, de acordo com o *Livro de Ezequiel*. No *Apocalipse* surgem como as quatro bestas que anunciam os quatro cavaleiros do apocalipse. Blake usou-os como símbolos dos quatro aspectos fundamentais do ser humano: o corpo (Tharmas); a razão (Urizen); as emoções (Luvah); e a imaginação (Urthona). Estão associados a quatro pontos cardeais, a quatro sentidos e aos quatro rios da vida (Tharmas – oeste, língua, rio Pison; Urizen – sul, olhos, rio Gihon; Luvah – este, narinas, rio Hiddekel; Urthona – norte, ouvidos, rio Eufrates). As Zoas reflectem também aspectos divinos: Deus, pai – Tharmas; Jesus, o filho – Luvah; Espírito Santo – Urthona/Los; e Urizen – a divindade caída, Satanás. Além do poema inacabado *The Four Zoas*, são referidas sobretudo em *O Livro de Urizen*, *A Canção de Los*, *O Livro de Los*, *Milton* (20: 15-19; 25: 8, 76; 38: 28; 43: 13; 45: 7) e *Jerusalem*.

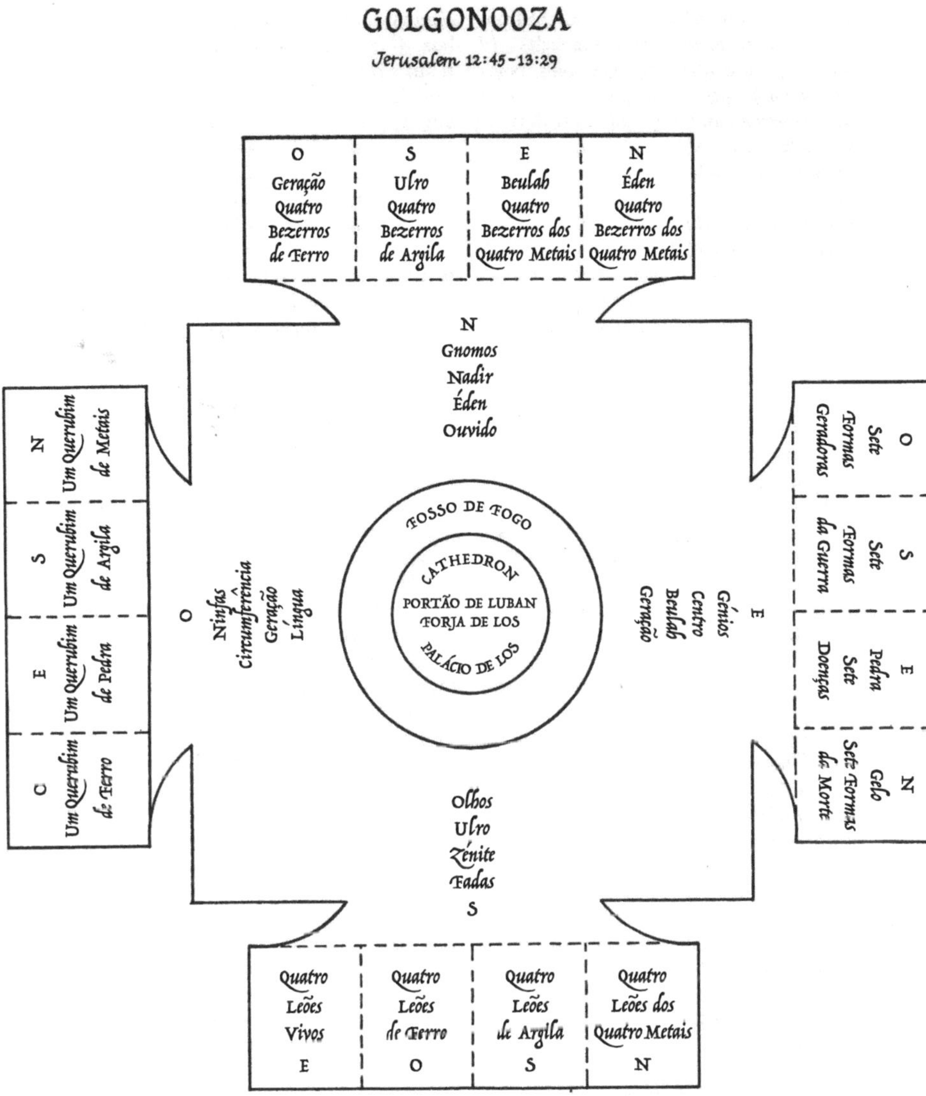

Nota: Golgonooza, por ser quadrimensional, é difícil de representar num diagrama bidimensional. Cada um dos quatro portões não abre apenas para cada um dos restantes, mas cada um deles contém também em si os quatro pontos cardeais.

FIGURA 1

Golgonooza. (Fonte: S. Foster Damon, *A Blake Dictionary: The Ideas and Symbols of William Blake*, Providence, RI: Brown University Press, 1973, p. 163.)

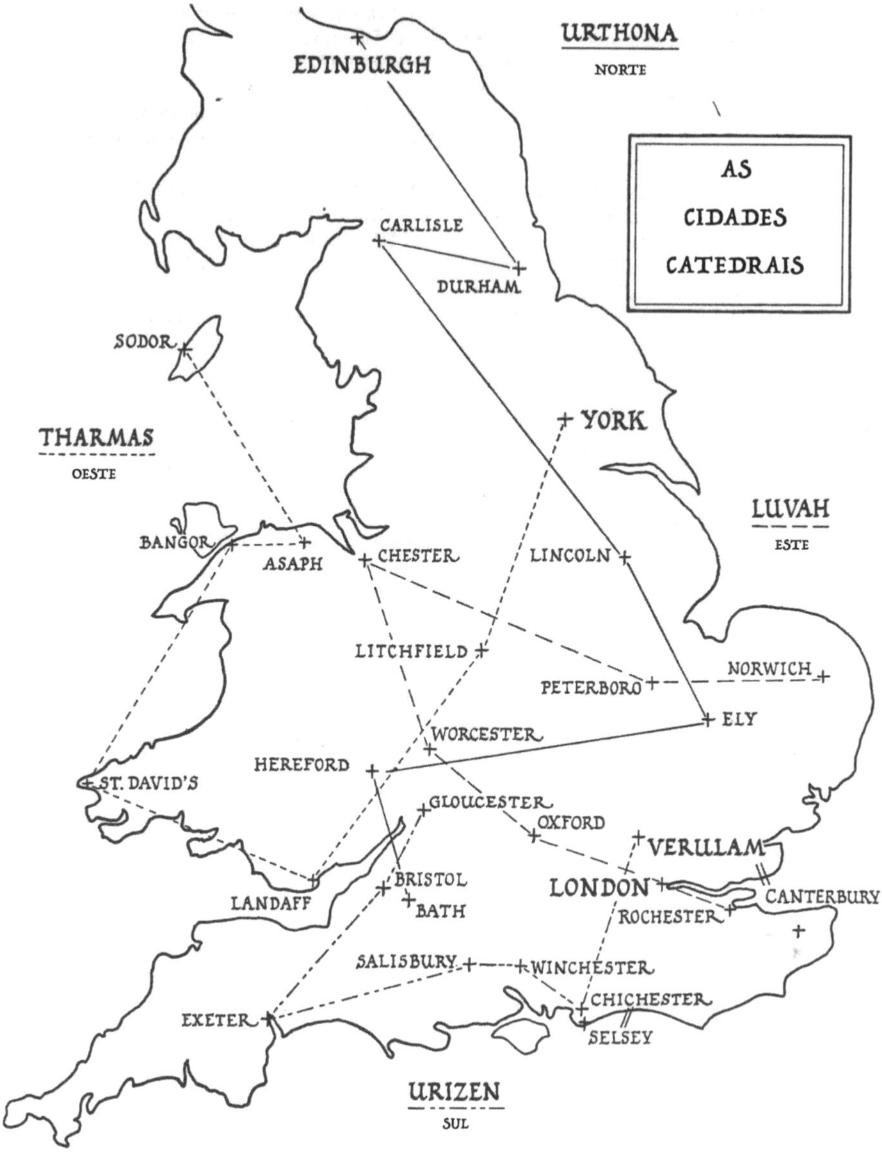

FIGURA 2
As Cidades Catedrais (Damon: 70).

FIGURA 3
O Quaternário do Mal de Satanás (Damon: 77).

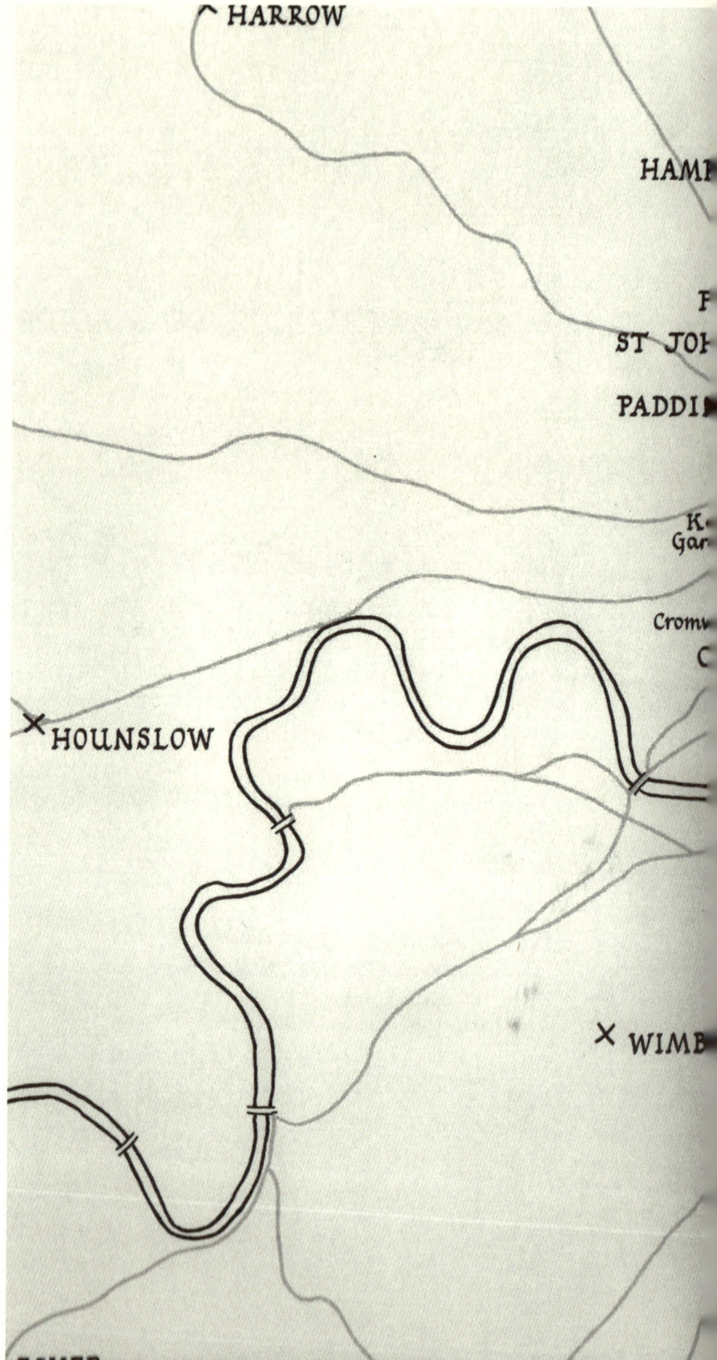

FIGURA 4
Londres e Arredores em 1777 (Damon: VII).

LONDON AND NEIGHBORING VILLAGES AS WILLIAM BLAKE KNEW THEM

BASED ON

A Map of the Country Sixty-Five Miles round London
by John Andrews and Andrew Dury [1777]

LONDON FROM LINCOLN'S INN TO LAMBETH
IN THE TIME OF WILLIAM BLAKE

REPRODUCED FROM
Cary's New and Accurate Plan of London and Westminster . . . Corrected to June 1, 1820

Scale of Half a Mile.
1 2 3 4 Furlongs

FIGURA 5
Londres, de Lincoln's Inn a Lambeth, em 1820 (Damon: VI).

Este livro foi composto com Hoefler Text, tipo desenhado por Jonathan Hoefler.
Impresso em papel PólenSoft, 80 gramas.